随着社会的快速发展，人们对心理健康的需求程度不断提高。党和国家也十分重视心理健康问题，党的二十大报告明确提出"重视心理健康和精神卫生"。理解人格，不仅是认识自我、培养自尊自信、提升生活质量的关键，也是理解他人，促进人际和谐，培养理性平和、积极向上的社会心态，构建和谐中国的基石。人格是什么？人格发展的影响因素有哪些？怎么完善人格？我们需要在人格心理学中寻找这些问题的答案。作为一门深入探索人类内心世界与行为模式的学科，人格心理学旨在引领人们踏上探索人类内心世界的旅程。

人格心理学不仅是高职心理咨询、社会工作、教育类等相关专业学生的必修课程，也是每位有兴趣进行自我探索的大学生的必学内容。但在实际教学中，教师们遭遇缺乏"对口"教材的困境。现有人格心理学教材主要有本科层次教材和国外引进教材两类，教材理论性偏强，与高职学生的贴合度和与本土文化的契合度不足，不能很好地满足职业教育的培养目标，也不利于沉淀高职教育教学改革的实践和成果。为此，本书编写团队一直在探索，希望建设具有高职特色的人格心理学教材。

全书包括九个模块，系统介绍人格心理学的核心概念、理论框架，带领读者了解人格心理学学科的概貌，使其知晓弗洛伊德、荣格、阿德勒、奥尔波特、埃里森克、华生、罗杰斯等多位人格心理学家的相关理论、研究方法，探索人格完善途径，力求为读者呈现全面而深入的人格研究图景。本书具有如下特点。

一、坚持立德树人，彰显中国文化底色

本书在顶层规划方面，重视习近平新时代中国特色社会主义思想、中华传统文化、法治观念等课程思政元素的融入，践行立德树人，重视职业素养塑造；在板块设置方面，设置"榜样故事""学海漫游""典范风采""博学之路"等专栏，书中融入大量职业院校优秀学生的真实案例，帮助学生发现身边榜样，培养文化自信，引领、激励高职学生成长成才，讲好专业领域的中国故事。

二、多元参与共研，凸显职业教育类型特色

本书编写团队包括学校心理健康教育专家、多所高职院校心理咨询专业的骨干教师、临床心理咨询师等。本书结合学校心理健康服务一线岗位常见的工作任务，整合"1＋Ｘ"社会心理服务职业技能等级证书要求，提炼教学内容，采用模块化教学设计，凸显高职教育的职业性、实用性、前沿性特点，增强学生的职业素养，深化产教融合。

三、内容丰富有趣，重视理实一体

本书结合社会热点和学生兴趣，讨论"梦的分析""催眠""心理防御机制""超越自卑""原生家庭""心理测试""情绪管理""心流体验""自我实现"等趣味主题，配套图表、案例、课堂活动、书籍、电影、心理名词术语解释等丰富素材，深入浅出地凸显人格学科的核心特征，优化了学生的学习体验。本书将人格心理学专业知识学习和技能素养养成训练密切结合，以"人格的成因—人格的测量—人格的完善"为主线进行理论阐述，引入"情境启航"板块以激发学生思考，配合"学海漫游·心理技能"板块以激发学生学习动机，设置"课堂活动"板块以实现学以致用，引导学生在做中学，在学中做，深刻理解人格心理现象，有效掌握人格心理发展规律，促进健康人格的塑造，提升心理服务能力，从而以更加积极的心态走向工作岗位。

四、数字化资源丰富，体现教育新生态

本书建设基于国家级职业教育专业教学资源库课程丰富的数字化资源，对标数字教育发展新生态，设计二维码视频链接，融合静态、动态教学内容，将传统课堂教学、同步在线教学互联互通，形式更加灵活，为学生提供可看、可听、可感的学习体验，有效化解了"人格心理学"专业基础课程理论性较强、学生学习难度大的问题。

本书的编写成员包含来自多个高职院校的、有多年人格心理学教学经验的教师和企业专家。同时特邀福建师范大学心理学院二级教授、博士生导师连榕作为主审专家，指导教材建设，确保教材内容的科学性、准确性和权威性。其中，赵会鹏、熊娟梅负责制订编写计划，指导写作和统稿；张一全、吴志勇、田俊、郎艳红担任副主编。具体编写分工如下（按模块顺序）：模块一由赵会鹏（武汉城市职业学院）编写，模块二由陈秋红（武汉城市职业学院）编写，模块三由郎艳红（河北司法警官职业学院）编写，模块四由汤楚（湖南中医药高等专科学校）编写，模块五由张一全（闽江师范高等专科学校）编写，模块六由高鹏程（湖南司法警官职业学院）编写，模块七由景晓娟（北京青年政治学院）、张雪晨（武汉城市职业学院）编写，模块八由田俊（武汉警官职业学院）编写，模块九由吴志勇（长沙民政职业技术学院）编写。参与在线精品课程建设的教师包括赵会鹏、陈秋红、汪媛（武汉城市职业学院）、张华（湖北东方明见心理健康研究所）。

我们期待每位翻开本书的读者都能从中获得启迪与收获，在这场探索人格奥秘的旅途中，不仅加深对自我的认识与理解，还能以更加宽容、理解和关爱的态度去拥抱这个多彩的世界。正如苏格拉底所言，"认识你自己"，这不仅是人格心理学的核心命题，也是每个人一生中最重要的课题。

由于编者水平和时间有限，本书难免有疏漏之处，敬请广大读者提出宝贵意见。

赵会鹏

2024 年 7 月于武汉

千人千面，和合共生

——走近人格心理学

尺有所短，寸有所长。

——屈原·《卜居》

知识脉络

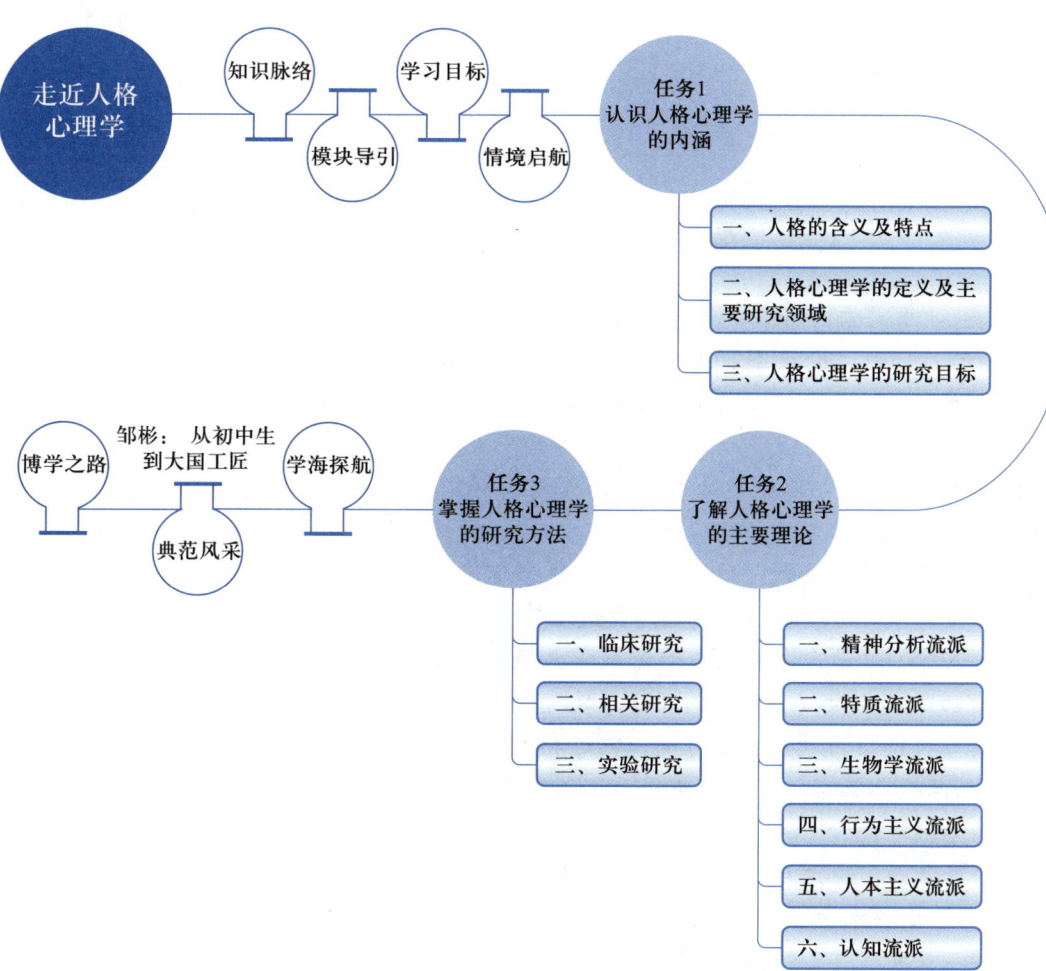

模块导引

　　世界上没有完全相同的两片树叶，芸芸众生更是如此。观察我们周围的人可以发现：有人性格温婉温和，与世无争；有人则斗志昂扬，胸怀壮志；有人善于思考，多愁善感；有人天生乐观，言行直爽……我们不禁会产生疑问：人们之间的个性差异究竟有哪些？这些差异又是如何形成的呢？这正是人格心理学要深入研究的核心内容。在本模块中，我们将深入探讨人格的本质，了解人格心理学的主要研究领域和研究方法，并探寻关于人格形成与发展的不同理论视角。

学习目标

　≫　知识目标：掌握人格的含义及特点；理解人格心理学的研究目标和研究领域；了解人格心理学的主要理论及研究方法。

　≫　能力目标：提升用人格心理学视角进行自我觉察的能力，增强表达能力和团队合作能力。

　≫　素养目标：培育自信自强、理性平和的个性品质和严谨求实、互助友善的职业素养。

情境启航

同是就业季，选择大不同

　　一样的就业季，不同的毕业生有着不一样的人生选择。

　　某高职院校的大三学生李萌正在准备实习面试，他每天积极关注学校发布的实习岗位动态，和老师保持交流，希望能够获得一个可以发挥专长的岗位，在社会"大学校"中历练成长。

　　同是毕业生，另外一些学生对于未来的发展则有其他想法。

　　小刘的计划是继续求学。她从大二下学期起，就开始备战专升本考试，不仅制订了详尽的每日学习计划，积极行动，还报了英语辅导班。她说："家里人很支持我求学。提升学历、不断攀登，也是我追求梦想、自我实现的必要选项。"

　　当然，还有一些学生在就业与继续求学之间犹豫不决。选择就业，在投递简历时多会遭遇专业不对口、薪资不满意等实际问题；选择专升本考试，则担心考不上理想的学校而白白耽误半年时间，错过招聘的黄金时期，更难找到合适的工作。"我害怕两头都落空。父母期望很大，让我感觉压力更大了。"在图书馆复习的小贾有些紧张地说。

　　小蒋则很潇洒，她说自己计划了一场为期三个月的独自旅行。"世界那么大，我想去看看。"小蒋表示自己一辈子可能就这一次能鼓起勇气独自旅行，日后成为一名上班族，就没有这么轻松的心态了。

任务 **1** 认识人格心理学的内涵

"人心不同，各如其面。"人和人之间既有相似之处，又有很大的差异。生活如舞台，每一个人都戴着各式各样的面具，扮演着形形色色的角色，同时不忘初心，努力追寻自我价值的实现，这就是复杂又丰满的人格。接下来，大家会了解人格的内涵和特点，走近人格心理学，开启神秘有趣的人格探索之旅。

一、人格的含义及特点

"人格"一词经常出现在人们的生活中，例如，"王老师的人格很高尚""张同学很有人格魅力""这个人真是出卖自己人格"……这些话语中的"人格"包含了多重含义，如道德含义、社会学含义、法律含义等，与心理学中"人格"的含义并不相同。

微课连线：
走近人格心理学

（一）人格的心理学定义

心理学中的"人格"一词源于英文"Personality"，是由拉丁文"Persona"一词引申而来的。Persona 指古希腊演员所戴的面具，类似于京剧中的脸谱，反映了不同的角色要求，观众通过面具能了解并预测角色的行为。因此，面具代表了一个人特有的行为模式。当然，面具背后，还有不为人知甚至不为己知的真实自我的一面，这也是人格的内容。

人格的定义复杂多样，人格心理学的奠基者之一、心理学家奥尔波特收集了近 50 种不同的人格定义，将它们归成 6 类。

（1）罗列式定义：认为人格是个人所有属性的组合，一般只是列举出属于人格的东西。例如，普林斯对人格的定义，他说："人格是一切生物个体的先天倾向、冲动、趋向、欲求和本能，以及由经验而获得的倾向和趋向的综合。"

（2）整合式定义：强调人格的组织性和整合性，把人格定义为"一个人在人格发展阶段的全部组织"。

（3）层次性定义：认为人格不仅是有组织的，而且这种组织是有层次的。例如，心理学家詹姆斯认为自我（实际指人格）分为 4 个层次，包括物质的自我、社会的自我、精神的自我、纯粹的自我。

（4）适应性定义：强调个体对环境的适应，认为人格是个体在社会生活中形成的独特的适应方式，是"人对环境进行独特的适应中所具有的那些习惯系统的综合"。

（5）个别性定义：强调了个人的独特性。例如，米歇尔认为人格是"个人心理特征的统一，这些特征决定人的外显行为和内隐行为，并使它们与别人的行为有稳定的差异"。

（6）代表性定义：强调人格是个体最本质的行为范式，具有自己的"代表性特征"。例如，心理学家法尔斯认为人格是"一个人区别于另一个人并保持恒定的具有特征性的思想、情感和行为的模式"。

综合以上定义的特点，奥尔波特提出了自己对人格的定义：人格是个体内在心理物理系统中的动力组织，它决定了人对环境适应的独特性。这一定义代表了现代人格心理学中对人格习惯用法的综合。

在我国，黄希庭也给出了关于人格的整合性定义：人格是个体在行为上的内部倾向，它表现为个体适应环境时在能力、情绪、需要、动机、兴趣、态度、价值观、气质、性格和体质等方面的整合，是具有动力一致性和连续性的自我，是个体在社会化过程中形成的具有特色的身心组织。该定义强调了人格的 4 个主要方面：整体的人、稳定的自我、独特的个人及具有身心组织的社会化的对象。

本书所述的人格是个体在先天生物遗传素质的基础上，通过与后天社会环境的相互作用而形成的相对稳定、独特的心理行为模式。它的内容包括以下 4 个方面：第一，人格是一个人的心理行为模式；第二，这种心理行为模式是独特的；第三，这种心理行为模式是相对稳定的；第四，人格不是人生来就有的，而是在先天生物遗传素质的基础上，通过与后天环境相互作用形成的。

（二）人格的特点

人格的特点包括整体性、相对稳定性、独特性和社会性。

1. 整体性

人格的整体性是指人格的多种成分和特质，如能力、气质、性格、情感、意志、需要、动机、态度、价值观、行为习惯等在人身上不是孤立存在的，而是密切联系的。例如，当同学们谈到小李的性格"外向"时，一般认为他是一个情感外露、热情的人，在聚会中比较健谈，喜欢主动交流。

2. 相对稳定性

江山易改，禀性难移。人格的稳定性是指个体的人格特征具有跨时间和空间的一致性。从时间上看，一个人的人格一旦形成就比较稳定，在其幼儿期、青年期、中年期和老年期有相当的一致性；从空间上看，一个人不管是在家里、学校，还是在公共场所，其人格都具有相当的一致性。例如，小李的妈妈常常说他从小到大都是"一样的倔强"，小时候他就坚持自己的想法，长大后他做的决定更是"不撞南墙不回头"。

另外，人格稳定性并不排斥其发展和变化。人格的稳定性并不意味着人格一成不变，而是指具有较为持久的、一再出现的特征。人格变化有两种情况：一是人格特征随年龄的不同，表现方式也不同；二是对个人有决定性影响的环境因素和机体因素的变化，如社会地位和经济地位的重大改变、丧失配偶、迁居异地等，往往会使一个人的人格发生较大甚至彻底的改变。如小张小时候是个活泼开朗的女孩子，可由于从小学四年级到初三期间家里频繁搬家，导致她很难交到朋友，原来的朋友也逐渐失去联系，她的性格变得越来越内向。

3. 独特性

人格的独特性是指人与人之间的心理和行为是各不相同的。世界上很难找到两片完全相同的叶子，也很难找到两个完全相同的人。看看你身边的朋友，是不是每个人都有自己独特的部分呢？

4. 社会性

人格的社会性是指人格是个体在社会化过程中形成的，是社会的人特有的。社会化是个体在与他人的交往中掌握社会经验和行为规范，获得自我的过程。它在很大程度上受社会文化、教育教养内容和方式的影响。一般情况下，每个人的人格都有其所处社会环境的烙印。例如，在传统社会中，父母对男孩和女孩的期望显著不同。通常而言，男孩被寄予了家族传承与增添荣耀的厚望，因此家庭在培养与训练他们时提出了更为严格的要求。相对而言，家庭对女孩在承担家族责任方面的要求则较为宽松，但在性格塑造和行为规范上对她们有特定的期待，如要求她们表现出顺从、矜持的特质。当女孩出现如爬树、疯跑、晚归等行为时，往往会受到比男孩更为严厉的批评。这种教育差异塑造了男孩强烈的使命感和独立性，以及女孩较强的顺从和依附性特征。

 **课堂活动 1-1**

探索自我人格

如何理解人格的特点？请结合你自己的人格状况举例陈述，思考并填写于表 1-1 中。

表 1-1　人格探索清单

人格的特点	我
整体性	
相对稳定性	
独特性	
社会性	

二、人格心理学的定义及主要研究领域

（一）人格心理学的定义

人格心理学是心理学的分支学科之一，可简单定义为研究人格的心理学。具体来看，人格心理学家会探讨人格的构成、动力及其运作、起因、发展和后果，从而对现实生活中的个体做出整体性解释，为异常行为及其改变提供解释和治疗基础。

（二）人格心理学的主要研究领域

无论是哪一派的人格理论家，都要对人格理论必须考量的一些基本主题予以说明和解释，包括人格结构、人格动力、人格成因、人格发展、人格测评、人格改变等，每个理论的侧重点都有所不同。

微课连线：
人格心理学
的研究领域

1. 人格结构

人格结构指人格的基本组成要素，这些基本要素的动力组合可以解释个体间的差异。不同的人格心理学家从不同的角度阐述他们的观点。例如，弗洛伊德认为完整的人格结构由三大部分组成，即本我、自我和超我；荣格从双极（内向－外向）人格维度来描述人格结构。

2. 人格动力

人格动力是指个体行为的内在驱动力。关于人格动力，各大人格心理学流派都有不同观点（表1-2）。例如，以弗洛伊德为代表的经典精神分析流派主张所有的行为都由本能或驱力驱使，包括生本能和死本能[①]；以罗杰斯为代表的人本主义流派坚持认为，人类行为的核心动力源于对自我实现的追求，这体现了个体为维持并提升自我所展现的力量。以大二学生小张为例，他坚持不懈地投入学习，正是基于

---

① 生本能并不仅仅指向生命的延续和繁衍，它还包含了对知识、艺术和爱的追求。死本能则表现为一种对自我毁灭的渴望，这种渴望有时会转化为对他人或社会的攻击行为，以间接的形式表现出来。

对自身潜能的坚定信念，深信"生而为人，必有可用"，一直在追求人生价值的实现。

表1-2 不同人格心理学理论对人格动力的理解

行为驱力	流派及代表人物	分析
本能或驱力	经典精神分析流派 弗洛伊德	本能或驱力是人类行为的原动力，本能具有生物性、原始性和无方向性
目的、价值	新精神分析流派 荣格、阿德勒	克服人类弱点，追求优秀
自我实现	人本主义流派 罗杰斯	人具有朝向自我实现的天然趋向，这是一种推人向上的力量
动机、驱力和情绪	行为主义流派 斯金纳	不同动因决定人的复杂行为

3. 人格成因

人格成因是指人格形成的影响因素。人格的主要成因是内在的还是外在的？人格的决定因素是遗传还是环境？对于这些问题，不同流派强调的侧重点有所不同。例如，生物学流派强调遗传因素对人的影响，双生子实验提供了坚实的依据，"不管是否分开抚养，一些特质在童年期、青春期甚至成年期都有高度稳定性"。行为主义流派则强调环境的影响，正如古语所云，"近朱者赤，近墨者黑"，这一观点深刻揭示了环境对个体行为塑造的显著作用。随着研究的推进，学者们越来越聚焦于多因素的交互作用。

4. 人格发展

人格发展是指个体自出生至老年的生命全过程中，人格特征的表现随年龄和习得经验的增加而逐渐改变的过程。埃里克森提出的心理发展八阶段理论为我们描绘了个体从婴儿期到老年期，人格随着时间和经验逐渐被塑造和演变的蓝图（表1-3）。

表1-3 埃里克森提出的人格发展阶段和相应的品质

年龄段	社会转变期的心理冲突	相应获得的品质	
		积极的	消极的
婴儿期（0~1.5岁）	信任感—怀疑感	希望、信任	恐惧、不信任
儿童期（1.5~3岁）	自主感—羞怯感	意志（自制力）	自我怀疑
学龄初期（3~6岁）	主动感—内疚感	生活指向和价值感	无价值感
学龄期（6~12岁）	勤奋感—自卑感	能力、勤奋	无能
青春期（12~18岁）	自我认同—角色混乱	忠诚、自信	不确定感
成年早期（18~25岁）	亲密感—孤独感	爱和友谊	泛爱
成年期（25~65岁）	生育感—自我专注	关心他人和创新	自私自利
成熟期（65岁以上）	自我调整—绝望感	智慧	绝望、无意义感

5. 人格测评

人格测评指创立并应用各种系统的技术来搜集人格资料，从而对人格的各个方面进行考察，其主要形式有观察法、自陈法、投射法、实验法等，常见测量工具有艾森克人格问卷（EPQ）、卡特尔16种人格测验（16PF）、主题统觉测验（TAT）等。

网上的心理测试靠谱吗？

可能很多人都在朋友圈看过这样一张图片和配文："想知道自己的焦虑程度吗？扫码查看图片，你会感觉球体在滚动吗？"配文称"球转得越快，就说明你越焦虑"。

MBTI 职业性格测试也掀起了一场关于"你是 E 人还是 I 人？"的自我探索大潮，这些心理测试靠谱吗？

科学的心理测试以大量经过验证的心理量表为基础，而量表的精髓——常模要经过几百甚至上万人的统计分析才能被提炼出来。按照功能和用途不同，心理测试通常分为智力测验、人格测验、临床测验和职业测验等。

智力测验可用于评定一个人一般能力水平和表现特点，如斯坦福－比奈智力量表、韦克斯勒智力量表；人格测验可用来预测一

个人独特而相对稳定的行为心理和行为特点，如气质类型量表、大五人格量表、卡特尔 16PF 人格因素问卷；临床测验则常用于评估个体的心理健康问题，进行心理障碍的筛查和辅助诊断，如症状自评量表 SCL-90、焦虑自评量表 SAS、抑郁自评量表 SDS 等。将这些测验应用于职业领域则产生了职业测验，既可用于单位选拔人才，也可指导个体择业，如 MBTI 职业性格量表、霍兰德职业性格量表。

科学的心理测试一般题目数量较多，如气质类型测试有 60 个题目，卡特尔 16PF 人格因素问卷全版本有 187 个题目，明尼苏达多相人格调查表有 550 个题目。

也许你也想了解自己，探索他人，顺利求职，和谐生活，那么面对五花八门的心理测试，一定要弄清测试目的，慎重选择，最好寻求专业人员和机构的支持。当然，如果只是为了娱乐，那么网上的趣味测试做做也无妨。

扫码测试：你焦虑吗？

6. 人格改变

人格改变指探讨人格改变的条件、过程和状况等，它是培养健康人格和调整偏差人格的理论依据。对此，不同人格心理学流派的观点截然不同（表1-4）。不变论认为人格较难改变，就好比"种瓜得瓜，种豆得豆"。可变论认为人格具有显著的可塑性。根据此理论，人们相信通过改变社会环境、父母的行为等因素，能够调整与塑造儿童的人格，如历史典故"孟母三迁"。

表1-4　不同人格心理学流派对人格变化的观点

观点	理论流派	代表人物	分析
不变论	经典精神分析流派	弗洛伊德	人格在早期一旦形成就不会发生变化，成年的问题都可以在童年找到其根源
	生物学流派	艾森克	人格受基因、激素等生物学因素影响
可变论	人本主义流派	罗杰斯	重视促进人格发生变化的条件，认为心理治疗就是改变现实自我与理想自我之间的差距
	特质流派	奥尔波特	人格终其一生都在发展
	行为主义流派	华生	人格变化可以通过行为改变来实现

观点	理论流派	代表人物	分析
可变论	社会学习理论	班杜拉	人格变化可以通过观察学习来实现
	交互作用论	米歇尔	人格会因情境变化而变化
	认知流派	凯利	强调结构的变化，将心理治疗视为人格重构的过程

三、人格心理学的研究目标

人格心理学集理论性、实践性和生活性于一体，旨在通过学习人格的理论及规律，了解自我，理解他人，塑造健康人格，提升生活品质。它的研究目标包括以下4个层面。

（一）描述人格心理现象

描述人格心理现象的目的是对所研究的人格心理对象进行科学的描述，或根据人的外部行为或动作反应，对其人格特质进行推测。有类型层面上的描述，如内向型、外向型；有特质层面上的描述，如谨慎、善良、粗鲁、吝啬、慷慨等。

特质理论学家们用词汇学的方法来研究人格，通过搜寻字典，抽取了18 000条词汇，最后经过统计分析，提出了"大五人格"描述模式。在人格理论中，人格结构这一基本问题的研究，就是用于描述人格结构差异的。例如，安德森对555个人格术语好恶度的研究，描述了最受欢迎的人格和最不受欢迎的人格的特质。这是人格特质理论对人格的一种描述方式。他让100名大学生对555个描述人格的词汇进行好恶度评价（评分为0~6分），确定了5个最受欢迎的人格特质、5个最不受欢迎的人格特质和5个中性人格特质词汇（表1-5）。

表1-5 安德森人格特质调查

最受欢迎的人格		中性人格		最不受欢迎的人格	
特质	评价（分）	特质	评价（分）	特质	评价（分）
真诚	5.73	安静	3.11	不诚实	0.41
诚实	5.55	冲动	3.07	残酷	0.40
善解人意	5.49	善变	2.97	吝啬	0.37
忠诚	5.47	保守	2.95	不真实	0.27
真实	5.45	犹豫不决	2.90	说谎	0.26

（二）解释人格心理现象

人格内容纷繁复杂，要理解人的心理和行为并不容易，因为人的行为的背后有可能存在某种心理原因。因此，解释人的人格现象的目的，是分析与阐明心理活动与行为表现之间的因果关系。

例如，很多学生都会遭遇考试焦虑的问题，在解释为什么会产生这种现象时，不同理论学家提出了不同的研究视角。弗洛伊德认为焦虑是内心冲突的产物，如冲动的本我和严苛的超我之间的冲突。罗杰斯等人本主义理论家则认为焦虑源于个体幼时缺乏关爱，导致自尊程度较低，更容易感受到焦虑和威胁。艾森克用超警戒理论和资源分配理论来解释不同学生焦虑程度的差异。超警戒理论认为，高焦虑者总是过分探查环境中的威胁，一旦察觉到威胁，就会试图锁定威胁刺激，并且缩小注意的焦点。资源分配理论认为，焦虑可能将注意的资源从当前任务中分离到与烦恼有关的事物中去，导致当前任务加工的资源不足，产生注意偏差。

（三）预测人格心理活动

人格心理现象尽管纷繁复杂，却是有规律可循的，因此是可以预测的，但只有在准确测量和正确描述的基础上，才能推知其心理发展或变化的规律。对某些心理活动与行为之间因果关系明确变化的了解，可以预测其再次发生的可能性。和气质类型测试结果为胆汁质的学生打交道时，我们一般可以预测他是健谈的、情绪易激动的、精力充沛的。

（四）调节与控制人格心理活动与行为

调节与控制人格心理活动与行为的目的是引导个体的心理与行为朝着目标所规定的方向变化，或者对异常心理与行为进行矫正。无论是对健康人格的培养还是对异常行为的矫正，都能够比较有效地调节与控制人的人格活动的产生与发展。例如，针对考试焦虑，人本主义流派的咨询师会重视建立良好的治疗关系，通过共情、同理等提供无条件积极关注的氛围，创造与幼年经验不同的矫正性体验，改善学生的自尊，使其发现内在资源，缓解焦虑状况，提升心理健康水平。

任务 2 了解人格心理学的主要理论

"为什么'别人家的孩子'学习成绩一直很好呢？"对于这个问题，有人会说他来自书香门第，爸妈教育得好；有人会说他天生聪明；有人会说因为他格外努力……同一个事实，不同的回答代表着大家对人格现象的不同解释，心理学方面也是如此。在探索个体心理的过程中，采用不同范式的心理学家围绕人格理论的基本向度进行探索，包括自由意志－决定论、可知性－不可知性、主观性－客观性等，形成不同理论。本书主要介绍黄希庭等总结的 6 个主要流派（表 1-6）。

表 1-6 主要人格流派的不同观点

理论派别	代表人物	主要观点
精神分析流派	弗洛伊德、荣格、阿德勒	行为是受潜意识支配的，早期经验最重要
特质流派	奥尔波特、卡特尔	人处在人格特征连续体的某个位置上，人格由特质组成
生物学流派	希波克拉底、伊凡·巴甫洛夫、高尔顿	人格主要受遗传、激素等因素的影响
行为主义流派	华生、斯金纳、班杜拉	行为是习得的（强化、观察学习）
人本主义流派	马斯洛、罗杰斯	人本身有发展潜能、自我实现的需要
认知流派	凯利	认知过程决定行为

一、精神分析流派

精神分析流派是由弗洛伊德创立的，其基本点包括：强调潜意识、力比多理论和性动机在人格功能中的核心地位；认为人类的人格是由与生俱来的本能冲动和出生后头五年的早期经验决定的，强调"早期经验最重要"。

该流派是有关人性本质、人格发展的重要学说，包含完善的精神疾病和心理障碍治疗的理论与方法，对宗教、文学、艺术等领域均有深远的影响，主要包括古典精神分析流派和新精神分析流派，代表人物有弗洛伊德、荣格、阿德勒等。生活中大家熟悉的很多词语都与精神分析有关，如"潜意识""催眠""防御机制""情结"等。

二、特质流派

"你是什么样的人呢？"特质流派强调人的个别差异和个体的整体功能，以特质的概念来假定行为的跨情境的一致性和跨时间的连续性，认为存在一些特质维度；认为人们之间的差异在于他们在这些特质维度上表现程度的不同所形成的不同构型。例如，奥尔波特把特质区分为共同特质和个人特质，以及首要特质、中心特质和次要特质；卡特尔用因素分析得出16种根源特质；还有一些研究者提出了大五人格特质模型来研究人格（图1-1）。

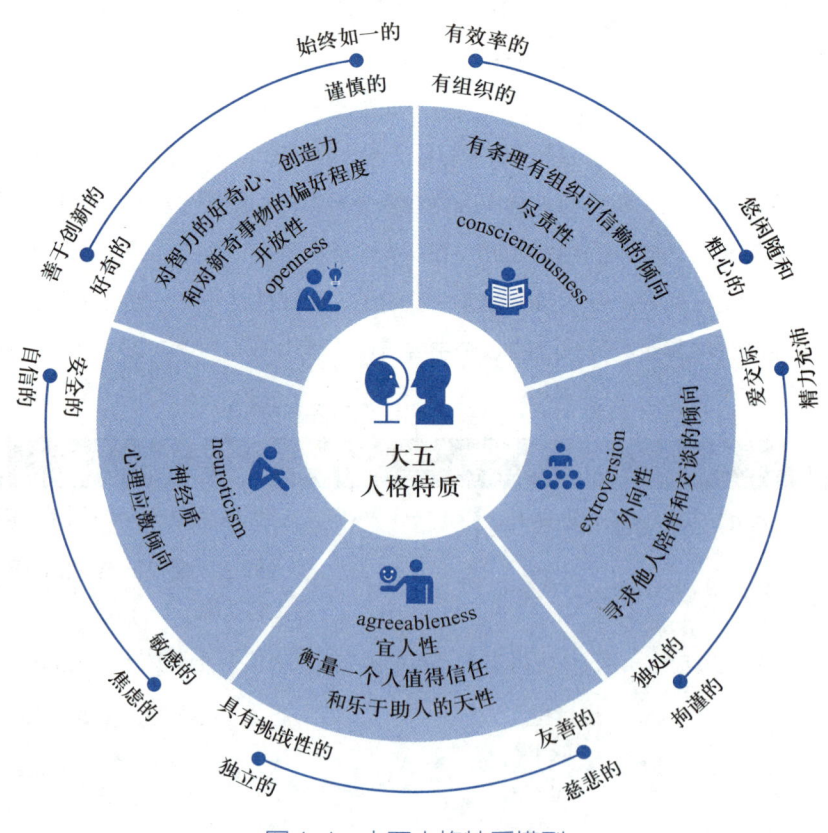

图1-1 大五人格特质模型

学海漫游·心理技能

罗夏墨迹测验

罗夏墨迹测验因利用墨渍图版而又被称为墨渍图测验，它是非常著名的人格测验，也是少有的投射型人格测试，在临床心理学中使用非常广泛。该测验通过向被试呈现标准化的由墨渍偶然形成的模样刺激图版，让被试自由地说出由此联想到的东西，然后对这些反应用符号进行分类记录并加以分析，进而对被试人格的各种特征进行诊断。罗夏墨迹测验是由10张经过精心制作的墨迹图构成的（图1-2）。这些测验图片以一定顺序排列，其中5张为黑白图片，墨迹深浅不一，2张主要是黑白图片，加了红色斑点，3张为彩色图片。这10张图片都是对称图形，且毫无意义。

罗夏墨迹测验可分为4个阶段：

（1）自由反应阶段，即自由联想阶段。在这一阶段，主试向被试提供墨渍图，一般的指导语是"你看到或想到什么，就说什么"。应避免一切诱导性的提问，只是记录被试的自发反应。主试不仅要尽量完整记录被试的所有言语及反应，也要对其动作和表情给予细心的注意和记录。此外，要测定和记录呈现图版之后到被试做出第一个反应的时间，以及被试对这一张图版反应结束的时间。

（2）提问阶段。这是确认被试自由反应阶段所隐藏的想法的阶段，主试以自由反应阶段的记录材料为基础，通过提问，清楚地了解被试的反应利用了墨渍图的哪些部分，以及得出回答的决定因子是什么。

（3）类比阶段。这是针对提问阶段尚未充分明白的问题而采取的补充措施。主要是询问被试对某个墨渍图反应所使用的决定因子，是否也用于对其他墨渍图的反应，从而确定被试的反应是否存在某个决定因子。

（4）极限测验阶段。在此阶段，如果主试对被试是否使用了某些部分和决定因子存在疑虑，则应加以确认。在测验过程中，主试以记号对各种反应进行分类，并计算各种反应的次数，以便在绝对数、百分率、比率等方面进行比较。

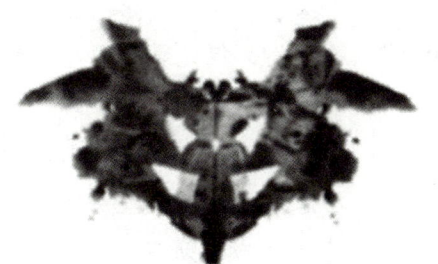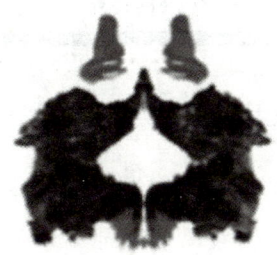

图1-2　罗夏墨迹测验用图（示例）

三、生物学流派

生物学流派致力于深入剖析人格的遗传生物基础和生理机制，这一观点源远流长。例如，在我国传统文化中，"龙生龙，凤生凤"的说法就体现了这一观点。古希腊医生希波克拉底认为人们的气质是由其体内的4种体液（血液、黏液、黄胆汁、黑胆汁）的混合比例不同决定的。伊凡·巴甫洛夫认为气质是由个人的高级神经活动的基本过程（兴奋和抑制）的强度、均衡性和灵活性的不同决定的。高尔顿主张一个人的能力主要由遗传得来。近年来，随着认知神经科学的发展，生物学流派的人格心理学家开始在实验中运用多种生理测量方法来研究各种人格特质的神经生理机制。这些测量手段主要有皮电反应、心律与血压、脑电图、事件相关电位、功能性核磁共振成像技术等。

四、行为主义流派

行为主义流派假定人的绝大多数行为是后天习得的，认为个体人格的差异主要源于其在成长过程中所接受的学习经验的不同，强调外部环境因素的影响而忽视内部个体因素的作用，代表人物有华生、斯金纳、班杜拉等。这类似于中国古语"近朱者赤，近墨者黑"。这一流派的心理学家们认为，行为就是一种可以从外部观察到的有机体的反应，他们重视采用严格的实验法开展研究，强调提出可验证性的假设，并通过实验操作进行科学解释，对导致行为发生的环境条件进行详细说明。这种观点旨在通过可观测的行为来理解和预测人类心理，从而揭示心理活动的本质。

五、人本主义流派

人本主义流派反对以精神疾病为基础的精神分析论，肯定自我对命运的主导作用；认为人性是善的，个体是积极上进的，即努力达到成长和自我实现。通俗地说，这种观点就是"天生我材必有用"。人本主义流派提出了将实验－客观范式和经验－主观范式统合起来的新构想。该流派着重体现人的价值，主张研究人的内心生活体验，追求人生的意义和价值，强调个人的潜能和自我实现。人本主义流派的代表人物是马斯洛和罗杰斯。

 学海漫游·榜样故事

邢小颖：从高职生到清华教师的逆袭故事

在一次教育部新闻发布会上，清华大学基础工业训练中心实践课教师邢小颖分享了自己的成长故事。她原是高职毕业生，目前在清华大学担任实践课老师，8年来带过上万名学生，获得多项专利和教学奖项。

邢小颖出生于一个普通农村家庭，在成长过程中，父亲的敢拼敢闯和坚韧不拔深深影响了她。高考发挥失常后，她步入职业院校学习材料成型与控制技术。铸造、钳工

等实操对体力要求高，邢小颖刚开始有点儿吃不消，但她骨子里不服输，觉得男生能做到的，她也能做到。每次实训课她都第一个到，提前做好准备，向教师请教操作要点和注意事项，课上埋头练习。遇到问题时，她就拿出书本研究透再继续操练。在校3年，邢小颖待得最多的地方就是实训基地。毕业时她综合成绩排名专业第一，成为清华大学基础工业训练中心实验师。实验师的主要工作是设备操作和讲解等，清华大学选择高职生担任实验师是看中他们"较强的实践动手能力和扎实的理论基础"。为了做好清华大学的教学工作，邢小颖苦练普通话，一遍遍

试讲教案，做研究，发表论文，申请专利，还在工作之余顺利通过专升本考试，获取本科学历，并获评工程师职称，成长为"双师型"教师。在邢小颖眼里，不论起点高低，努力就能带来希望，进步的意义更胜于成功。她最想对年轻人说的是："我努力不是说非要

成功，而是相信努力了就能变得更好。"

在邢小颖的身上，我们看到了一个年轻人的奋斗和拼搏精神，也看到了一个追梦者的坚定和执着。

（资料来源："学习强国"学习平台，内容有删改）

六、认知流派

"横看成岭侧成峰，远近高低各不同。"认知流派认为，人格的不同是由人们信息加工方式的不同造成的。要了解一个人的人格，就应该去掌握他头脑当中信息加工的规律。认知流派的人格理论家乔治·凯利认为，"人人都是科学家"，可以创立、调整个人的观点，有能力理解、预测和控制生活当中的事件，力求减少不确定性，使生活明朗化。

 课堂活动 1-2

人格流派初体验

对于本任务中学到的 6 个人格心理学流派，你支持哪些流派呢？为什么？请思考并将你的答案填到表 1-7 中。（支持请打"√"，不支持请打"×"，不知道请画"○"）

表 1-7　人格流派初体验

内容	态度	原因
精神分析流派		
特质流派		
生物学流派		
行为主义流派		
人本主义流派		
认知流派		

任务 3　掌握人格心理学的研究方法

人格心理学家们不仅要提出一种解释人格的理论与假设，还要通过一定的研究方法和途径来检验这些理论与假设。本节将讨论人格研究的三种主要方法，包括临床研究、相关研究、实验研究。

一、临床研究

临床研究也叫个案研究，这种方法着重从个体化和特殊性方面研究人格，以独特的个体为研究对象，通过谈话、观察、案例分析等方法广泛地收集材料，以便对个体的人格进行全面准确的定性描述。在临床研究中，心理学家若发现某个学生具有较强的攻击性，就可以以该学生为研究对象，通过谈话、观察等方式收集资料，进行系统、深入的分析，从而发现与其攻击性行为有关的因素。对这些个案的研究可以为揭示个体的心理活动提供必要的证据。用案例分析法研究儿童的心理发展，在现代心理学中曾发挥重要的作用。

临床研究的优点有：可以收集到关于个体心理和行为的丰富、生动的资料，从而对人格现象和人的整体进行全面而深入的了解，洞察其人格的本质特点，提出有关前因后果的种种假设与定性的分析。它的缺点有：第一，研究样本有限，难以全面地覆盖整体，其研究所得的结论很难有效地作用于规律性的结论。第二，研究人员的主观判断常常会妨碍科学研究的客观性。第三，难以确定因果关系。例如，一个恐水症患者可能回忆起儿时险些被水淹死的创伤经历。虽然我们可以推断这种早期事件可能是他患恐水症的原因，但并不能肯定没有这种早期经验他就不得恐水症。

二、相关研究

临床研究取样有限，研究结果难以推广，如何提升研究的科学性和推广力呢？相关研究就可以做到。它运用测量与统计的方法，在相同条件下，考察一组被试的两个或多个变量之间的定量关系，由此来确定这些被试之间在某种人格特征上的差异及人格特征之间、人格特征与其他因素之间的相关情况，能在短时间内对大量被试进行研究。例如，我们可以通过问卷调查与统计分析确定学生的自我概念与考试焦虑程度的相关程度。相关系数一般用字母 r 表示，范围是 $-1.00 \sim +1.00$。相关系数大于 0，说明变量正相关，即变量 X 得分越高，Y 也得分越高；相关系数等于 0，代表零相关；相关系数小于 0，说明变量负相关，即变量 X 得分越高，Y 得分越低（图1-3）。高尔顿受达尔文进化论的影响，致力于研究个体差异与遗传的关系，他强调 3 个因素，即个体差异、测量与遗传素质，并通过大量研究提出相关系数的概念。他搜集了 1 078 对父子的身高数据，发现这些数据的散点图大致呈直线状态，即总的趋势是父亲的身高增加时，儿子的身高也倾向于增加。

相关研究的优点是：容易操作，且更省时间，由于数据来源于多个被试，有较高的推广性。相关研究无须严格控制与操纵变量，减少了研究的人为因素，更贴近生活，对于性别、年龄、出生顺序等不方便实验操控的变量，可以保证在遵守伦理的同时提升研究操作性。此外，它能够发现现实中许多不同因素之间是否存在一定的关联，确定因素之间相关程度的高低，为进一步实验研究做好准备。它的缺点是：只能推测相关关系，不能揭示不同因素之间的因果关系，无法确定导致某种心理现象的真正原因；同时，自陈式问卷由被试自己填写，获得的信息可能并不真实。

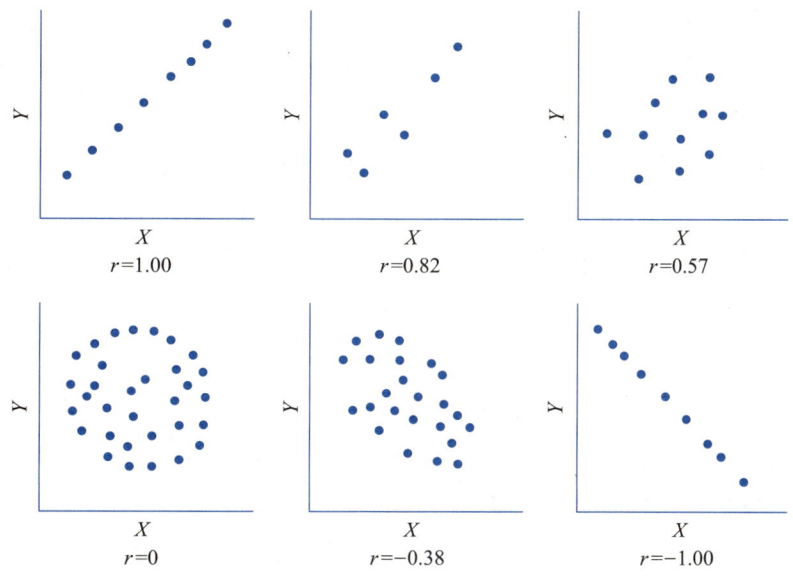

图 1-3　两个变量间不同程度的相关

三、实验研究

临床研究和相关研究都无法提供足以推断因果关系的信息，要实现这一目标，必须求助实验研究。实验研究是在专门控制的条件下，系统地操纵某种变量，以此来研究这种变量的变化是否对其他变量产生影响的一种方法。实验方式容易操作，可以重复进行；研究结果可以得到验证，具有证伪和证实的科学性质。实验研究包含实验室实验和自然实验。

（一）实验室实验

实验室实验是在心理实验室里使用仪器设备进行的有控制的观察。它可以提供精确的实验结果，常用于对感知、记忆、思维、动作和生理机制方面的研究，如米尔斯莱姆的权威服从实验。

实验室实验的优点在于其客观性、对变量的系统控制、精准的定量分析和因果推论能力。它的缺点是：第一，对一些变量不能进行系统控制或操纵，如人的性别、个性等，对此类变量，只能进行相关研究。第二，研究结论很多来自严格控制的人为环境，与现实环境有很大的区别，这会影响研究结论的推广。

（二）自然实验

自然实验是在被试的原有环境中进行的有控制的观察。例如，在不影响课堂教学的条件下，在教室里研究教师的语调对小学生注意力的影响；在运动场上研究小学儿童在体育活动中的互助行为，等等。

自然实验的优点是：它能够在更真实的情境中观察被试的行为和反应，避免了实验室环境可能带来的不自然和局限性；它还能节省大量的人力、物力和时间，因为它不需要像实验室实验那样严格控制环境条件和实验步骤。在自然实验中，研究者可以通过改变某些变量来观察其对被试行为的影响，并据此推断出因果关系。同时，自然实验还能为研究者提供丰富的背景信息，帮助他们更深入地理解被试的行为和反应。自然实验的缺点是：它可能无法完全控制所有变量，这可能导致结果的可重复性和可靠性降低。此外，由于自然实验通常需要在较长的时间内进行，研究者可能难以持续观察并准确记录被试的行为和反应，这可能影响结果的准确性。因此，在选择使用自然实验时，研究者需要权衡其优点和缺点，并根据研究目的和条件做出合理的选择。

人格研究的3种途径各有优势与劣势。实际上，3种途径殊途同归，都是为了实现共同的科学目标，即发现事实，建立理论，揭示变量中的规律性关系。心理学是一门实证性很强的科学，有关被试心理的特点和规律，只能从收集到的实际材料中分析、综合，而不能凭研究者想当然地发挥。因此，每个学习心理学的人都要学会正确使用研究方法，根据研究对象、研究条件、研究目的，综合使用多种研究方法，达到研究效果。

 ## 学海漫游·知识拓展

小阿尔伯特实验

华生和雷纳挑选了9个月大的阿尔伯特进行研究，着手探究人类是否也会像巴甫洛夫的狗那样，对条件刺激做出反应。在实验开始之前，小阿尔伯特接受了一系列基础情感测试：首次短暂地接触白鼠、兔子、狗、猴子、有头发和无头发的面具、棉絮、焚烧的报纸等。结果发现，小阿尔伯特对这些动物和物品均不感到恐惧。大约两个月后，华生和他的同事开始进行实验。一开始，他们把阿尔伯特放在房间中间桌子的垫子上，将实验室白鼠放在靠近小阿尔伯特处，允许他玩弄它。这时，小阿尔伯特对白鼠并不恐惧。当白鼠在他周围游荡时，他开始伸手触摸它（图1-4）。

在后来的测试中，当小阿尔伯特触摸白鼠时，华生和雷纳就在他的身后用铁锤敲击悬挂的铁棒，制造出巨大的声音。毫不意外，小阿尔伯特听到巨大声响后大哭起来，并表现出恐惧。经过几次这样的刺激配对，白鼠再次出现在小阿尔伯特面前时，他感到非常

痛苦。他哭着转身背向白鼠，试图离开。显然，他已经将白鼠（原先的中性刺激，现在的条件刺激）与巨响（非条件刺激）建立了联系，并产生了恐惧或哭泣的情绪反应（原先对巨响的无条件反射，现在对白鼠的条件反射）。

这个实验导致如下后果：巨响（非条件刺激）出现，引起恐惧（无条件反射）；白鼠（中性刺激）与巨响（非条件刺激）同时出现，引起恐惧（无条件反射）；白鼠（条件刺激）出现，引起恐惧（条件反射）。在这里，学习发生了。基于这一发现，华生和雷纳想知道小阿尔伯特对白鼠的恐惧是否会转移到其他毛茸茸的动物身上，于是他们将兔子拿给他。小阿尔伯特尽可能躲得远远的，泪水夺眶而出。

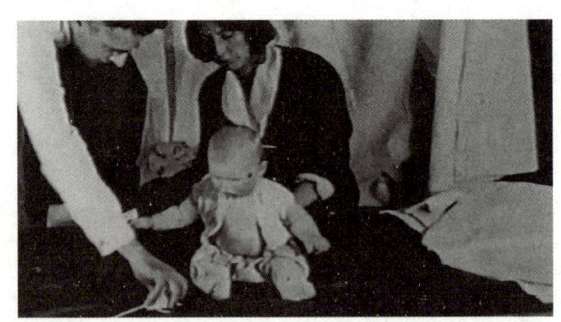

图1-4   小阿尔伯特实验

除了以上主要研究方法，人格研究还有很多具体方法，奥尔波特对此做出总结（表1-8）。这些研究方法涵盖从记录个体的外部表现到深层次的内心活动，从关注个别特征到对个体人格的总的评价等内

容。随着人格心理学研究的发展，还会出现越来越多的，更为先进、科学的方法。例如，跨文化心理学的发展提供了比较研究的方法，认知心理学的发展提供了认知实验的方法……这些也推动了人格心理学的蓬勃发展。

表 1-8　人格研究方法概观

14 大类	52 种方法
1. 文化模式研究	1. 社会规范分析；2. 成语、格言、文艺作品分析；3. 语言分析；4. 心理描述（形容词核对、量表分析）
2. 生理记录	5. 遗传分析；6. 生物化学相关物；7. 内分泌学研究；8. 体型研究；9. 面相、动作分析
3. 社会记录	10. 个人档案记录；11. 工作分析；12. 时间分配；13. 行为频率；14. 社会测量学；15. 拓扑心理学（对人、对阻碍物的反应）
4. 个人记录	16. 日记；17. 自学系统指导；18. 个人信件；19. 主题写作
5. 表情活动	20. 第一印象；21. 外表细致分析（快速摄影分析）；22. 外表模式分析；23. 字相学；24. 风格分析
6. 量表	25. 等级量表；26. 记分量表；27. 心理图示
7. 标准化测验	28. 标准化问卷；29. 心理测量（动作测验、迷津测验、语言测验等）；30. 行为量表（想象、联想、情境测验等）
8. 统计分析	31. 差别心理学；32. 因素分析；33. 内部因素分析
9. 生活情境微型	34. 时间样本；35. 职业微型；36. 欺骗性情境
10. 实验室实验	37. 一元记录；38. 多元记录
11. 预测	39. 外观预报；40. 趋势预报
12. 深层分析	41. 精神科晤谈；42. 自由联想；43. 梦的分析；44. 催眠术；45. 潜意识书写；46. 幻想分析
13. 理想型	47. 理解的图式；48. 文艺性格分类
14. 综合法	49. 辨别法；50. 匹配法；51. 全过程会谈；52. 个案分析

◆ 课堂活动 1-3

缘 聚 团 体

　　按照每组 6~8 人的规模，建立人格心理学学习小组，通过小组讨论，确定组长和组名，进行相互了解，每位组员可用 1~2 个词介绍自己的个性特点，如"热情""有趣"等。最后用教师发放的卡纸设计小组名片，包括组名、组员、组员特点等内容，进行班级展示。

　　　　　　　　　　　　_____小组名片

 **学海探航**

一、交互式测验

请扫码进行答题，并根据得分情况进行查缺补漏。

模块1　测试题 ▶

二、思考题

1. 怎样理解各人格心理学流派的不同研究视角？
2. 学习人格心理学对你的人生发展有什么意义？
3. 初学人格心理学，你有什么感受？

典范风采

邹彬：从初中生到大国工匠

从小山村到人民大会堂有多远？从泥瓦匠到大国工匠有多远？"95后"小伙邹彬给出答案。在十三届全国人大四次会议"代表通道"上，邹彬讲述了自己的成长故事。

他出生于湖南省新化县，曾是村里众多留守儿童之一。初中时，邹彬辍学，被父母带到了打工工地上。邹彬一家从爷爷辈起就做泥工，他到城里时，他的父辈在一个工地上做砌筑工。学砌墙成了邹彬顺理成章的选择。14~19岁期间，邹彬和家人辗转了无数个工地，短的待半个月，长的也不过待3个月。"学一门手艺，赚点儿钱，回老家娶妻生子"，在邹彬母亲的预想中，这对邹彬来说就算成家立业了。但邹彬的路不一样，精益求精是他一贯的作风。工地的条件大多不好，他曾经住过在建毛坯房的地下室，地面积水漫过脚面，用钢管搭个架子，铺块木板便是床。刚入行时，他常被工友们笑"傻气"，因为当时工地上实行计量发薪，砌的墙越多，工钱越多，但只要砌得不美观，他就推倒重砌。"一定要坚持自己的标准，才过得了心里那一关。"此时，"工匠精神"正在邹彬身上悄悄萌芽。

后来，一次选拔改变了邹彬的人生。在中建五局工地干活时，邹彬从工会组织的劳动技能竞赛中脱颖而出。这个有5年砌筑经验的19岁"老师傅"引起了公司的注意：能不能培养他参加世界技能大赛？后来，邹彬作为第43届世界技能大赛中国队中唯一参加砌筑项目的选手，最终获得优胜奖，实现了中国在这一奖项上零的突破。"为国出征，吃再多苦我也不怕！"回忆备战时日，由于读书少，他对几何知识、图形测算几乎无法理解，这直接影响了作品效果。反复训练，强化理论课程，8个月后，他终于能精确计算出各种图形数据。安全帽、灰工装、笔直的西裤、黑亮的皮鞋、手握一把检测尺……如今的邹彬看上去职业、精神。他被中建五局总承包公司聘为项目质量管理员，成立了"小砌匠"创新工作室。

（资料来源：中工网，有删改）

 智慧火花：

从初中生成长为大国工匠，邹彬的"逆袭"之路上有艰辛、有坚持、有机会、有梦想，也有时代发展与个人成长的碰撞。请结合人格心理学的不同流派，谈谈哪些因素促成了邹彬的蜕变。

博学之路

一、心理书籍推荐

（一）《人格心理学导论》

《人格心理学导论》采用了新的组织结构方式，将抽象的人格理论转化为通俗易懂的知识供读者学习，介绍了精神分析、人本主义、特质理论等代表性观点，并插入"心理测试""心理实验室""章节引读"等内容，由浅入深，深入浅出凸显了人格心理学学科的核心特征。

（作者：许　燕）

（二）《人格心理学：人与人有何不同》

这本书是加利福尼亚大学河滨分校心理学教授大卫·范德的力作。范德教授曾在多所大学讲授人格心理学，在人格心理学领域颇有建树。本书内容涵盖主要人格理论，追溯其历史渊源，收纳了大量的当前研究，包括生物学角度的研究、跨文化心理学，以及与人格相关的认知加工等。

（作者：大卫·范德　译者：许燕、邹丹等）

二、心理电影推荐

（一）《催眠大师》

该影片讲述了知名心理治疗师徐瑞宁和棘手的女病人任小妍之间发生的故事。徐瑞宁擅长催眠疗法，总能不知不觉将人引入他所营造的幻想空间中。可有一天，他遇到一个棘手的女病人——任小妍。她不愿敞开自己的心灵，并且处处与他针锋相对，甚至有某种看穿生死和时间的超能力，双方的较量开始了……经过一番波折，徐瑞宁最终揭开了任小妍的真实身份，自己也因爱而得到救赎。

（二）《飞驰人生》

该影片讲述了曾经在赛车界叱咤风云、如今却只能经营炒饭大排档的赛车手重新复出的故事。被禁赛5年后，年近40的张弛带着6岁的儿子复出，在职业生涯的尾声挑战年轻一代的天才们。面对没钱、没车、没队友等困难，他一度陷入自我怀疑和迷茫徘徊中，但最终不忘梦想，克服重重障碍，经过不懈努力，超越自我，赢得比赛。

模块

追根溯源，方能致远

——经典精神分析流派

庄生晓梦迷蝴蝶，望帝春心托杜鹃。

——李商隐·《锦瑟》

知识脉络

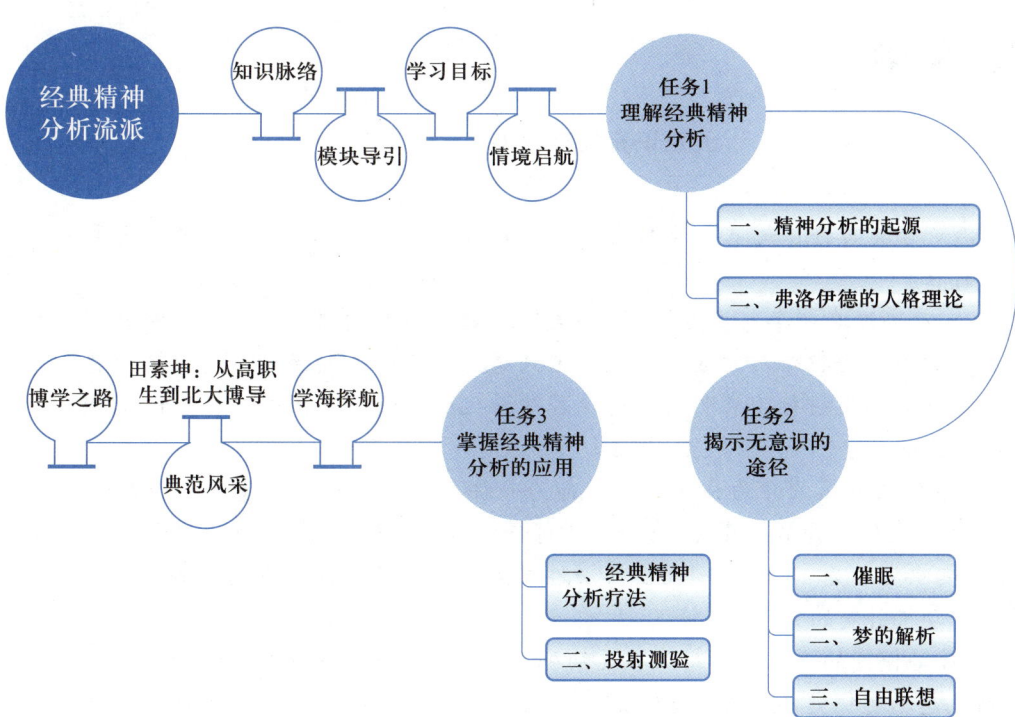

模 块 导 引

"日有所思，夜有所梦。"人的一生会经历无数的梦境，我们真的了解梦吗？梦告诉了我们什么？在有关人类的一切奥秘中，恐怕再也没有比那些来自人的内心的奥秘更让人好奇的了。梦是人类精神生活中的一种很特殊的现象，也是人类精神生活中很小的一部分。对梦的思索反映了人类对自身的一种审视，对真理的不懈追求。以弗洛伊德为代表的精神分析学家们长期专注于梦及其他人类内在奥秘的探索，他们为我们展示了无比丰富、深邃的精神世界。

在本模块中，我们将启程探索精神分析的起源与进展，揭开人格理论的神秘面纱，深入无意识的幽深路径，穿梭于知识的广阔海洋，共同欣赏经典精神分析理论在理论与实践领域绽放的耀眼光芒。

学 习 目 标

» 知识目标：了解精神分析的起源与发展历史；掌握经典精神分析理论的核心概念和主要观点。
» 能力目标：能运用人格理论去理解人格的形成、发展及适应。
» 素养目标：培育追根溯源、求真务实、积极探索的品质。

情 境 启 航

无意识真的存在吗？

无意识是否真的存在是多年来人们一直思考的问题，下面的例子似乎说明了无意识的存在。

例1：一个新郎在驱车前往婚礼现场的路上，错把绿灯看成红灯，这让他惊慌失措。为什么新郎会把绿灯看成红灯呢？这仅仅是个简单的失误吗？美国精神分析家布伦纳认为，这种行为表明新郎对是否结婚犹豫不决，失误是在无意识动机的作用下产生的。

例2：李先生虽然荣升为公司会长，却为一件事苦恼。原来他患有会议恐惧症，以至于会议刚刚开始，李先生便说："啊……那么，第36次理事会议到此结束。"这引起哄堂大笑。会议一开始，李先生就致了闭幕词，这是希望快些结束会议的无意识动机引发的失误。

例3：弗洛伊德的一位患者想从书桌抽屉里拿出银行储蓄本支付医疗费，可是无论如何也想不起钥匙放在哪里了。后来患者回忆说，当他要打开书桌抽屉的瞬间，舍不得取钱付费的想法在脑海中一闪而过，于是忘记了钥匙放在哪里。

任务 **1** 理解经典精神分析

托马斯·曼曾说："过去之井很深……我们探测得越深，越是深入触及较远的过去世界，我们就越会发现人性最早的基础，它的历史与文化，更显得深不可测。"理解精神分析，首先需要去追溯源头，认识理论创始人弗洛伊德的生平及其所处的时代背景。

一、精神分析的起源

（一）精神分析产生的时代背景

精神分析产生时期的欧洲，资本主义发展到了垄断阶段，贫富分化明显，阶级矛盾尖锐，社会竞争激烈，人际交往失信，导致人心动荡、社会失稳。同时，由于当时的宗教氛围浓厚，两性交往存在诸多禁忌，人们自然的性冲动受到各种禁锢，性本能受到极大的压抑，造成精神上的高度紧张。这样的情况下，人们的神经症和精神病的发病率日益增长。这不仅促使弗洛伊德对性本能进行思考并形成观点，也促使精神分析这一精神疾病治疗方法应运而生。

（二）弗洛伊德的生平

1856 年，弗洛伊德（图 2-1）生于原奥匈帝国摩拉维亚的一个叫弗莱堡的小镇，后随父亲迁往维也纳。

微课连线：
老佛爷二
三事

弗洛伊德从小聪明好学，他 17 岁时就以优异的成绩考入维也纳大学医学院。在大学学习期间，弗洛伊德对生物解剖学、哲学课程十分感兴趣。1881 年，弗洛伊德获医学博士学位。实习期间，弗洛伊德接触到神经症与精神病，并且对此很感兴趣。当他完成实习、成为一名注册的临床医生之后，就致力于对神经症与精神病患者进行治疗。

1885 年，弗洛伊德有幸到巴黎进修 6 个月，跟随沙可学习催眠术。在法国学习期间，弗洛伊德有了两个重要的收获：第一，他从沙可那里知道某些精神病主要是心理或精神上的障碍，而不是躯体上的疾病，可以用心理方法来治疗，这是弗洛伊德迈向精神分析的重要一步；第二，无意识的性心理冲突是某些精神病形成的重要原因。

图 2-1　弗洛伊德

从法国回来以后，弗洛伊德着手采用催眠术治疗精神病患者。后来，他开始使用谈话疗法，而后不断改进这种方法。1892—1895 年，弗洛伊德在谈话疗法的基础上发明了"自由联想法"。

在治疗神经症的过程中，弗洛伊德依据大量临床资料，不断地思考神经症的病因，以及治疗的有效性机制等理论问题，逐渐形成了他的早期精神分析理论，即早期的无意识论与性欲论。他与布雷尔合著了《癔症研究》，这标志着精神分析运动的正式开始。

　　1897 年，弗洛伊德着手进行自我分析，自我分析不仅解除了他的心理困扰，健全了人格，更催生了他的开创性学术成果——《梦的解析》。该书是弗洛伊德自我分析成果的集中体现，它因其独特的视角和深刻的洞见成为心理学史上的重要里程碑，被公认为弗洛伊德最伟大的著作。

　　1909 年，弗洛伊德受邀来到美国，以"精神分析五讲"为题作了讲演，并被克拉克大学授予名誉博士学位。这意味着弗洛伊德的学说开始得到国际学术界的承认。

　　此后，弗洛伊德更深入地思考理论问题，以改进、完善其学说，他的研究进入了第二个发展的高峰期，使精神分析远远超出了精神病理学的范畴，成为一种理解人类本性、人格与社会文化的理论体系。

　　1939 年，弗洛伊德于伦敦逝世。

　　弗洛伊德的一生是不平凡的一生。他之所以能创立如此不平凡的精神分析体系，与他的聪明才智和求学经历有关，更与他探求真理的勇气、孜孜不倦的精神、遇到挫折时不屈不挠的意志品质有关。

◆▷ 课堂活动 2-1

弗洛伊德的思想发展脉络

你能根据弗洛伊德的生平总结出他的思想发展脉络吗？请认真思考并填写表 2-1。

表 2-1　弗洛伊德的思想发展脉络

起止时间	主要的观点和成就

（三）弗洛伊德的思想渊源

　　尽管精神分析理论是弗洛伊德开创的，但实际上在弗洛伊德之前，已有许多有先见之明的思想家讨论过无意识、本能、快乐及精神病成因等问题。19 世纪至 20 世纪初，西方自然科学取得的辉煌成就，成为弗洛伊德思考问题的科学前提。深究弗洛伊德理论的基本框架，不难看出欧洲的哲学思想和自然科学的影子。

微课连线：
无意识：隐
藏在冰山下
的暗流

　　首先，弗洛伊德借用了柏拉图提出的无意识观点，正式提出无意识概念和心理动力论，这是精神分析的基础。其次，德国哲学家莱布尼茨提出的单子论、心理学家赫尔巴特提出的意识阈限说及费希纳提出的冰山理论对弗洛伊德产生了重要的影响。此外，弗洛伊德还受了哲学家叔本华、尼采等的哲学思想及达尔文的生物进化论的影响，并在此基础上提出心理动力学和人格理论。

　　弗洛伊德无疑是一位杰出的集大成者，他巧妙地融合了哲学与自然科学的精髓，构筑起一座独特而深邃的理论殿堂，建立了一个涵盖人类意识、潜意识、梦境及心理防御机制等的宏大的精神分析体系。

二、弗洛伊德的人格理论

（一）意识、前意识和无意识

弗洛伊德提出人的心理结构由三部分组成，分别是意识、前意识与无意识（表 2-2）。在我们的内心隐藏着一个深不可测的巨大空间，意识犹如浮在表面的冰山一角，隐没在水下的那片庞然大物就是无意识，而连接意识和无意识的层面就是前意识，这就是弗洛伊德提出的著名的"冰山理论"（图 2-2）。

表 2-2　意识、前意识与无意识

概念	定义	举例
意识	意识是人特有的一种心理反映形式，是自然进化的最高产物。它表现为知、情、意三者的统一，涉及觉知时刻的各种直接经验（感知、思维、情感和欲望等），以及对这些内容和自身行为的评价	在课堂上，学生专注听讲并理解教师讲授的内容，这是意识的体现。 早晨起床后，选择穿哪件衣服，这是受意识支配的行为
前意识	前意识是意识和无意识的中介部分，指那些此刻并不在意识之中，但可以通过集中注意力或在没有干扰的情况下回忆起来的过去经验。它起到警戒作用，阻止无意识中的本能欲望直接进入意识	当你在做某件事时，突然记起之前忘记的一个重要事项，这是前意识在起作用。 梦境中的某些片段，虽然不能直接反映无意识，但可能包含前意识对无意识的加工和转化
无意识（潜意识）	无意识（潜意识）是指人对其内在身心活动状态及周围的环境变化没有觉知的心理活动。它包含了许多被压抑的欲望、恐惧、创伤性记忆等，这些内容通常不会直接进入意识层面	你在梦中经历的场景和情节，往往是无意识的表达。 某些口误或笔误，可能是无意识中某种想法的泄露。 深度睡眠中的脑电活动虽然人没有觉知，但无意识仍在活动

（二）结构模型

1. 自我、本我和超我

弗洛伊德很快发现，解剖模型在描述人格上有局限性。因此，他又创立了一个结构模型，把人格分为本我、自我和超我。

本我是人格中与生俱来的无意识结构部分，它虽然是我们活动的内驱力，却不被个体察觉。本我受快乐原则支配，它不理会任何社会道德、外在的行为规范，它无节制地追求自身满足而无视任何后果。例如，很多大学生都有起床难的困扰，这就是本我在起主导作用，躺在暖暖的、舒适的被窝里就是本我的需要。

自我处于本我和超我之间，代表理性和机智，它的任务是了解现实，让我们对自身所处的环境做出合理的反应。它虽然是从本我中发展出来的，但它总是按照现实原则来行事，充当仲裁者的角色，调和现实、本我和超我之间的矛盾，在寻求本我冲动得以满足的同时保护整个机体不受伤害，让三者达到统一，这样我们的身心才可以处于一个平和健康的状态。如上个例子中，躺在被窝里尽管很舒适，但绝大

微课连线：
刷屏时代
欲罢不能的
背后

部分大学生清楚当下最重要的现实任务是学业，他们还是会让自己按时起床。

超我是人格结构中代表理想的部分，它是我们在成长过程中通过内化道德规范、内化社会及文化环境的价值观念而形成的。超我代表人的良心、社会准则和自我理想。当本我"蠢蠢欲动"时，超我要求自我按社会可接受的方式去满足本我。超我是人格的高层领导，它像是一位作风严厉、行事公正的大家长一样按照至善原则监督自我的行为，然后指导自我限制本我。但是因为超我的特点是追求完美，所以它与本我一样是非现实的，而且大部分时间它处于无意识的状态。

本我、自我与超我之间的关系，就如同马车夫坐着马车去赶集，本我是作为动力的马，超我是作为目的地的集市，

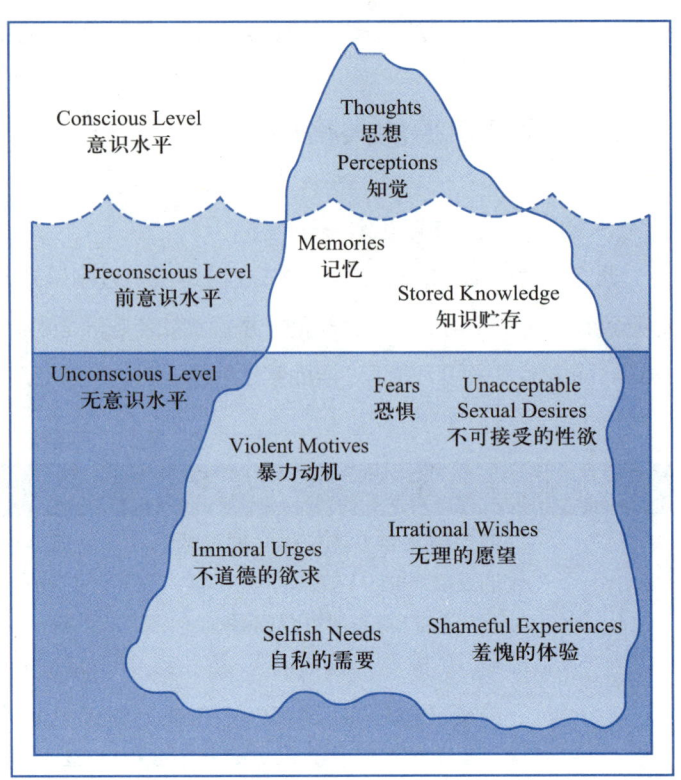

图 2-2　冰山理论

而自我就是驾驭马车朝着集市赶去的马车夫。在去集市的路上，当一切顺利时，马所代表的本我就会处于愉快的状态。但是，月有阴晴圆缺，人有旦夕祸福，在寻求快乐的道路上，本我的追求往往受到现实的阻挡。这个时候本我就会释放力比多，也就是用能量对自我进行"威胁"，于是自我马上对这股力量实施抑制。但是，这种抑制只能阻止本我对自己观念的表达，却阻止不了它产生强大的力比多，于是这股力比多便转化为焦虑，以求得到释放。

根据弗洛伊德人格动力结构的理论，人的一切行为都不是由某一单方面的力量决定的，而是人格内部多种力量相互作用的结果。

2. 冲突、焦虑与防御机制

微课连线：
阿 Q 精神的
平反之路

根据弗洛伊德的人格结构理论，自我是调解者，通过调解使人格内部各种力量之间、人与环境之间达到一种平衡，实现人格的整合与统一。但是，平衡是相对的、暂时的，而不平衡是绝对的、持久的，人格内部冲突不可避免。随着矛盾冲突的加剧，人就会产生心理焦虑。如果心理冲突过于激烈，自我无法应付，就会导致人格的分裂和精神障碍。

焦虑是人内心的一种紧张状态，而人具有一种解除紧张状态的先天倾向，因此，焦虑本身会起到一种动力的作用。同时，焦虑也起到对人的行为的控制和引导作用。因为它警告我们，如果继续以那种方式行动或思考，我们就会处于危险之中。焦虑对人有积极的一面，但是若焦虑程度太高、持续时间太长，人就会无法忍受，严重的焦虑往往会导致人格的分裂和精神疾病。为了减轻或消除人格内部的冲突，降低或避免焦虑，以保持人格的完整和统一，自我创造了许多保护性的机制，弗洛伊德称之为**防御机制**。

弗洛伊德认为，几乎所有的自我防御机制都有两个共同点：①它们是无意识的，即人总是不知不觉地、无意识地采用它们；②它们往往否定、歪曲或虚构实际情况，具有与现实相脱离的特性。自我的防御有很多种，这里只讨论几种主要的心理防御机制（表 2-3）。

表 2-3　主要的心理防御机制

心理防御机制		含义	举例
逃避性防御机制	否认	有意或无意拒绝承认不愉快的现实以保护自我	患者不愿意接受生病的事实，认为医生诊断有误
	压抑	对于不能接受或具有威胁性、感觉痛苦的经验及冲动，在不知不觉中从意识中排除或抑制	不能接受亲人逝世的痛苦而选择性遗忘
	幻想	通过幻想来满足在现实中不能实现的愿望，以摆脱现实对自我的威胁	幻想像哈利·波特一样会魔法
	退行	受挫后采用倒退到童年或低于现实水平的行为来取得别人的关怀，逃避紧张和焦虑	成人表现得像儿童一样满地打滚
替代性防御机制	补偿	因身心某个方面有缺陷而不能达到某种目标时，有意识地采用其他能够获得成功的活动来代偿某种能力缺陷，以弥补因失败而产生的自卑感	"失之东隅，收之桑榆"
	抵消	通过一些行为、仪式抵消违背自己良心（超我）的不安和惩罚，以便把自己从被道德驾驭的感觉中解脱出来	打碎了碗碟时说"碎碎平安"
	转移	将对某个对象的强烈感情转移到另一个对象身上	丈夫在单位受了气后回家向妻子发火，妻子受了丈夫的气，转而冲孩子发火
	投射	将自我不愿意接受的冲动、欲望或观念等转移到他人或者客观事物上	"以小人之心度君子之腹"
掩饰性防御机制	合理化	无意识地用似乎合理的解释来为难以接受的情感、行为、动机辩护，使其可以被接受	酸葡萄心理、推诿、甜柠檬心理、阿 Q 精神等
	反向形成	当愿望和动机不为自己的意识或社会接受时，将其压抑至潜意识，并表现出相反的行为	口是心非，"此地无银三百两"
	幽默	以诙谐、含蓄、给人以启迪的言语和动作来化解尴尬，摆脱困境	矮个子以"浓缩就是精华"化解尴尬
建设性防御机制	认同	通过认同比自己地位或成就高的人，消除个体在现实生活中因无法获得成功或满足而产生的挫折与焦虑	学生将历史名人、科学家、明星或者身边的优秀人物作为自己的认同对象
	升华	把社会不能接受的欲望或攻击性冲动伴有的能量转向更高级的、社会能接受的目标或渠道，从而进行各种创造性活动	将生活中的不幸升华为诗歌、音乐、绘画、文学创作的欲望和素材

心理防御机制具有多样性，此处不逐一展开。弗洛伊德指出，这些防御机制之间并非相互排斥的，故而在某些情况下，可能同时发挥多种防御机制的作用。个体在运用防御机制时通常表现出差异性，这

主要源于其先前生活经历和环境背景的不同。自我防御机制能有效抵御焦虑的侵袭，它们往往倾向于长期稳定，因此，在维护个人人格的稳定性和一致性方面，它们发挥着至关重要的作用。

◆▷ 课堂活动 2-2

识别生活中的防御机制

在日常生活中，个体通常会采取各种防御机制以应对不同的情境。请在表 2-4 中写出你观察到的防御机制的实例。

表 2-4   生活中的防御机制

防御机制	举例
压抑	
否认	
投射	
反向形成	
合理化	
升华	

（三）性心理发展阶段论

弗洛伊德认为心理发展是个体早期心理能量（即力比多）释放及重新定位的过程。新生儿出生时就带有心理能量，此时这些心理能量缺乏精确的定位。随着幼儿逐渐长大成人，能量开始定位。先是聚集在这个出口，之后又是另一个出口，儿童寻求满足感的类型和方式随着关注点的转移而变化。

弗洛伊德不仅重视人格的发展，而且强调婴幼儿期生活经验对人格发展的重要意义。弗洛伊德认为，婴幼儿时期是人格发展最重要的阶段，一个人从出生到 6 岁就大致形成了人格的基本模式，其影响持续终生，未来几乎没有什么大的变化。

据此，精神分析理论认为，一个成人的人格适应问题，常常可以从他的童年生活中找到原因。弗洛伊德的人格发展理论以他的泛性论为基础，在他看来，性心理发展和人格发展几乎是一个同义词。弗洛伊德认为，人的性心理发展（即人格发展）需要经过 5 个阶段（表 2-5），每一阶段都有其特点和特殊问题，其先后顺序是固定的，这种固定的发展顺序是由成熟过程决定的。

表 2-5   弗洛伊德的性心理发展阶段理论

阶段	年龄	身体关注点	相关心理结构	心理主题	成人性格类型
口唇期	出生到 1 岁半	口、嘴唇和舌头	本我	依赖、消极	依赖或过度独立
肛门期	1 岁半到 3 岁半	肛门和排泄器官	自我	服从和自控	服从并对秩序着迷，或反权威和混乱
性器期	3 岁半到 7 岁	性器官	超我	性别认同和性取向	性征化过度或性征化不足

续表

阶段	年龄	身体关注点	相关心理结构	心理主题	成人性格类型
潜伏期	7 岁到青春期	不适用	不适用	学习和认知发展	不适用
生殖期	青春期到成年	成熟关系中的性行为	本我、自我、超我很好地平衡	创造和增加生命	成熟的成人（很少达到）

任务 2　揭示无意识的途径

　　无意识是个体无法觉知的心理内容，是我们的思维无法接近的部分。心理学者怎样研究它呢？心理治疗师想了解患者的病情，却无从查起，他们如何给患者提供有效的帮助呢？弗洛伊德回答了以上问题。他认为，强烈的本我冲动被排除在意识之外时，它并没有消失。尽管这些冲动的真实本质被强大的自我压抑了，但它们通常以一种伪装或改变的方式表达出来。

一、催眠

　　弗洛伊德在催眠方面的早期经验提示他，在人的心中，有比意识更多的素材。他相信，在深度催眠时，自我会进入一种暂停的状态。这使催眠师得以绕开自我，直接触及无意识。当人们请弗洛伊德拿出无意识的证据时，他常常用催眠来证明。如果催眠是通往无意识的渠道，那就很容易理解，对心理治疗师来说，催眠是多么有价值的手段。不过，弗洛伊德很快认识到催眠的一些缺陷，其中最主要的是，并非所有的患者都对催眠有反应。

二、梦的解析

　　弗洛伊德把梦称为"通往无意识的捷径"。1900 年，他出版了《梦的解析》一书，提出了用于解释夜间梦境之意义的首个心理学理论。他认为，梦为本我冲突提供了表演的舞台。实际上，梦是实现愿望的一种方式；梦代表着我们期望的东西。这并不是说人们希望把夜里梦见的不愉快的、恐怖的梦境都一五一十地变成真事。他区分了显性梦境（做梦者看到和记得的东西，是做梦者意识到的东西）和隐性梦境（被压抑在无意识中的欲望和动机）。在清醒时，很多无意识愿望都很难公开表达，这就是它们一直被压抑的原因。但是这些不被接受的意象在梦中可以以伪装的方式出现。人的很多无意识意念和愿望都是以象征方式表现的。

微课连线：
梦：通往无
意识的捷径

　　1. 梦见参加考试

　　几乎所有人都做过有关考试的梦，梦见很重要的考试，如高考，在梦中因为种种困难和阻碍，考试以失败告终，最后在紧张得不知所措时被吓醒，醒来后才知是虚惊一场。有关考试的梦，一般总是和现实生活中让人焦虑的事情联系在一起的，正如我们常说的"日有所思，夜有所梦"，做考试的梦其实是内心深处对现实生活中具体事件存在焦虑和担心的表现，而焦虑的情绪下隐藏着我们对自我能力的担心和怀疑。

2. 梦见被追赶

被追赶一类的梦境比较恐怖，一般是梦见被一群人、一个怪物或者一些神秘猛兽追赶。心理学认为，这种梦境可能表明做梦人正在现实生活中逃避一些无法逃避的东西，也有可能代表一些不愿想起的往事。弄清追逐自己的幻影的方法就是问问自己，谁或什么是自己日常生活中的最大威胁。

对梦的解析被认为是弗洛伊德最大的成就。他认为，梦是人类精神生活的延伸，通过解梦能够了解人隐藏的精神生活。

三、自由联想

花些时间清空心灵的杂念，让思绪回归宁静。随后，纵情畅想，畅所欲言，不论说出口的话多么出人意料抑或令人感到尴尬与吃惊，都不必拘束。在弗洛伊德看来，自由浮现在心头的任何东西，不论是一个词、一个数字，还是一个人名、一件事情，都不是无缘无故的，都与前后联想的东西具有一定的因果联系（图2-3）。由此，弗洛伊德试图通过自由联想来发掘埋藏在精神病患者无意识深处的症结或病根。

精神分析家在使用这种方法时，让患者在一个安静的房间里，放松地躺在一张躺椅或床上。患者背向精神分析家，在精神分析家的鼓励下，患者开始回忆、自由联想，并将想

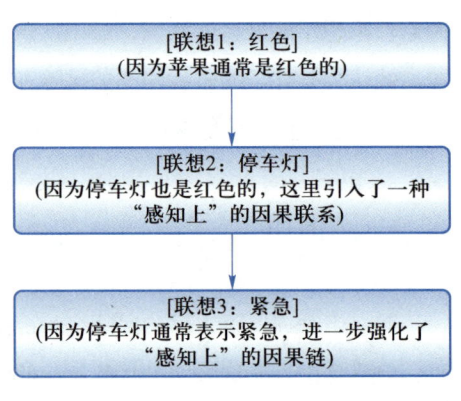

图2-3　自由联想示例

到的讲出来。在运用这种方法的过程中，关键是要求患者把想到的一切都讲出来，而不管这些想法是否是无关紧要的胡思乱想，其目的是把压抑在无意识中的引起患者变态行为的东西揭示出来。这样，精神分析家一方面使患者清醒地意识到那些东西，以便正视它们，消除它们的不良后果，恢复心理健康；另一方面也能获得大量有关无意识、人格结构和机制的研究材料。

◆ 学海漫游·心理技能

自由联想法

使用自由联想法时，患者应躺在长沙发上，医生在患者的头侧处坐着，向患者提出如下要求：就像乘车旅行时，您坐在窗边，而我坐在里边。您可以看到窗外的风景吧？您要像描述窗外的风景那样，将您内心的所思所想和盘托出。至于谈话的顺序和主题，都无关紧要。不要因羞耻而抑制自己。

让患者自由自在地进行联想，换句话说，让患者躺在长沙发上，将脑中浮现出的所有想法和盘托出，不要自认为不重要、无关联、无所指而删掉一些内容，不要进行评判。当然，患者要坦率。坦率是分析治疗的基本前提。

事实上，自由联想并不自由。患者即使不被指定联想的主题，也会不可避免地受到分析情境的影响。与分析情境有关的事情会在患者心中出现。

任务 3　掌握经典精神分析的应用

精神分析治疗反映在电影和漫画中，其场景往往是患者躺在躺椅上，对着空气不停说话，一位留着胡子、苍白沉默的老先生在做着笔记。精神分析真的是这样工作的吗？让我们一起来了解精神分析疗法的实践应用。

一、经典精神分析疗法

精神分析疗法是一种以改变作为心理障碍基础的无意识层面的人格为目标的心理障碍治疗法。通过精神分析，治疗师可以帮助患者消除童年经历造成的不良影响，但这是一个漫长的过程。

精神分析疗法的理论基础是："人的一切行为、情感和思维，包括心理障碍的症状，都是由一个人从小形成的人格和习惯决定的，都是由一个人的童年经历和成长环境决定的；并且，这种决定性的'塑型影响'和人格一旦形成和固定，就会自动地、本能地、悄悄地、不知不觉地、潜意识地、不由自主地、不受控制地、恒定地发挥作用。"

依据以上的理论，我们可以推论：如果一个人拥有一个比较幸福的童年和随之形成的健康人格，他的生活就将在健康人格的决定下，在一个比较健康的轨道上运行。这种人就是我们通常所说的健康人。如果一个人的童年经历和成长环境比较恶劣，他的心理发育必不可少的阶段就会中断或者发育不足，导致必要的精神养料匮乏，将会形成各种人格缺陷和复杂的情结，势必为将来的各种心理障碍留下祸根。这种人就是我们通常所说的"病态者"或者"心理障碍患者"。

所谓的心理障碍，是在童年形成的病态人格的基础上形成的，是在无意识层面上发挥作用的。为了从根本上治愈心理障碍，必须消除童年经历造成的不良影响，矫正扭曲和病态的人格，并且这种矫正不能停留在理智和道理说教的层面上，必须深入无意识和人格层面。改变人格和影响一个人的无意识，都是困难重重的巨大工程，这就决定了真正意义上的精神分析治疗必将是漫长的（一般为100~300小时，最长可达数千小时）、耗时的、费力的，这对于治疗师和患者来讲，都是一次巨大的挑战。当然，在历经了大量的付出和努力之后，获得的回报是丰厚的。它可能意味着自残、自虐等恶性循环的结束，黑暗痛苦的内心世界重见光明，新生活的重新开始，自我和真我的重新出现。

例如，一个22岁的高职毕业班女学生因焦虑而无法在课堂上专心学习。尽管学习成绩很好，她却一直因担心留级而焦虑不安，觉得父母为了供她读大学付出了巨大的代价。治疗师问道："如果您不能毕业，您的父母会怎么样？"她说："父母会很伤心。"说到这里，她像是悟到了什么，说："实际上可能是我想让父母伤心。几年来一直在父母的唠叨中生活，我感到厌烦了。"晤谈结束后，她的焦虑症状似乎很快消失了，一周后重新步入了课堂。

从精神分析疗法产生起，关于精神分析的有效性的争论就从未停止过，虽然当今有很多治疗方法可供选择，但是仍有大量的治疗师坚持对这一流派的探索。近期，有严谨的回溯式研究发现，在治疗多种心理障碍方面，精神分析往往很有效，但这一疗法自诞生以来，就伴随着众多质疑与挑战，未来它也将在持续的争议与探索中发展下去。

二、投射测验

根据弗洛伊德的理论，无意识是人精神世界的主要内容与特征，个体不能真正意识到自身的内部欲望与冲突。因此，在弗洛伊德看来，通过被试自我报告的方式来测量一个人的人格是不可信的。弗洛伊德认为，人们往往在描述某些模糊刺激（如天空飘浮的云彩）的过程中会无意中流露出内心的秘密。这就是一种投射的心理现象。它是指个人把自己的思想、态度、愿望、情绪、性格等心理特征无意识地反映在对事物的解释中的心理倾向。因此，运用投射技术测量个人对特定事物的主观解释，就有可能获得对被试人格特征的认识。基于这种思想，弗洛伊德的后继者发明了一种测量人格的技术，即投射测验。

投射测验试图探讨无意识过程，对反应的解释不可避免地深受精神分析学说的影响。在 20 世纪 40—60 年代，精神分析学说在人格理论和研究中的影响最大，其中投射测验的增长数量也最大。精神分析疗法强调人格结构中的无意识范畴，认为个人无法凭其意识说明自己，因而通过问卷法无法有效地了解人格结构，必须借助某种无确定意义的刺激情境，使个体隐藏在无意识中的欲望、要求、动机冲突等泄露出来，或者说使被试不自觉地将它们投射出来。这种假设正是投射测验的理论基础。

投射测验的基本方式是为被试提供预先编制的一些未经组织的、意义模糊的标准化刺激情境，让被试在不受任何限制的情况下，自由地对刺激情境做出反应，然后通过分析被试的反应，推断被试的人格特征。

（一）投射测验的类型

1. 主题统觉测验

主题统觉测验的设计者是亨利·默里，该测验由一些模糊图片构成。被试要根据每张图片（图2-4）讲一个故事：人物是谁？发生了什么事情？什么原因导致了这种情境？结果如何？大多数图片都呈现了人物的形象和面部表情，但人物之间的关系被故意设计得模糊不清。因此，被试会在人物的脸上看到爱、罪恶感、愤怒或悲伤等情绪。图片上的人物也许在打斗、密谋、相爱或对彼此无动于衷。他们可能正在等待一个快乐的、悲哀的、可怕的或令人失望的结局。被试在图片中见到的东西可提供分析其人格的线索。治疗师常常凭直觉解释被试对主题统觉测验的回答，但也有许多治疗师采用相对

图 2-4　主题统觉测试图

客观的评分方式。

2. 绘画测验

许多治疗师还使用绘画测验（图 2-5）。它产生于 20 世纪 20 年代，最初用来测量智力，后来心理学者意识到，它还能测量最重要的人格建构，现在它常被用作心理问题的评估指标之一。此测验的模糊刺激是一张白纸和一段让被试画一幅画的指导语。在多数情况下，只让被试画一个人，有时也会画一家人、树或房子。治疗师常把被试画的人看作是自我的象征性表达。

3. 罗夏墨迹测验

罗夏墨迹测验是由瑞士精神病学家罗夏经过长期的试验和比较研究后研制的一种投射测验，其具体内容在模块一中也有提到。测验开始之前，主试要给被试一个标准的指导语，让被试自由分享自己联想到的东西，然后记录、分析被试的反应，进而对被试的

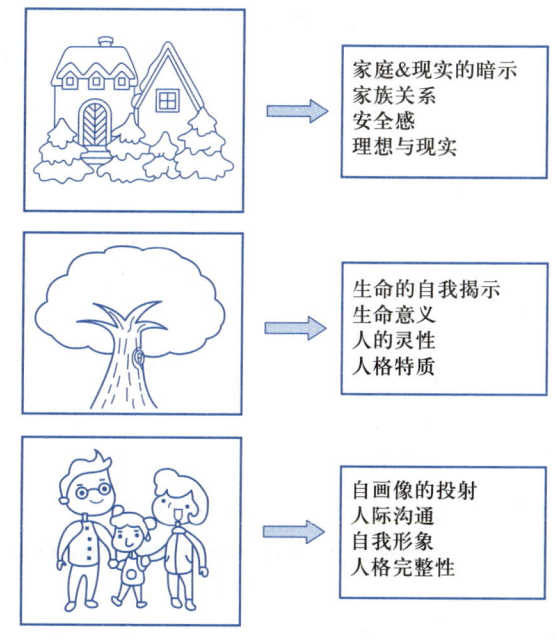

家庭&现实的暗示
家族关系
安全感
理想与现实

生命的自我揭示
生命意义
人的灵性
人格特质

自画像的投射
人际沟通
自我形象
人格完整性

图 2-5　绘画测验

人格特征进行诊断。罗夏墨迹测验中被试的反应可以采用多年来创建的若干种评分系统中的一种来做分析。异常反应和重复出现的主题特别值得注意，尤其当它们与治疗过程中揭示的信息一致时。例如，患者在每张卡片上都看见死尸、坟墓和墓碑，会引起治疗师的注意，同样，当患者在墨迹中看到自杀、怪异的性行为或暴力行为时，或许能为治疗师提供今后治疗要探索的主题。

 学海漫游·知识技能

"恐惧之屋"中的孤单小孩

作画者在听放松引导语的过程中就不断地哭泣，泪湿衣衫。引导结束，大家没有说话，没有打扰她，只是把面巾纸递给她。她带着眼泪开始作画，不停地涂着黑色，慢慢地，她的抽泣停止了，她涂了一层还不够，开始涂下一层，一直到所有人作完画，她的画才完成（图 2-6）

作画者说："某一段时间内非常紧张，我比指导语走得更快，我知道门里是什么……我顺着蓝色的铁质楼梯走下去，是那种很旧的铁艺楼梯。楼梯是悬空的，我迈步下去。楼梯很长，很难看到尽头。我看到一束很微弱的光。我知道房间里是什么，我怕看到。但想着既然来了，我就要进去。我把门打开，门朝外开。我看到一个小朋友蹲在那里，可怜地看着我。我想逃出来，就赶紧出来了。黑色整片整片的。"（摘自《我手画我心》，严文华著，中国轻工业出版社，2009 年版）

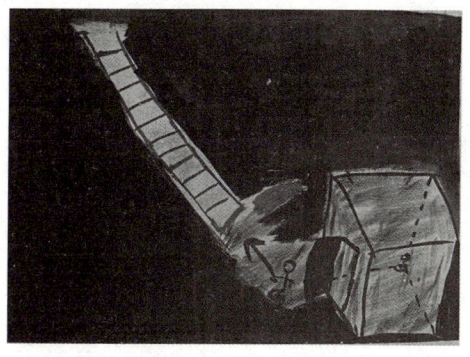

图 2-6　孤单小孩

（二）对投射测验的评价

　　虽然投射测验在国外广泛地应用于对人格特征的评价过程中，20 世纪 40—60 年代的临床心理学工作者更是把它视为临床诊断中不可缺少的工具，但是对投射测验的批评一直没有停止过。除了操作此种测验的技术极度复杂、难以掌握、难以获得数量化的资料，最为严重的批评莫过于质疑投射测验的信度和效度。以罗夏墨迹测验为例，虽然有研究资料认为它的信度和效度是不错的，但是更多研究结果表明投射测验本身的性质决定了它难以获得信度和效度合格的资料，也难以在不同的测验结果之间进行有效的比较。因此，心理学工作者在做诊断时经常被建议不要过分依赖投射测验。相反，投射测验的结果应当被看作有关患者信息的一个来源，这些信息应当和访谈、观察、个案材料及其他心理测验收集的信息同时应用。

 学海漫游·知识拓展

临床案例中的情感领悟效果

　　一个 42 岁的工人最近突然对工作产生了强烈恐惧，只好到医院寻求帮助。在第一次晤谈时，患者回忆起自己的成长过程。原来，患者与父亲关系不和。患者性格暴躁，沉迷于酒色，6 年前结了婚，婚后性格发生了很大的变化，以前的攻击性行为随之消失。

　　在几天后的第二次晤谈中，治疗师了解到，患者的恐惧症状出现在与管理者的冲突之后。于是，治疗师说："您当时一定既生气又惊慌，可能还有一种想要痛打管理者的冲动。"患者也承认，当管理者指责自己时，的确有用身边的铁管子打碎对方头部的想法。说起这些时，患者兴奋得发抖。接着，他还发泄了对可恶的管理者的愤恨之情。在随后的治疗中，治疗师发现患者的焦虑症状完全消失，可以正常上班了。原来，对管理者的愤怒就是他对工作产生恐惧的原因。由于情感领悟强化了患者的自我机能，症状也随之好转。

▶ 学海探航

一、交互式测验

　　请扫码进行答题，并根据得分情况进行查缺补漏。

　　　　　　　模块 2　测试题　▶　

二、思考题

　　1. 试析精神分析的起源。

　　2. 如何理解无意识及其作用？

　　3. 除了书中提及的揭示无意识的途径，还有其他的方式吗？

　　4. 最近的新闻或者你的生活中有没有可以从精神分析的角度进行解释的实例？请结合实例进行分析。

田素坤：从高职生到北大博导

从滨州职业学院的一名高职生到北京大学口腔医学院的博士生导师，田素坤用了15年的时间。回顾漫长而艰辛的求学历程，他认为"不服输，不放弃"是支撑自己追逐梦想、奋然前行的信念。

2008年，田素坤来到滨州职业学院，就读于机电一体化技术专业。刚进入大学时，他对这个陌生的校园还是有点儿不适应，但与同学们渐渐熟悉之后，他很快适应了这里的学习和生活环境。在这里，他激动过、充实过，也曾彷徨过……

一年后，得知一同参加高考的初中同学复读考出了很好的成绩，他的心情十分复杂，既为他们考上理想大学高兴，也为自己没能进入本科学校学习而倍感失落。从那以后，他默默下定决心要拼一次，不能给自己留遗憾。接下来几个学期他开始了宿舍、教室、餐厅"三点一线"的校园生活，无论寒冬酷暑，他都是最早到教室、最后离开教室。

经过不懈努力，他最终以优异的成绩考入枣庄学院机电工程学院。

升入本科后的学习，起初并不顺利，他也曾多次迷茫、失落，也曾崩溃、绝望，但终究不甘心，还是想逼自己再往前跨一步。他时刻严格要求自己，为实现自己的梦想而奋斗，终于在2013年成功考取了南华大学机械工程学院的硕士研究生。

硕士学习期间，他形成了严谨治学的科研态度，掌握了专业领域的基本理论、基本实验操作技能，参与导师的课题研究，最终较好地完成了硕士期间的研究任务，取得了优异的研究成果，于2016年成功成为南京航空航天大学机电学院的博士研究生。

2020年12月，他到山东大学机械工程学院开始博士后研究，同时成功申请到国家自然科学基金青年基金项目。2023年5月，他进入北京大学口腔医学院开始科研工作，被聘为副研究员、博士研究生导师。

曾经的他不止一次地失败，但他没有因失败而停止努力，没有因失败而放弃希望，更没有因失败而失去自己的理想。不服输，不放弃，终会成为强者。

（资料来源：搜狐网，有删改）

💧 智慧火花：

田素坤是值得我们每个高职生学习的榜样，他抱着不服输、不放弃的信念，从一个不被看好的起点，一步步地克服困难，实现了人生梦想。请结合精神分析理论有关防御机制的观点，谈谈田素坤的心理防御机制是什么。

博学之路

一、心理书籍推荐

（一）《人格心理学》

本书采用了深入浅出的方式，将抽象的人格理论转化为通俗易懂的知识供读者学习。本书力求科学性与系统性、理论与实践的结合，并且具有一定可操作性，自出版以来，受到广大读者的欢迎，并多次重印与修订。

（作者：郑　雪）

（二）《寻找弗洛伊德：精神分析理论与经典案例》

本书从弗洛伊德的生平开始，系统地阐述精神分析学说诞生、发展的历史及其基本理论内涵，以经典的案例详细说明了精神分析的技法、过程、效果、常见问题等。

（作者：李武石）

二、心理电影推荐

（一）《异度空间》

这部影片的主要内容如下：章昕得知房东的妻儿死于泥石流后，总会看见她们的鬼魂，男友无法忍受她的异常，离她而去，无奈之下，她求助心理医师阿占。阿占清楚地知道章昕所见不过是因长久孤闭而生出的幻觉，开始竭尽所能地帮助她，终于使她慢慢脱离了种种恐怖的臆想，两人也在这一过程中渐渐生出感情。当置身阿占的生活空间时，章昕发现阿占有诸多怪异举动，调查过后，才发现他患有严重的精神分裂症，一到晚上某时段即被幻象所困，痛不欲生。为了让爱人回归正常，章昕决定帮助他赶走心里的魔障。

（二）《玛丽公主》

这部电影讲述的是弗洛伊德晚年的故事，根据法国玛丽公主的日记改编而成。公主与著名的心理学大师弗洛伊德在维也纳相识后，便成为弗洛伊德的信徒和好友。弗洛伊德帮助她医治好了神经衰弱症，她则出资推广弗洛伊德的学说并在二战期间营救过他。

模块

淮南为橘，淮北为枳

——新精神分析流派

> 天行健，君子以自强不息。地势坤，君子以厚德载物。
>
> ——孔子·《象传》

知 识 脉 络

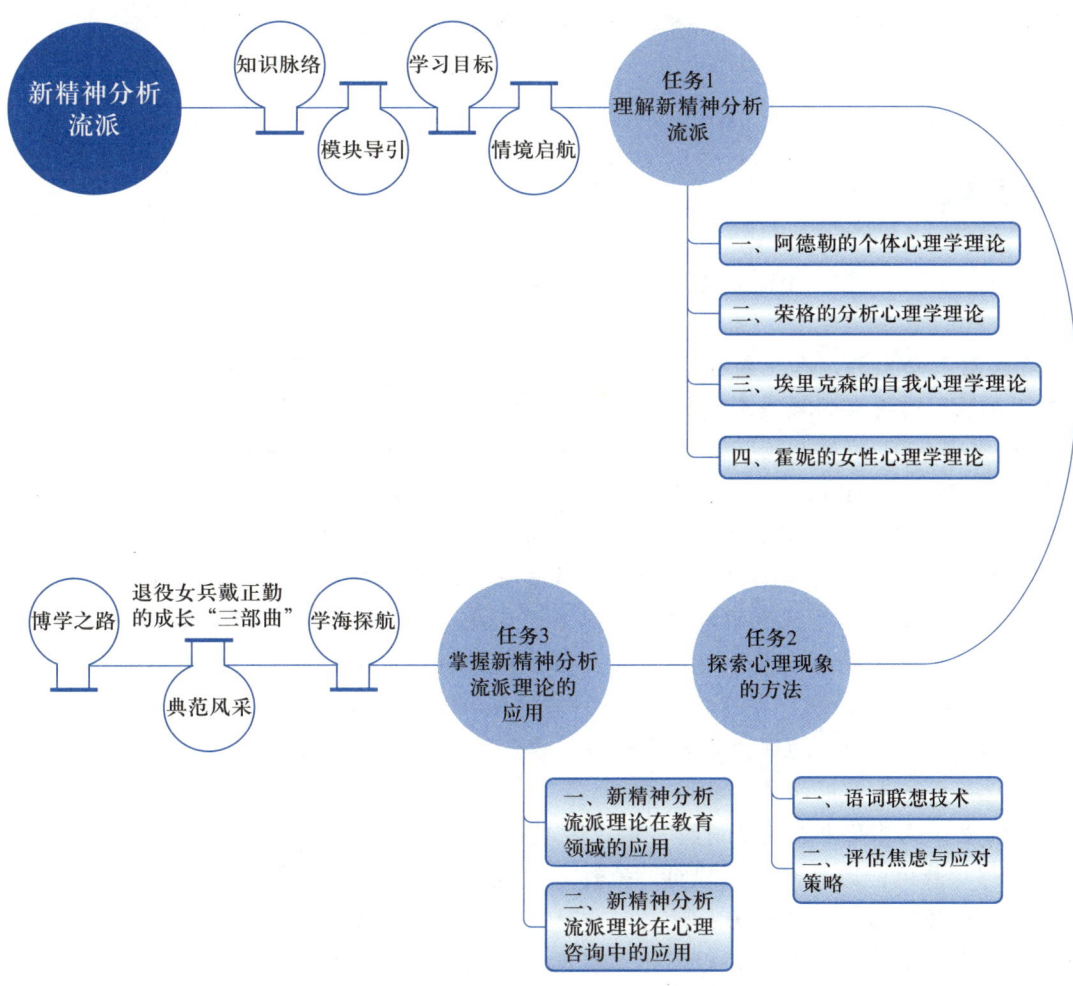

模块导引

在日常生活中，你是否有过以下经历：尽管下定决心要克服拖延症，制订了详尽的计划，但最终未能贯彻执行；尽管为演讲做了充分准备，在即将登台之际，脑海中却不断浮现失败的场景，结果果真如此。这究竟是命运的安排，还是无意识的选择？若要"超越自我"，正确的路是哪一条呢？我们应如何行动，才能真正克服自卑，实现个人目标，过上理想的生活？不快乐的根本原因究竟是什么？

在本模块中，我们将深入研究新精神分析流派的理论，深入探索阿德勒、荣格、埃里克森、霍妮等杰出人格心理学家的思想宝库，认识自我，追寻生命的意义。

学习目标

>> 知识目标：了解阿德勒、荣格、埃里克森和霍妮的心理学理论；掌握新精神分析的应用；熟悉心理现象的研究方法。

>> 能力目标：提高运用新精神分析理论分析人格的实际工作能力；增强自我认识和社会和谐关系建立能力。

>> 素养目标：培养团结合作、主动奉献精神，增强社会责任感，塑造正确的世界观、人生观和价值观。

情境启航

不断超越自我，成就美好人生

青春由磨砺而出彩，人生因奋斗而升华。在我们的人生中要面临不同的困难，但面对困难的同时更大的挑战是我们该如何克服困难，而不是逃避困难。

"感动中国2021年度人物"江梦南是清华大学生命科学学院博士研究生。她出生在湖南郴州宜章县的一个瑶族家庭，半岁时不幸患上极重度的神经性耳聋，很多医生和专家都断言，像她这种情况不可能再学会说话了。但江梦南的父母从绝望中振作起来，决定无论如何都要教会小梦南如何跟这个世界交流。父母并没有选择让她学手语，而是让她学习发音和唇语。从此，小梦南就靠着反复抚摸爸妈的喉咙，感受声带的振动来练习发声。父母会抱着她坐在镜子前，让她观察别人和自己说话的口型，进行发音模仿，并一遍遍地纠错。在父母的不懈努力下，经过海量的重复和练习，她慢慢学会了唇语，学会了"听"和"说"，可以与人正常交流，也得以进入普通学校学习。

在学校里，她总是坐在教室前排，通过看教师的口型来"听课"，但是教师不可能全程都对着她，因此大部分时间，她都是看板书，然后通过反复自学来跟上进度。凭借顽强毅力和不懈努力，她考入吉林大学，顺利完成本科和硕士研究生学业，并如愿被清华大学录取。后来，江梦南做了人工耳蜗植入手术，怀着"解决生命健康难题"的超越自我学术志向笃定前行。

"从无声里突围，你心中有嘹亮的号角；新时代里，你有更坚定的方向。"这是"感动中国"组委会给江梦南的颁奖词中的一段。江梦南从无声的世界里突围，一路走来，何其不易。她就像一只蜗牛，背负着重重的壳，却依然倔强前行，向阳而生，向善而行。江梦南用她的亲身经历给我们上了一课：面对缺陷，要学会接受现实，乐观面对，努力克服，扬长避短。如果能做到这些，缺陷不仅不会给我们减分，还能促使我们成为更好的自己。

（资料来源：共产党员网，有删改）

任务 1　理解新精神分析流派

随着时代的进步，弗洛伊德创立的精神分析流派及其理论一统天下的局面被打破，许多富有创造力和洞察力的心理学家开始探索精神分析的新道路。他们发展出自己的人格理论，创立自己的流派，不过，由于他们都保留了弗洛伊德的基本概念和假设，所以被统称为新精神分析流派。

一、阿德勒的个体心理学理论

阿德勒对心理学的影响巨大，他创立了自己的理论体系，命名为"个体心理学"。在阿德勒的个体心理学中，个体是一个与社会、与他人不可分割的有机整体，是一个有自己独特的目的、寻求人生意义、追求未来理想的和谐整体。

微课连线：
自卑有那么
可怕吗

（一）自卑感与追求优越

1. 自卑感

阿德勒认为自卑感是人格发展的动力，也是人类奋斗向上的永恒心理原动力。阿德勒认为自卑感起源于个人生活中所有不完全或不完美的感觉，包括身体的、心理的和社会的障碍。他由此提出人天生自卑，因为其生下来是弱小、无力的，完全依赖成人。一方面，自卑感是积极的驱动力，可以激励人去追求更大的成就和心理的积极成长；另一方面，沉重的自卑感可能使人束手无策、心灰意冷，甚至万念俱灰。在这种情况下，自卑感便成为个人积极成长的障碍和破坏力量，阿德勒称这种情况为"自卑情结"。

2. 追求优越

阿德勒认为人格是在战胜自卑和追求优越的过程中形成、发展的。追求优越是每个人生来就具有的基本动机，是每个人奋斗的目标，包含更加完美的发展、成绩、满足和自我实现。在阿德勒看来，追求优越是人的本性，是先天遗传的。同自卑感一样，追求优越既能导致的积极发展，也能引起优越情结。如果一个人只追求自己的优越感而忽视他人和社会的需要，就会表现为专横、爱慕虚荣、骄傲自大、自以为是等令人讨厌或影响社会和谐发展的行为。

阿德勒认为个体越自卑，追求优越感的要求越强烈。但阿德勒没有将成就与心理健康等同起来。相反，他认为能很好地进行自我调节的人，能通过公众利益来表达他们对优越感的追求。例如，一生致力于杂交水稻的研究，毕生的追求就是让所有人远离饥饿的袁隆平；为了山里女孩能有个光明的未来，燃烧自己、点亮梦想的张桂梅；扎根泥土，将生命之花绽放在扶贫路上的黄文秀。在广阔天地间，人是多么渺小，又是多么伟大，唯有与祖国相依，与时代相连，才能探寻到生命的意义。

（二）生活风格

阿德勒认为，每个人追求优越的目标是不同的，个体所处的环境条件也千差万别，从而导致每个人试图获得优越的方法也迥然不同。他把个人追求优越目标的方式称为"生活风格"，提出了 4 种主要的生活风格类型（表 3-1），这些类型反映了人们在面对生活挑战和追求目标时的不同态度与方式。

表 3-1   阿德勒提出的生活风格类型

类型	特点	表现
统治 - 支配型	支配和统治别人，以此感到强大和有意义。这种风格可能源于儿童期的自卑感，以及通过支配行为来弥补自卑的尝试	做出强势、霸道的行为，试图在社交和工作中占据主导地位，易与他人关系紧张，甚至引发冲突
索取 - 依赖型	行为表现和选择相对被动，总是依赖别人。这种风格可能源于儿童时期父母的溺爱，导致他们缺乏自主性和解决问题的能力	经常向他人寻求帮助和支持，缺乏自我决定的能力。这种依赖行为可能使他们在面对生活挑战时感到无助和焦虑
回避型	回避矛盾和困难，以此避免失败的可能，缺乏必要的信心来解决问题或处理危机，常常过于自我关注和爱幻想	逃避现实，避免与他人交往或参与需要承担责任的活动。这可能使他们错过许多成长和发展的机会
社会利益型	积极面对生活，与别人合作，为他人和社会服务。他们通常生长于氛围良好的家庭，家庭成员互相帮助和支持，人与人之间彼此理解和尊重。这种风格体现了阿德勒所倡导的以社会利益为目标的生活态度	积极参与社会活动，关注他人的需要和福祉，努力为社会和他人作出贡献。这种积极的生活态度使他们能够建立和谐的人际关系，并在生活中获得满足感和成就感

阿德勒的生活风格理论强调了个人在面对生活挑战时的不同态度和方式，以及这些态度和方式如何影响个人的成长和发展。这一理论提醒我们，要关注自己的生活风格，并努力培养积极、健康的生活态度。同时，我们也应该认识到，每个人的生活风格都是独特的，没有绝对的好坏之分，重要的是找到适合自己的生活方式，并努力实现自己的目标和价值。

（三）出生顺序与父母态度

1. 出生顺序的影响

微课连线：你"算"老几？家庭排行藏玄机

阿德勒是第一个强调出生顺序在人格形成中的作用的心理学家。他在考察患者的童年背景时，非常强调人格和出生顺序之间的关系。阿德勒认为，第一个出生的儿童可能会感到不安全和敌视别人，自卑感大多比较强烈，而第二个出生的儿童常常有强烈的野心、造反精神和妒忌心，不断地试图超过第一个出生的儿童。阿德勒认为第二个出生的儿童比第一个出生的儿童或者最后出生的儿童适应能力更强。他认为最小的儿童常常被娇惯坏了，因而多半在儿童期和成人以后存在行为问题。

阿德勒对中间儿童的评估更积极，他本人就是中间儿童。对这些儿童，父母一般不会给予过多的溺爱。中间儿童发展出强烈的寻求优越特性，总是努力追赶或超过哥哥、姐姐。这种在竞争中向他人挑战并战胜他人的倾向会贯穿其一生。阿德勒指出："甚至在他长大后，在家庭之外，他还会将自己与处在比他有利条件的人相比较，试图超过他们，以此作为自己的推动力。"

2. 父母对人格发展的影响

与弗洛伊德一样，阿德勒相信，人出生后的头几年对成年后的人格形成是绝对重要的。阿德勒还强调父母在这一过程中的作用。有两类父母行为肯定会导致儿童后来的人格问题，即溺爱和忽视。父母给孩子过多的关注和过度的保护就是溺爱，溺爱剥夺了儿童的独立性，容易引起其更强烈的自卑感，从而导致其成年后出现人格问题。但是，如果对孩子缺乏应有的关注，忽视孩子，则儿童长大后多半会变成冷酷的、怀疑他人的人，不能与别人建立良好的人际关系，不懂得爱。有些人不能对别人的感情给予回报，他们对亲密的关系感到不舒服，对别人的密切接触有病态的反应。

 课堂活动 3-1

家的序章：探索家庭排行之旅

你们知道吗？每个人的家庭排行都可能影响自己的性格和成长经历。今天，就让我们一起探索这个话题。

参与者需要轮流分享自己的家庭排行及相关的故事或感受，特别是思考自己的家庭排行是如何影响自己的性格、行为和价值观等方面的，并思考如何将这些认识应用到日常生活中。其他学生提问或分享相似的经历。例如："你有没有遇到过类似的情况？""你的感受是什么？"……这些将帮助同学们彼此了解，产生情感共鸣，并促进交流。

使用表 3-2 来记录和整理同学们的分享内容。表 3-2 可以在活动前准备好，并在活动过程中逐步填写。

表 3-2　家庭排行分享活动记录表

序号	姓名	家庭排行	分享要点	感受 / 反思
1				
2				
3				
4				

二、荣格的分析心理学理论

荣格是瑞士心理学家，1907 年开始与弗洛伊德合作，发展及推广精神分析学说长达 6 年。但在 1914 年，两人的密切关系破裂，此后，他创立了分析心理学。

（一）人格结构

荣格的分析心理学也是一种整体人格结构理论。人格作为一个整体被称为心灵或灵魂。荣格把心灵当作心理学的研究对象，他认为心灵（或人格）包括人所有的思想、感情和行为，不管是意识到的还是无意识的。心灵既是一个复杂多变的有机整体，又是一个层次分明、相互作用的人格结构。在荣格看来，心灵或人格结构是由意识（自我）、个体潜意识（情结）和集体潜意识（原型）三个层面所构成的（图 3-1）。

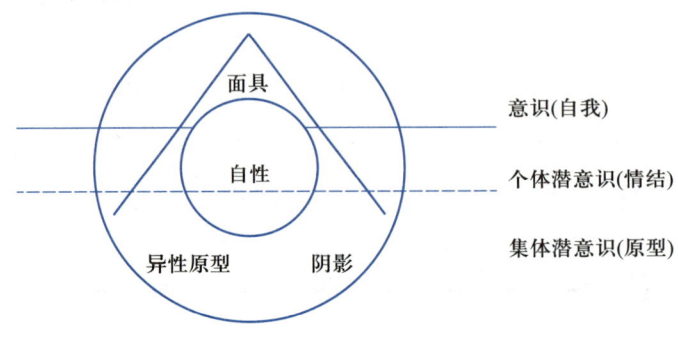

图 3-1　荣格的人格结构图

1. 意识

荣格认为，意识是人格结构的最顶层，是人的心灵中唯一能够被个体直接感知的部分，如知觉、记忆、思维和情绪等，它随着生命的诞生而出现。荣格认为，意识的一个主要作用就是促进个性化过程，使个人能够适应其周围环境。

2. 个体潜意识

个体潜意识由曾经被意识到但又被压抑，或者一开始就没有形成有意识的印象的内容构成，包括一切被遗忘的记忆、知觉和被压抑的经验，以及属于个体性质的梦等。个人潜意识与意识存在着双向流动或交换。例如，荣格认为个体潜意识的一个重要特点就是以情结的形式表现出来。所谓情结，就是富有情绪色彩的一连串的观念或思想。当一个人沉溺于某种东西而不能自拔时，其背后就有情结存在，它决定着我们的人格取向和发展动力，如自卑情结、性爱情结、金钱情结、权力情结。荣格认为情结的作用是可以转化的，它既可以成为人的调节机制中的障碍，也可以成为灵感和创造力的源泉，更可能是神经症的根源。例如，一个人有强烈的追求成就的情结，整天忙于事业，成为"工作狂"，因而忽略了自己的家庭生活乃至自己的身体健康。荣格认为，心理治疗的目的之一就是帮助患者解开情结，把人从情结的束缚下解放出来。经过探索发现，情结最深层的根源是集体潜意识。

3. 集体潜意识

集体潜意识是荣格人格理论的核心概念。荣格认为集体潜意识是人格或心灵结构最底层的潜意识部分，是先天遗传的。它由本能和原型组成，二者相互依存，本能是原型的基础，原型则是本能的潜意识意象。原型是指人类对某些事件做出特定反应的先天遗传倾向，或潜在的可能性，即采取与自己祖先同样的方式来把握世界和做出反应。例如，人对蛇和黑暗有恐惧的反应，但人并不需要亲身经历被蛇咬的痛苦与黑暗的威胁，这是因为我们的原始祖先有了代代相传的经验，而这些经验被深深地烙印在人的大脑之中。

学海漫游·知识拓展

荣格提出的集体潜意识的由来

荣格关于集体潜意识的发现，来源于1909年与弗洛伊德一起访美归来后做的一场梦。荣格曾这样描述他的梦："（在梦中）我身处在一处我不认识的两层楼的屋子里。但它是'我的房子'。我发现自己是在楼上，有点儿像是客厅的感觉，里面有做工精致的老式家具，墙上挂着一些珍贵古画。我奇怪这陌生的房屋怎么会是我的家，不过我想：'还不错'。我更想知道一楼是怎样的，便沿楼梯走到了楼下。在一楼，一切东西都显得更加古老，我意识到房间的布置大概可以追溯到15或16世纪。家具陈设似乎是中世纪的，地面铺的是红砖。这里的光线不足，有些阴暗。我心想：'嗯，我得探究一下这整座屋子。'我走到一道厚重的门前，用力打开了它。打开后，我发现了一道通往地下室的石头楼梯。我走了下去，结果发现自己进入了一个有圆形屋顶的、很漂亮的房间，而这房间显得极为古老。在仔细察看四周时，我发现在周围大石块上砌有一层层的砖，而且在灰浆里也有砖头的碎块。我一看到这个，便知道屋子的这面墙可以追溯到古罗马时代，于是我的兴趣便高涨起来。我更加仔细地观察地板，发现它是用石片铺成的。在这些石片内，我发现有一个环。当我拉动这个环的时候，石片便抬了起来，我再次看到了一道窄窄的石阶，通往地下更深处。我沿着石阶走了下去，最后便走进了一个岩石凿成的低矮洞穴。石洞的地面上盖有一层厚厚的灰土，灰土中散放着一些骨头和陶片，像是一种原始文化的遗物似的。我看到了两个骷髅头，显然也是很古老的，都有些要裂开了。这时，我便醒了。"

荣格对这个梦思考了很久，最后他发现：在这个房子里，二楼其实就是意识，一楼代表个人潜意识，地下室及洞穴则代表比个人潜意识隐藏得更深的部分，象征着全人类所共有的潜意识。自此，他提出了集体潜意识这一概念。

（资料来源：《荣格自传：回忆·梦·思考》）

（二）人格发展理论

荣格认为，心理发展的最终目标是个性化，其中要经过一系列的发展阶段。他早年把人格发展划分为4个阶段（表3-3）。

表3-3　人格发展的4个阶段

人格发展阶段	特点
童年期 （从出生到青春期）	最初是无序阶段，儿童只有零散、混乱的意识；然后是君主阶段，儿童产生了自我，出现了抽象思维的萌芽，但缺乏内省思维；最后是二元论阶段，儿童出现内省思维，自我被分为主体和客体，儿童逐渐意识到自己是一个独立个体
青年期 （从青春期到中年）	荣格认为这一阶段是"心灵的诞生"阶段，要顺利度过这一时期，必须克服童年期的意识狭窄困难，努力培养意志力，使自己的心理和外部现实保持一致，以便在世界上生存和发展

续表

人格发展阶段	特点
中年期 （女性从 35 岁、男性从 40 岁开始，直到老年）	这是荣格最为关注的时期。中年人往往在社会上和家庭生活中都已经扎下根基，取得了辉煌的胜利，但因体力的衰退、青春的消逝、理想的暗淡出现心理危机。要顺利度过这一时期，关键要把心理能量从外部转向内部，体验自己的内心，懂得个体生命和生活的意义
老年期	荣格认为，老年人只有通过发现死亡的意义才能建立新的生活目标。他强调心灵的个性化实际上要到死后的"生命"中才能实现，这意味着个人的生命汇入到集体的生命中，个人的意识汇入到集体潜意识中

（三）心理类型

荣格认为，在与世界的联系中，人的精神有两种态度：一种态度指向个人内部的主观世界，称为内倾（或内向）；另一种态度则指向外部环境，称为外倾（或外向）。内倾的人喜欢安静，富于幻想，对事物的本质和活动结果感兴趣；外倾的人好社交，活泼开朗，对外部世界的各种事物感兴趣。荣格认为，每个人都不是绝对内倾或外倾的，许多人是介于两者之间的中间类型，或某种态度类型相对占优势。

除两种态度外，荣格还提出了 4 种心理功能，即思维、情感、感觉和直觉。他认为思维的功能是评价事物正确与否，而情感的作用是判断和确定事物的价值，考量该事物是否可以被接受。思维与情感是一对相互对立的功能，可以帮助人们进行判断和评价，因此可称为理性功能。感觉是一个人确定事物存在与否的功能，但不指明具体是什么事物。直觉是对过去或将来事物的预感。感觉与直觉也是一对相互对立的功能，因没有理性参与，故称为非理性判断。荣格说："感觉告诉你存在某种东西，思维告诉你它是什么，情感告诉你它是否可以接受，直觉告诉你它从何而来、去往何处。"

荣格把两种态度与 4 种功能结合起来，划分出 8 种不同的人格类型（表 3-4）。

表 3-4 荣格人格类型划分表

人格类型	类型表现
外倾思维型	遵守规则，善于思考，客观冷静，生活有规律，但比较固执己见，情感压抑
外倾情感型	多愁善感，思维常常被情感压抑，没有独立性，情绪容易受外界的影响，非常注重与社会和环境建立和睦的情感关系
外倾感觉型	追求欢乐，对客观事物感觉敏锐，情感浅薄，沉溺于各种嗜好
外倾直觉型	易变而富有创造性，有多种嗜好，但难以坚持到底，做事常凭主观预感
内倾思维型	离群索居，独自追求自己的理想，常以主观因素为依据分析事物，待人冷漠，社会适应能力差，智商高，情感受压抑
内倾情感型	沉默寡言，不易接近，给人一种神秘莫测的感觉，但内心有非常丰富和强烈的情感体验
内倾感觉型	对事物有深刻的主观感觉，喜欢通过艺术形象表现自我，缺乏思想和情感，较被动，对外界漠然，了无生趣，不关心身边发生的事情
内倾直觉型	富于幻想，性情古怪，思想往往脱离现实，不易被人理解，常常产生各种离奇的幻想和想象，体验奇特怪异，但不为此烦恼

荣格划分的这 8 种人格类型只代表极端的情况，实际上每个人都会表现出某种占优势的人格类型，

身上还有不占优势的第二种或第三种人格类型，其中有意识的因素，也有无意识成分，两者相互作用，构成了千变万化的人格类型。

 学海漫游·生活视野

基于荣格人格类型理论的人格测验——MBTI

"你是 i 人还是 e 人？"

"我是 i 人，但在工作中常常做 e 人。"

"我是 enfj，你呢？"近年来，MBTI（Myers-Briggs Type Indicator，迈尔斯-布里格斯类型指标）人格类型测试在网络走红，关于 i 人、e 人的讨论和话题层出不穷，成为年轻人一种新的社交表述名片，许多人还将测试结果作为人生参考，以指导生活。

MBTI 是在 20 世纪 40 年代由美国作家伊莎贝尔·布里格斯·迈尔斯和她的母亲凯瑟琳·库里·布里格斯共同制定的一种人格类型理论模型。MBTI 是一种自我报告式的人格测评工具，用以衡量和描述人们在获取信息、做出决策、对待生活等方面的心理活动规律和不同的人格类型表现。

MBTI 测试作为一种广泛应用的性格评估工具，源于荣格提出的心理类型理论，它将人格类型分配为 4 个类别：内向（Introversion）-外向（Extroversion）、感觉（Sensing）-直觉（Intuition）、思考（Thinking）-情感（Feeling）、判断（Judging）-知觉（Perceiving）。按照人格类型各维度取各个类别的首字母，就可以得出测试的结果，如"INFP""ESFJ"……四个维度的不同偏好排列组合，便形成 16 种人格类型（表 3-5）。例如，ENTP 代表好奇心旺盛的辩论达人，INTP 则代表与世无争的理想主义者……

表 3-5　MBTI 的 16 种人格类型

分类		感觉（S）		直觉（I）	
		思考（T）	情感（F）	情感（F）	思考（T）
内倾（I）	判断（J）	内倾感觉思考判断（ISTJ）	内倾感觉情感判断（ISFJ）	内倾直觉情感判断（INFJ）	内倾直觉思考判断（INTJ）
	知觉（P）	内倾感觉思考知觉（ISTP）	内倾感觉情感知觉（ISFP）	内倾直觉情感知觉（INFP）	内倾直觉思考知觉（INTP）
外倾（E）	知觉（P）	外倾感觉思考知觉（ESTP）	外倾感觉情感知觉（ESFP）	外倾直觉情感知觉（ENFP）	外倾直觉思考知觉（ENTP）
	判断（J）	外倾感觉思考判断（ESTJ）	外倾感觉情感判断（ESFJ）	外倾直觉情感判断（ENFJ）	外倾直觉思考判断（ENTJ）

与其他人格测试不同，MBTI 测试操作简易，测试结果更为直观，可以帮我们更好地了解被试的性格特征。但该测试的信度和效度，特别是在对人格类型的划分上存在一定的争议，因此不能仅以单一的测试结果推断一个人的心理特征。要想真正考察一个人，必须用多种方法，从多个角度来考察，再用心理测试结果进行辅助分析，这样才可能得出一个比较可靠、客观的结果，从而避免形成刻板印象。

三、埃里克森的自我心理学理论

埃里克森是著名的发展心理学家和精神分析学家，是自我心理学理论的创立者。

（一）自我的概念

自我的概念是埃里克森心理发展理论中的核心部分，他认为自我是一个独立的力量。他强调自我在人格发展中的主动性和自主性，认为其作用是建立人的同一性和满足人控制外部环境的需要。埃里克森特别强调自我同一性的重要性。他把"自我同一性"描述为一个复杂的内部状态，包括人关于自己的个体性、唯一性、完整性及从过去到未来的连续性的感觉。这种同一性往往出现在青年时代的后期，是个体在面临职业、婚姻、学业等重要选择时的一种无声的标准。如果在这个阶段青年不能获得同一性，就会产生角色混乱或消极同一性，进而影响其心理健康和人格发展。

埃里克森认为，自我同一性的发展与心理健康之间有着密切的关系。一个具有稳定自我同一性的个体能够更好地适应环境、处理冲突和实现自我价值；而一个自我同一性混乱的个体则可能面临各种心理问题和困扰。因此，在心理治疗中，帮助个体建立稳定的自我同一性是非常重要的任务之一。

（二）人格发展的阶段理论

微课连线：
埃里克森带
你解开青春
期之惑

埃里克森的人格发展阶段理论详细阐述了人在不同生命阶段面临的心理发展任务及其重要性。他将人格发展分成 8 个阶段（表 3-6），认为每个阶段都有其特定的心理发展任务或危机。他认为，如果个体能够成功解决每个阶段的危机或冲突，就会形成积极的人格特征，从而有助于健全人格的发展；如果危机或冲突得不到解决，个体就会形成消极的人格特征，导致人格向不健全的方向发展。

表 3-6   埃里克森人格发展的八阶段理论

阶段	年龄	冲突	人格发展任务	发展障碍者的心理特征	发展成功者的品质特征
婴儿期	0~18 个月	信任对怀疑	发展信任感，克服不信任感	面对新环境时会焦虑不安	希望的美德
儿童早期	18 个月~3 岁	自主对羞怯	培养自主感，克服羞怯与怀疑	缺乏信心，行动畏首畏尾	意志的美德
学前期	3~7 岁	主动对内疚	培养主动感，克服内疚感	畏惧退缩，缺少自我价值感	方向和目的的美德
学龄期	7~12 岁	勤奋对自卑	培养勤奋感，克服自卑感	缺乏基本生活能力，充满失败感	能力的美德
青年期	12~18 岁	同一性对角色混乱	建立同一性，防止角色混乱	生活无目的、无方向感，时而感到彷徨迷失	忠诚的美德
成年早期	18~30 岁	亲密对孤独	发展亲密感，避免孤独感	与社会疏离时感到寂寞孤独	爱的美德

续表

阶段	年龄	冲突	人格发展任务	发展障碍者的心理特征	发展成功者的品质特征
成年中期	30~60 岁	繁殖对停滞	获得繁殖感，避免停滞感	不关心别人与社会，缺少生活意义	关心的美德
成年晚期	60 岁（不含）以后	完善对绝望	获得完善感，避免绝望与沮丧	悔恨旧事，徒呼负负	智慧的美德

埃里克森的人格发展阶段理论为不同年龄段的教育提供了理论依据和教育内容。同时，该理论也提醒我们，人格发展是一个持续一生的过程，每个阶段都有其特定的任务和重要性。因此，我们应该关注个体在不同阶段的心理发展需求，为他们提供适当的支持和帮助。

四、霍妮的女性心理学理论

霍妮是与弗洛姆齐名的西方当代新精神分析流派的主要代表，是美国心理学家和精神病学家，是新弗洛伊德主义的主要代表人物。她强调社会文化对心理的影响，认为人类的精神冲突与社会环境密切相关。

（一）神经症与文化

1. 神经症产生的原因

霍妮主张从文化中探求个体人格发展和神经症的产生根源，认为神经症是由人际关系失调引发的，这种失调往往首先存在于神经症患者童年时的家庭成员之间，特别是亲子关系之间。儿童只有得到成人的帮助才能满足需要，反之就会造成儿童的不安全感。霍妮将父母损害儿童安全需要的行为称为基本罪恶。儿童的父母如果经常表现出这类行为，就会使儿童产生敌意，霍妮称之为基本敌意。儿童一方面依赖父母，另一方面又对父母怀有敌意，冲突便因此产生。霍妮认为，基本焦虑就是儿童觉得自己生活在这个潜伏着敌意的世界上所体验到的孤独和无能的感觉。基本焦虑使儿童把对父母的基本敌意泛化到一切人甚至整个世界，从而感到世间的一切人和事物都潜伏着危险。

2. 应对焦虑的策略

为了减轻焦虑，就会形成一些防御性策略。这些策略是一些潜意识的驱动力量，霍妮称为神经症需要。霍妮总结了 10 种神经症需要：①对友爱与赞许的需要，表现为常取悦、迎合他人，以期建立良好的印象；②对生活伴侣的需要，表现为害怕孤独，寻求和别人生活在一起；③对狭窄空间的需要，表现为避免吸引别人的目光，谨慎，小心；④对权力的需要，表现为一心追求权威，寻求驯服感；⑤对利用他人的需要，表现为总是利用他人达到自己的目的；⑥对社会认可的需要，自我评价是由社会认可程度来决定的；⑦对自我赞许的需要，表现为夸大自己的形象，获得社会赞许；⑧对个人成就和野心的需要，表现为常迫使自己去寻求更高的成就并不顾及后果；⑨对自我满足和独立（自负）的需要，表现为不依赖他人，拒绝与他人来往；⑩对完善和完美无缺的需要，表现为害怕错误和被批评，总是力求完美。

正常人也有这样的需要，但与神经症患者不同的是，正常人的这种需要可以随现实条件的改变而灵活变动，而且各种需要之间不易产生冲突，因而能比较好地获得满足。神经症患者往往执迷于其中一种或少数几种需要，不能根据实际情况灵活选择。

（二）神经症倾向的类型

霍妮根据避免焦虑的不同方式划分出神经症患者的 3 种交往倾向：接近人群、反对人群、脱离人群。

1. 接近人群

具有接近人群倾向的人对友爱和赞许、生活伴侣或狭窄空间有神经症需要，其主要特征是：习惯于依从他人，总认为别人比自己强，倾向于以别人的看法来评价自己。这种人可能认为"如果我顺从，别人就不会伤害我"。

2. 反对人群

具有反对人群倾向的人对权力、社会认可、自负、自我赞许和成就有神经症需要，其主要特征是：将生活视为一种竞争，适者生存，必须控制别人以掌握主动权；事事以成功为目的；千方百计地利用他人给自己带来好处；好斗但输不起；努力工作但不真爱工作；压抑感情，不愿为感情而"浪费时间"。这种人可能认为"如果我有权力，就没有人能伤害我"。

3. 脱离人群

具有脱离人群倾向的人对自负、完美有神经症需要，其主要特征是：为逃避紧张关系而独居；与他人保持距离；不与他人发生感情上的联系；孤立自己；凡事力求完美，以避免他人指责。这种人可能认为"只要我与世无争，就没有什么人能伤害我"。

霍妮的社会文化理论认为，人的行为不是受生物因素（如性本能）驱动的，而是受外界环境的影响，社会文化和规范的影响远大于生物因素，强调文化和社会对人格发展的影响，并通过分析焦虑及其应对方式来分析社会环境和文化对个体人格的影响。

任务 2 探索心理现象的方法

新精神分析流派在探索心理现象时，通过语词联想技术深入挖掘个体的潜意识内容，同时评估焦虑水平与应对策略，以便更全面、深入地理解个体的心理世界。这些技术和方法不仅丰富了精神分析学的理论体系，也为心理咨询和治疗实践提供了有力的支持。

一、语词联想技术

（一）含义

语词联想技术是荣格在分析心理学领域中采用的一种重要方法，也称为词语联想测验或词汇联想程序。它要求被试在听到或看到某个刺激词后，尽可能快地说出或写出由此刺激词联想到的第一个词或词组。这种方法通过记录被试的反应时间、反应内容及伴随的非言语线索（如面部表情）等，来分析被试的无意识内容。

荣格并非语词联想技术的首创者，但他是第一个利用这种技术研究反应障碍的心理学家。他通过语词联想技术发现了情结的存在及其作用，尤其是与情结有关的无意识事实。他认为，人类的无意识一定有成组的、彼此联结的情感、思想或记忆，而任何接触到这一情结的词语，都会引起一种延迟性反应。这一发现对分析心理学的发展产生了深远影响。

荣格在进行语词联想测验时，通常使用一张写有 100 个刺激词的表格。在测试过程中，主试逐一说出刺激词，要求被试听到后立即说出或写出由此联想到的第一个词。同时，主试会记录被试的反应时间、反应内容及任何伴随的非言语线索。为了增加测验的信度，荣格还会使用仪器对被试的呼吸、脉搏和皮肤电反射进行客观记录。荣格认为，被试对某些刺激词的反应延迟或异常，往往是因为这些词击中了被试潜意识中的情结。通过语词联想测验，可以揭示被试潜意识中的情结及其相关内容，进而帮助治疗师了解被试的心理问题所在。

（二）应用

语词联想技术不仅被用于心理疾病的诊断和治疗，还被广泛应用于人格研究、心理咨询等领域。它能帮助治疗师深入了解被试的内心世界，揭示其潜意识中的冲突和矛盾，从而制订更加有效的治疗方案。

 学海漫游·心理技能

语词联想技术在 OH 卡牌中的应用

OH 卡牌（图 3-2）又称潜意识直觉卡，由德国人莫里兹·艾格迈尔和墨西哥裔的艺术家埃利·拉曼共同研发，是一种包含"自由联想卡"及"潜意识投射卡"的系统。作为一种心理学游戏或心理探索工具，它通过图像卡（图画卡）和引导卡（文字卡）的组合，激发个体的联想和无意识投射，进而促进自我觉察和内心探索。

OH 卡牌包含 88 张图画卡和 88 张引导卡，共有 7 744 种不同的组合方式。这些卡牌旨在通过随机组合图卡和字卡，激发个体的潜意识，帮助个体探索自己的内在世界。联想法是 OH 卡牌投射的常用技术之一。个体在抽到图画卡和引导卡后，会根据自己的第一反应进行联想，将图画卡中的图像与引导卡上的词语相结合，形成一个完整的故事或画面。通过联想法，个体能够更深入地探索自己的内心世界，发现潜意识中的需求和冲

图 3-2　OH 卡牌

突，从而获得自我觉察和成长。

OH卡牌中的引导卡上印有单个的词语，这些词语可以是名词、动词、形容词、副词，甚至是短语。这些词语作为刺激源，引导个体进行联想和投射。当个体抽到一张引导卡时，会根据卡片上的词语联想到与之相关的场景、情感、经历或想法，从而触发无意识中的信息。

OH卡可以用在朋友间的心灵探索游戏上，亦可用于一个人自我探索和解惑心灵密码，更是一种妙趣横生的心理咨询技术。它可以刺激人的创造力和幻想力，促进沟通，鼓励表达，增强自我觉知能力。它不仅可以用于自我认知、夫妻关系、家庭关系、亲子关系及人际关系等方面的探索；也可以用于素质训练、团体培训及专业的个体心理咨询与治疗。

二、评估焦虑与应对策略

随着社会竞争的日益加剧，人们因产生压力而引发焦虑情绪的现象也日益增加。如何应对焦虑、提高身心健康水平成为当今社会每个人都面临的一大问题。

（一）焦虑相关理论

弗洛伊德很早就提出了焦虑及其防御的理论，他认为焦虑有3种类型，即现实焦虑、道德焦虑和神经质焦虑（图3-3）。由于强调无意识的作用，弗洛伊德过度强调道德焦虑和神经质焦虑，以及个体自动的和无意识的防御，忽视了现实焦虑及个体有意识的应对。新精神分析学家吸取并拓展了弗洛伊德关于焦虑及其应对的理论和研究，例如，霍妮的神经症人格理论就是建立在焦虑及其应对的理论基础上的，她认为父母的不良养育方式导致儿童的安全需要得不到保障，从而使儿童产生基本焦虑，儿童在应对基本焦虑的过程中获得各种防御性的方法和手段，当其逐渐稳定下来时，这些方法和手段就成为其人格特征。另外，埃里克森研究了老年人的死亡焦虑及其应对。阿德勒把弗洛伊德抗焦虑的无意识防御机制用于研究人们用来处理焦虑状况的有意识的理性的思考及应对方式。

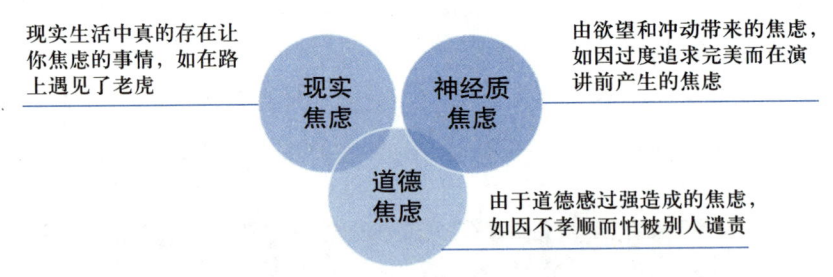

现实生活中真的存在让你焦虑的事情，如在路上遇见了老虎　　现实焦虑　神经质焦虑　由欲望和冲动带来的焦虑，如因过度追求完美而在演讲前产生的焦虑

道德焦虑　由于道德感过强造成的焦虑，如因不孝顺而怕被别人谴责

图3-3　3种焦虑类型

（二）焦虑应对策略

心理学家将个体面对可觉察的威胁时处理焦虑情绪的方法称为应对策略。人们在面对威胁情境时，可以运用的策略或方式是无穷的。不过，研究者发现，在面临相同的威胁情境时，并不是每个人都会运用相同的应对策略去减轻焦虑。研究者发现人们在应对危险或压力情境时，形成了一些自认为有用的应对策略，而这些应对策略不因时间的不同和引发焦虑的情境的不同而改变。也就是说，人们应对威胁或处理压力时倾向于经常采用某种方式，这种方式被称为应对风格。

例如，当毕业季来临，追求理想工作、对 offer 的选择、对未来的迷茫等使一些面临毕业求职的学生产生了就业压力，有些学生的求职过程并不顺利，甚至屡遭挫折，那么面对此情境该如何缓解就业压力呢？有的人经历屡次失败后，陷入自我怀疑中，开始否定自己，最后导致心态崩溃；有的人会积极调整心态，提高面对困难的心理承受能力，告诉自己求职过程中遇到挫折是正常的，每个人都会面临拒绝或面试不顺利的情况，他们把每次失败看作是成长和学习的机会，进行积极的自我心理暗示，并相信下一次会更好；有的人能够直面自己的不足，科学、合理、客观、全面地认识自己，最大限度地发挥自己的优势，规避、弥补自身的劣势，去拥抱压力并寻求支持，进而达到减压效果。

这 3 种不同的态度反映了不同的焦虑应对策略。心理学上的焦虑应对策略可以分成 3 类：问题中心策略、情绪中心策略和回避策略（表 3-7）。

表 3-7 应对策略类型表现

问题中心策略	情绪中心策略	回避策略
尽可能多地获取相关情况的信息； 制订一个行动计划； 考虑各种可选择的方法，并权衡利弊； 与一些有类似经历的人商量； 努力让事情好转； 向一些知识比自己丰富的人寻求帮助； 留出时间来解决这个问题； ……	和朋友们讨论自己的情绪； 思考怎样从经验中吸取教训； 接受所发生的一切，并继续生活； 努力正确地看待事情； 努力寻求一线希望； 向专业咨询师倾诉自己的情感； ……	努力不去想这个问题； 假装问题并不存在； 喝酒或者服用药物使自己感觉好些； 努力把自己的注意力转移到其他活动上； 回避那些让自己想起烦恼的人和场景； 睡得比平时多； 拒绝承认问题的发生； ……

是直接面对焦虑，还是尽量回避焦虑？就处理压力而言，前两种策略比回避策略更有效。回避策略虽然可能在短期内起到作用，但最多只是延缓了对问题本身的处理，只适用于较小或可控的压力，还可能导致物质依赖、游戏成瘾等问题。

面对焦虑，你常采用哪种应对策略呢？其实，兵无常势，水无常形，应对焦虑等负面情绪也是如此。根据特定情境调整应对策略以适应现实生活，是最优选择，心理学家把这种能力称为应对的灵活性。在人生的旅途中，我们难免会遇到各种挫折和困境，要学会调整心态，勇敢面对现实并积极寻找解决问题的方法。爱迪生曾说："我没有失败，我只是找到了一万种不会发光的方法。"我们可以通过不断积累经验教训，提高自己的能力和素质。同时，要坚信自己的能力，勇敢地追求梦想。

任务 3 掌握新精神分析流派理论的应用

新精神分析流派的理论在教育及心理咨询等领域应用广泛，影响深远。在教育领域，通过运用新精神分析的理论框架，教育工作者能够更细致地洞察学生的需求，促进他们的自我认知与成长，从而构建更加和谐、有效的教育环境。在心理咨询的殿堂里，新精神分析流派的理论如同一盏明灯，照亮了来访者内心深处的幽暗角落。它以其独特的视角和方法，帮助人们探索自我、理解他人，从而走出心理困境，迎接更加光明的未来。治疗师们运用新精神分析的理论工具，如同手握钥匙的匠人，为来访者打开一扇扇通往心灵自由的大门。

一、新精神分析流派理论在教育领域的应用

阿德勒和埃里克森提出的理论在教育中发挥了重要作用。他们都强调了教育者对学生全面发展的关注和支持。阿德勒提出的个体心理学视角和自卑感与追求卓越的理论为教育者提供了理解学生行为和心理动机的重要框架；而埃里克森提出的人格发展八阶段理论则为教育者提供了具体的教育策略和实践指导。

（一）阿德勒思想的教育应用

阿德勒将人性研究的重心集中于教育领域，把人性科学与教育实践结合起来。他最关心儿童的教育问题，毕生致力于把个体心理学理论应用于儿童教育实践中。阿德勒对教育的关注主要集中在儿童的人格教育方面，他强调要从儿童所处的整体环境来看其行为表现，要了解和掌握儿童行为的目的而不是原因。他提出以团体方式进行儿童辅导。他认为儿童自出生就在团体中，大部分儿童的团体经验是从家庭生活经验中得来的，进而发展到同伴团体关系。儿童主要从这两个层面学习沟通和语言表达，并在团体中形成自我价值感。

阿德勒强调父母与教师需同时了解儿童的行为目的，以及如何正确地反映和理解儿童偏差行为。为了指导父母和教师更好地对儿童进行人格教育，他专门写作了《儿童教育心理学》一书，并特别强调其中所称的教育是指学校课程之外的教育，即"最为重要的人格发展"方面的教育。阿德勒强调先教育父母，再培养孩子。而教师则在学校期间对儿童深具影响。若教师和父母能够共同对儿童进行辅导教育，则将产生事半功倍的效果。这对我们在教育中强调"家校合作"有着重要的影响。

（二）埃里克森思想的教育应用

埃里克森最早提出"终身发展"和"终身教育"的观点，他提出的个体发展阶段中的具体发展任务和需要解决的危机，有助于教育工作者了解教育对象，采取相应的教育指导帮助受教育者顺利发展。例如，大学生处于青春期到成年期的过渡阶段，这个阶段最重要的任务是形成良好的自我同一性并逐步发展亲密关系。他们试图弄清楚自己的独特性，努力发现自己独特的优点和缺点，以及在未来生活中能扮演的最好角色。在这个过程中，他们通过在个性、职业、爱及承诺等各个方面的选择来理解自己是谁，逐步建立起自我认同，然后努力找到与自己同频的人，建立友情和爱情，发展爱的能力，与他人形成亲密关系。

二、新精神分析流派理论在心理咨询中的应用

新精神分析流派的各种理论对于心理咨询工作有着重要的实践应用意义。阿德勒的个体心理学理论在婚姻咨询、家庭咨询和团体咨询中得到了广泛应用；霍妮倡导的自我分析在精神分析治疗中起到了重要作用；荣格将心理治疗划分成 4 个阶段，根据其理论发展起来的沙盘游戏、曼陀罗绘画等技术已成为

重要的心理治疗技术。

（一）阿德勒疗法

阿德勒的学说以"自卑感"与"创造性自我"为中心，并强调"社会意识"。阿德勒疗法是一种以个体为中心的心理治疗方法，强调个人的自我决定和内在潜力的发展，旨在帮助来访者更好地了解自己是如何看待自己、他人和生活的，从而了解自己的优势和资源，避免产生非建设性的感知与行为，导致症状行为的发展与持续。阿德勒疗法注重理解个体的生活方式及个体的社交结构，并且坚持对个体进行一种整体的、系统化的、有目的的评估和治疗。它是一种基于成长模式而非医疗模式的辅导理论，因此可以应用在各种不同的领域，如儿童辅导中心、亲子咨询、婚姻辅导、家庭辅导、文化冲突、矫正康复、团体辅导等。

阿德勒疗法的治疗过程通常分为以下 3 个阶段。

1. 建立信任关系

在阿德勒疗法中，建立信任关系是至关重要的第一步。治疗师需要与患者建立良好的沟通和信任关系，以便患者在治疗过程中分享自己的感受和问题。为了建立信任关系，治疗师需要做到以下 4 点：

（1）尊重患者的感受和观点，不评判或批评患者。

（2）倾听患者的想法和问题，并给予关注和支持。

（3）表现自己的专业知识和经验，但避免对患者进行强制性指导。

（4）与患者讨论治疗计划和目标，让患者感到自己有主动权和参与权。

2. 探索目标

阿德勒疗法的核心是建立目标导向，是一种以帮助个体实现目标为中心的治疗方法，因此又称目标导向法。在心理咨询中，目标导向疗法可以帮助个体认识到自己的目标和动机，并通过改变行为和思维方式来实现这些目标。

（1）与个体建立合作关系。在目标导向疗法中，治疗师与个体建立合作关系是至关重要的。通过倾听和理解个体的需求和目标，治疗师可以与个体建立信任关系，并共同制定治疗目标。

（2）探索个体的目标和动机。治疗师通过与个体对话、向个体提问，帮助个体探索自己的目标和动机。这包括了解个体对自己的期望、对他人的期望，以及对社会的期望。通过这种方式，个体可以更清楚地认识自己的内心需求和愿望。

（3）改变行为和思维方式。目标导向疗法强调改变个体的行为和思维方式，以实现个体的目标。心理咨询师可以通过教授技巧和策略，帮助个体改变消极的思维模式，培养积极的行为习惯，并提供实用的解决问题的方法。

3. 重建信念系统

在阿德勒疗法中，重建信念系统可以帮助患者改变消极的自我观念和信念，建立积极的自我价值观和信念。治疗师需要引导患者思考自己的信念系统，并探讨如何改变消极的信念。为了帮助患者重建信念系统，治疗师可以从以下方面着手：①询问患者对自己和他人的看法与态度；②引导患者思考自己的消极信念对其生活的影响；③鼓励患者挑战自己的消极信念，并尝试采用新的积极行动和思维方式；④鼓励患者在日常生活中保持积极的自我价值观和信念。

通过运用建立信任关系、探索目标和重建信念系统等技巧，治疗师可以帮助患者发展内在潜力，实现自我改变和成长。

阿德勒疗法在形式上非常灵活，从传统的一对一形式发展到多个治疗者或集体治疗的形式，以适应不同来访者的需求。在治疗过程中，治疗师根据来访者不同的背景与生活方式选择不同的方法，关注来访者最大的兴趣点，而不是将来访者置于某个固定的理论模式中。阿德勒在理论构建、实践应用及社会影响等方面都做出了显著的贡献，为心理学领域的发展和完善提供了重要的支持和启示。

（二）荣格疗法

荣格疗法强调帮助人们找到真实的自我，如经常使用艺术作品等工具来帮助患者接触深刻的感受、思想和信念。此外，荣格疗法涉及无意识，认为无意识在塑造人们的思想和行为方面起着重要作用。

心理分析治疗的目的之一就是分解、消融一些消极情结，把人从消极情结中解放出来。荣格疗法适用于那些希望深入了解自己的内心世界、探索自我成长和发展的人群。特别是对于那些正在与抑郁、焦虑和自尊等问题作斗争的人，荣格疗法可能会提供有益的帮助。

荣格将心理治疗分为 4 个阶段：宣泄、阐释、教育、个性化。荣格疗法更适用于中年以上受过高等教育的人群。荣格所建构的人格和治疗理论也是以此为基础的。荣格发现，失去生活意义的或再次思考生命价值的中年人，常年在职场上拼搏，丢失了自己童年时期的爱好。他提出让事业有成的中年职业人通过恢复童年时期的兴趣，来重新思考生命的价值。

在儿童心理治疗方面，荣格的沙盘技术、曼陀罗绘画技术等很有成效。荣格发现儿童的心理问题主要源于父母的问题，因此必须通过治疗父母来治疗儿童。家庭治疗和夫妻治疗对于解决儿童心理的问题也很有效。

课堂活动 3-2

阿德勒认为，每个人的人生目标都是独特的，并且这些目标在个人的生活中起着重要的导向作用，一个合理的目标应该是既具有挑战性又能够实现的。这样的目标能够激发我们的积极性和动力，同时也能够让我们在追求目标的过程中不断成长和进步。

树立人生目标，规划职业生涯

请填写下面的"职业生涯初步规划表"（表 3-8）。

填写步骤如下：①填写自己的职业目标；②对职业目标是否能达成做整体评估；③对职业目标按照长远目标、中期目标、短期目标进行分解；④寻找自己与目标的差距；⑤修订职业目标和实现目标方法。在小组中分享自己的规划，了解其他成员所做的规划。如有必要，可针对规划的可行性提出质疑。

表 3-8   职业生涯初步规划表

职业目标	
整体评估	
分解目标	
寻找差距	
实施修订	

阿德勒对于人生目标的观点是深刻而全面的。他强调了人生目标的本质、与幸福的关系、如何设定和实现人生目标以及人生目标的终极意义等多个方面。这些观点为我们提供了宝贵的启示和思考，帮助我们更好地认识自己、理解人生并追求自己的梦想和目标。

学海探航

一、交互式测验

请扫码进行答题，并根据得分情况进行查缺补漏。

模块 3　测试题　▶

二、思考题

1. 阐述荣格分析心理学人格理论的观点及特色。

2. 阿德勒说过："接纳自己，拥有超越自我的勇气，才能破茧成蝶。"试结合这句话，阐述阿德勒个体心理学人格理论的主要观点。

3. 简述埃里克森的人格发展理论。

典范风采

退役女兵戴正勤的成长"三部曲"

"浴火淬炼成大器，愿得此身长报国。"2023 年，戴正勤被中共中央宣传部、教育部评为"最美大学生"。这位退役女兵再获殊荣的背后，是一连串铿锵奋进的青春足迹。

戴正勤出生于安徽省安庆市，后来考入苏州经贸职业技术学院。在校期间，她学习勤奋，成绩优异，是班级的学习委员，并加入了学校的青年志愿者协会，积极参与高铁站乘客引导、福利院慰问、社区工作等各类志愿服务活动，获评学校"优秀共青团员"。

在戴正勤的心中始终有一个梦想：当一名女兵，参军报国去！大二时，戴正勤从辅导员那里获悉征兵信息后，第一时间报名参军，经过体检、面试、体能考核、政审等多个环节的选拔，戴正勤从诸多应征青年中脱颖而出，从苏州市虎丘区应征入伍，实现了自己的"军旅梦"。

经过新兵连 3 个月艰苦严格的高强度训练，戴正勤在思想、体能、心理等方面得到了全方位的锻炼、提高。新兵下连后，她被分配到南部战区某部，正式成为一名通信兵。专业训练时，她不懂就问，不会就学，不熟就练，在专业考核中屡次取得优异成绩。凭着过硬的军事素质和工作责任心，在义务兵第二年戴正勤就能单独管理班级，参加女兵排值班管理工作。

后来，戴正勤两年义务兵服役期满。在继续服役和退役复学之间，她毅然决定坚守绿色军营，并且顺利通过晋级考核，成为军士队伍中的一员。"部队生活虽然有苦有累，有血有汗，却也有情有义，有滋有味。"戴正勤回忆。她每天苦练军事技能和带兵管理方法，新兵的所有训练科目，不仅自己先做一遍，更是加班加点准备教案，认真做好新兵思想工作。后来，她所带新兵班在第三阶段训练考核中获得"优胜班"荣誉，她个人也获评"优秀带兵骨干"。

两年后，戴正勤报名参加赴黎巴嫩维和任务的选拔并顺利通过，作为中国第20批赴黎巴嫩维和多功能工兵分队的一员，开始执行为期一年的维和任务。她一次性通过了联合国地雷行动中心13个课目30余项测试，获得扫雷排爆资质认证，正式成为扫雷作业手。

戴正勤和战友们圆满完成赴黎巴嫩维和任务，载誉回国时，也到了她5年服役期满的时间，之后她回到苏州经贸职业技术学院复学。退役返校后的第一个学期，她报名参加江苏省第十七届大学生职业规划大赛，以自己的维和经历为主线，开展职业生涯规划，最终摘得专科组桂冠。

奋斗的青春最美丽。谈到未来，戴正勤表示："将来想成为一名国防教育老师，号召更多的青年加入爱党、爱祖国、爱和平的洪流中，以奋斗的姿态不负时代，不负青春。"

（资料来源：中华人民共和国退役军人事务部官网，有删改）

智慧火花：

奋斗是青春最亮丽的底色，行动是青年最有效的磨砺。奋斗的道路往往荆棘丛生，布满坎坷。青年要干成一番事业，就必须不畏艰难、矢志奋斗，无论是顺境还是逆境，都始终斗志昂扬、积极向上。请结合所学的观点，谈谈如何看待青春。作为青年人，你认为奋斗的意义是什么？

博学之路

一、心理书籍推荐

（一）《自卑与超越》

本书以轻松朴实的笔调，生动地描述了自卑感的各种表现及其影响，并探讨了如何克服自卑感，将其转变为追求优越感和实现目标的动力。阿德勒强调，自卑感与优越感是人类心理和行为的主要驱动力，而这些感受又深受个人对生活意义的解释的影响。

（作者：阿德勒）

（二）《我们内心的冲突》

该书从社会文化环境的角度出发，论述了几种困扰人内心的相互矛盾的神经症倾向——冲突类型，以及这些冲突的解决方法和未解决造成的严重结果，精辟而深刻地洞察了人的各种内心活动，详尽而具体地讲述了各种特定的矛盾现象。

（作者：霍　妮）

二、心理电影推荐

（一）《一念无明》

这是国内一部描述双相情感障碍的影片。影片通过描绘主人公阿东的经历，展示了双相情感障碍患者的极端心境波动，以及他们在躁狂和抑郁之间循环往复的生活状态。

（二）《暴疯语》

影片讲述了患有精神疾病的范国生因病逃过法律的制裁，后经医生周明杰的治疗，痊愈后重返社会，不料再次失控，被警方锁定的故事。影片通过展现范国生的精神分裂和自我迷失，深入探讨了现代都市压力和情绪病等心理问题，呼吁人们要关注自身的心理健康。

模块

桂实生桂，桐实生桐

——生物学流派

> 一两的遗传胜过一吨的教育。
>
> ——霍尔

知识脉络

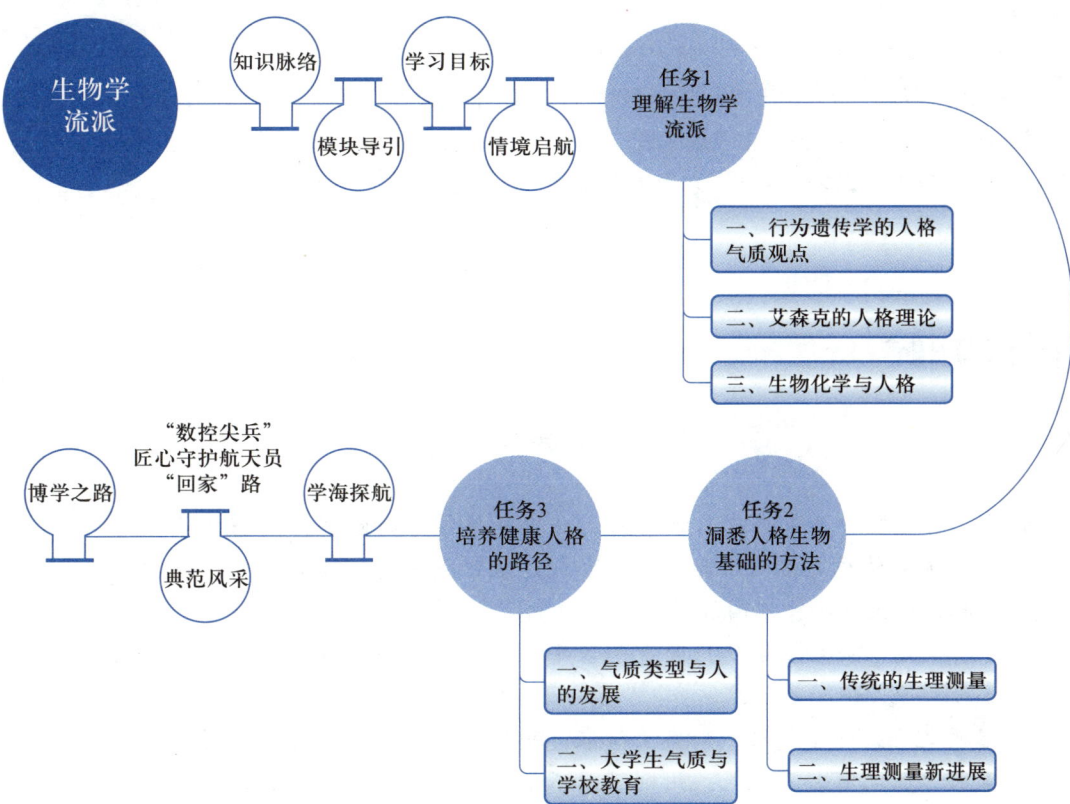

模块导引

"龙生龙，凤生凤"，这句俗语用最朴素的方式道出了生物学流派对于人格遗传影响的重要观点。在生活中，我们常常听到这样的评价：某个人的神态、性情与他的父母宛如一个模子里刻出来的。儿童进入新环境，面对陌生人时，不同的人格特质会展现出截然不同的适应行为，甚至有的儿童从一出生起，就已隐约展现他们的性格轮廓……这些现象不禁让我们好奇：人类的心理现象，包括认知、情绪、思维及经验，究竟在多大程度上是生物过程的产物？人格特质又有多大程度的可遗传性？这些生物学上的差异，又是如何微妙地影响我们的人格构建的？这正是本模块要深入探索的核心议题。

在本模块中，我们将携手共赴一场关于人格生物学的深度之旅，一同学习生物学流派的主要观点，了解那些常用于人格生物化学的生理测量方法，探讨不同学生气质与学校教育实际应用的相关问题，深化对人格本质的认识。

学习目标

>> 知识目标：掌握行为遗传学、艾森克的人格理论观点；理解生物化学与人格的密切关系；了解大脑不对称性及个体差异；理解不同学生气质与学校教育的应用。

>> 能力目标：能够从生物学视野去理解人格的形成、发展及适应；能阐述心理的化学基础；能够说出常见的神经递质、激素的种类及作用；能够描述常用的人格生物化学的生理测量方法。

>> 素养目标：培养严谨求实、实事求是的科学精神和辩证思维能力。

情境启航

非遗传承发展

习近平总书记在中共中央政治局第三十九次集体学习时强调，要坚持守正创新，推动中华优秀传统文化同社会主义社会相适应，展示中华民族的独特精神标识，更好地构筑中国精神、中国价值、中国力量。

山西省新绛县"90 后"小伙儿蔺霄麟多年前从黄土高原前往韩国学习现代陶瓷工艺，如今毕业，他毫不犹豫返乡。"我的目标就是要传承好澄泥砚。"澄泥砚，中国四大名砚之一，始于秦汉，兴盛于唐宋，明代技艺达至炉火纯青。因看似碧玉，抚如童肌，叩之有金石之声，用则腻而不滑，发墨而不损毫，它的制作技艺成为国家级非物质文化遗产。蔺霄麟的爷爷和父亲都是澄泥砚制作技艺的传承人，因此他从小耳濡目染，渐渐喜欢上了这"泥土间"的艺术。留学归来后，蔺霄麟大胆创新，通过调整窑温及窑内氛围，使澄泥砚的颜色从原来的 3 种增加到 8 种，并在设计上注入更多青春元素。他还充分发挥互联网优势，通过开网店、直播等，让澄泥砚进入更多年轻人的视野。

目前，我国已建立国家、省、市、县四级非遗名录体系，认定非遗代表性项目十万余项。学手艺难，守手艺更难。不同非遗的生存状态苦乐不均，部分非遗面临产品没市场、传承"断档"等难题，如何深入挖掘和提炼非遗内涵，使其适应时代发展，成为新兴课题。

（资料来源：新华社，有删改）

任务 1 理解生物学流派

人们普遍认为孩子继承了父母的许多特点，除了身高、体型、五官、肤色等生理特点，还有急躁、冲动和好交际等人格特征。有人推测，这种现象的根源在于相同的遗传基础。虽然高尔顿很早就强调了遗传对于智力等心理特征的意义，但主流看法倾向于从环境教育与文化的角度去说明这种现象。随着进化论、遗传学和神经生物学理论与研究方法的发展，越来越多的心理学家认识到，人格与生物因素存在重要的关系，人们人格上的差异也同身高、肤色和毛发等特征一样，是经过世代的进化演变而来的。

一、行为遗传学的人格气质观点

行为遗传学作为一门多学科交叉的边缘性学科，其理论基础深厚且广泛，涵盖了生物学、遗传学、心理学及与之相关的多个领域，主要探讨的是基因与行为之间的复杂关系，以及这种关系如何在个体的发展和环境交互中得以体现。行为遗传学认为，人格特质在一定程度上具有遗传基础。这意味着个体在人格上的差异部分可以归因于遗传变异。具体来说，基因通过编码特定的蛋白质和功能分子，影响个体神经系统的发育、神经递质的水平，甚至促使大脑结构改变，进而对人格特质的形成产生影响。

微课连线：
人格有多少是
遗传的呢？

（一）遗传的重要性

高尔顿为行为遗传学的建立做出了直接的贡献。高尔顿对行为遗传学的主要贡献在于：为论证遗传对个体差异的影响及"天性与教养"问题，提出了实证科学的研究方法。他首先设计了天才的家族谱系研究方法，这种研究方法强调从血缘关系中探寻个性特征。高尔顿根据名家传记和其他方面的材料，选取了包括政治家、法官、军官、文学家、画家、音乐家在内的977位名人作为研究对象，他把对这些名人的家庭情况同一般人的家庭情况进行比较，结果发现，有30%的名人的父母是很有成就的，有40%的名人的后代是很有成就的，血缘关系越近，同为名人的可能性也越大。例如，著名作曲家巴赫家族中有60名音乐家，莫扎特家庭中有5名音乐家，而普通家庭4 000人中才有1个杰出人才。

（二）双生子研究

同一家庭的成员，生活环境往往相似，这使得遗传与环境的影响难以区分。但研究者通过双生子研究法成功地将两者分离。双生子分为同卵和异卵两类，前者基因一致，后者遗传联系并不强于非同时出生的兄弟姐妹。

　　同卵双生子的命运相似性高，无论生活道路还是职业选择，都有较强的一致性。例如，在不同环境中成长的同卵双生子保拉·伯恩斯坦和艾丽丝·希恩，仍表现出相似的性格和职业轨迹，甚至生活经历都极为相似。这体现了基因对人生和职业的深刻影响。

　　心理学家厄伦迈耶·金林和贾维克的研究总结显示，同卵双生子在相同环境下的智力相关性高达0.88，在不同环境下也有0.60的相关性。相比之下，同胞兄弟姐妹在相同和不同环境下的智力相关性分别只有0.50和0.35。同时，亲生父母与子女之间的智力相关性高于养父母与养子女之间的智力相关性，且随时间推移，这种趋势更明显。这些数据表明，遗传对智力有影响，血缘关系越近，智商越接近。

　　然而，这也说明在智力的形成与发展中，遗传因素并非单独发挥作用，而是与环境因素交互渗透。不同的基因类型会受到不同程度的环境制约，遗传素质代表发展潜力，而环境则是这种潜力得以实现的土壤。

　　1979年，明尼苏达大学的托马斯·鲍查德和戴维德·莱肯对8个国家的56对分开养育的同卵双生子（MZA）进行了深入研究，包括各种维度的测试。结果显示，在分开抚养且生活条件大相径庭的情况下，具有完全相同遗传特质的人（同卵双生子）在长大成人后不仅外表相似，其基本心理和人格也惊人的一致；对于在相同条件下养育的同卵双生子（MZT），环境的影响似乎很小（表4-1）。

表4-1　同卵双生子相似性

类型	特征	R（MZA）	R（MZT）	相似性 R（MZA）/R（MZT）
生理	脑电波活动	0.80	0.81	0.987
	血压	0.64	0.70	0.914
	心率	0.49	0.54	0.907
智力	韦氏成人智力量表	0.69	0.88	0.784
	瑞文智力测验	0.78	0.76	1.030
人格	多维人格问卷（MPQ）	0.50	0.49	1.020
	加利福尼亚人格问卷	0.48	0.49	0.979
心理兴趣	斯特朗－坎贝尔兴趣问卷	0.39	0.48	0.813
	明尼苏达职业兴趣量表	0.40	0.49	0.816
社会态度	宗教信仰	0.49	0.51	0.961
	无宗教信仰社会态度	0.34	0.28	1.210

 学海漫游·心理技能

系统式家庭治疗中的家谱图

　　家谱图的使用源于系统家庭治疗，是以图的形式描述家庭从祖父母到自己三代人的血亲关系和婚姻关系，可以帮助心理咨询与治疗的实践者对来访者及其家庭系统形成一种系统观。在实际应用中，治疗师头脑中应该有这样一个框架，即家谱图可以反映家庭结构的基本状况，也可以反映家庭成员之间的关系模式，还可以将发生在家庭中的一些生活事件等放在家谱图的框架中。这里主要介绍基本家谱图。弗洛伊德家谱图（1859年）如图4-1所示。

基本家谱图主要描述家庭成员的姓名、性别、出生及死亡日期（也可以只注明年龄，但治疗师要在家谱图底部标注画家谱图的具体时间）、家庭成员的婚姻状况（包括结婚、离婚、再婚等情况）、宗教信仰、职业、最高受教育程度等。使用家谱图可以使这些信息一目了然。基本家谱图可以回答"谁""如何""何时"3个方面的问题，即"谁是这个家庭中的成员""他们如何构成一个家庭（通过血亲关系、婚姻关系，还是收养关系）""家庭成员何时来到这个家庭（出生时间、出生顺序、结婚时间、收养时间等），何时离开这个家庭（死亡时间、分居或离婚时间等）"。在一般心理咨询中，家谱图通常由治疗师绘制，也可以由治疗师与来访者一起绘制。

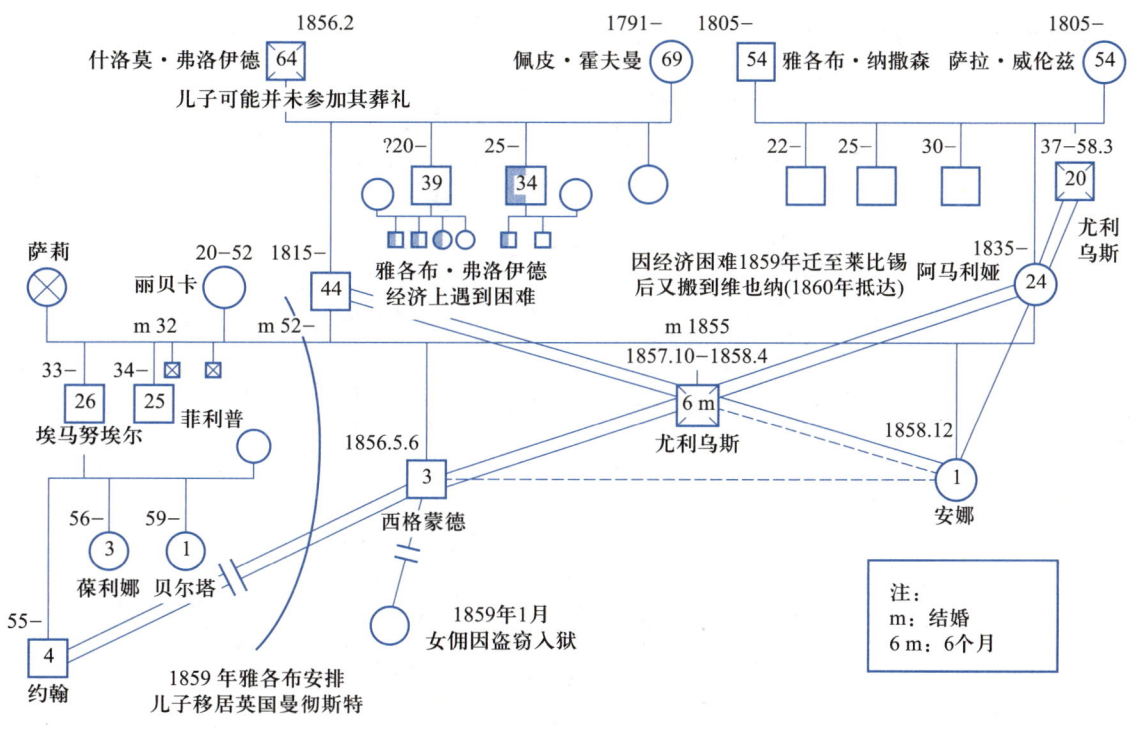

图 4-1　弗洛伊德家谱图（1859 年）

二、艾森克的人格理论

（一）艾森克 3 个基本的人格维度

艾森克通过对大量实验、问卷调查与观察所得资料的因素分析，深入研究了人格维度，提出了3个基本的人格维度，即外倾型、神经质和精神质。

外倾型表现为内、外倾的差异。典型的外倾型个体展现出外向、开朗、活力四射的特质，倾向于冲动与热情，他们热衷于社交活动，广泛结交朋友，享受群体互动的乐趣。这类学生擅长维护人际关系，能够灵活应对复杂多变的任务，表现出较强的适应性和学习新事物的能力，他们更多关注外部环境与他人的反馈。相对而言，内倾型的个体则显得更为内敛沉静，他们倾向于独处与自省，往往保守而深思熟虑，选择性地建立深厚的友谊，对不熟悉的人则保持一定的距离。这类学生在日常生活中偏好规律与秩序。在坚定个人理想与信念方面，内倾型个体往往展现出更强的毅力与执着，他们更加依赖内心的感受，重视自我价值的实现与内在世界的和谐。

内倾型个体和外倾型个体的不同行为表现背后存在生理机能上的差异。内倾型个体对疼痛敏感，较易疲倦，认为激动会导致表现欠佳，学业较出色，喜欢单独度假，较少受暗示，比外倾型个体更容易被事件感动，更容易接受社会禁忌，更容易受到抑制和约束。

神经质指情绪稳定性程度，此维度得分高者"情感的易变性是外显的、反应过敏的，倾向于过于强烈的情绪反应，他们在情感经历之后较难面对正常的情景"。他们比一般人更易激动、动怒和沮丧。此维度得分低者在情感方面很少动摇不定。

艾森克认为，外倾型和神经质这两个维度如果垂直相交，则可以构成 4 个象限，这 4 个象限所描述的人格与 4 种传统气质类型相对应（图 4-2）。

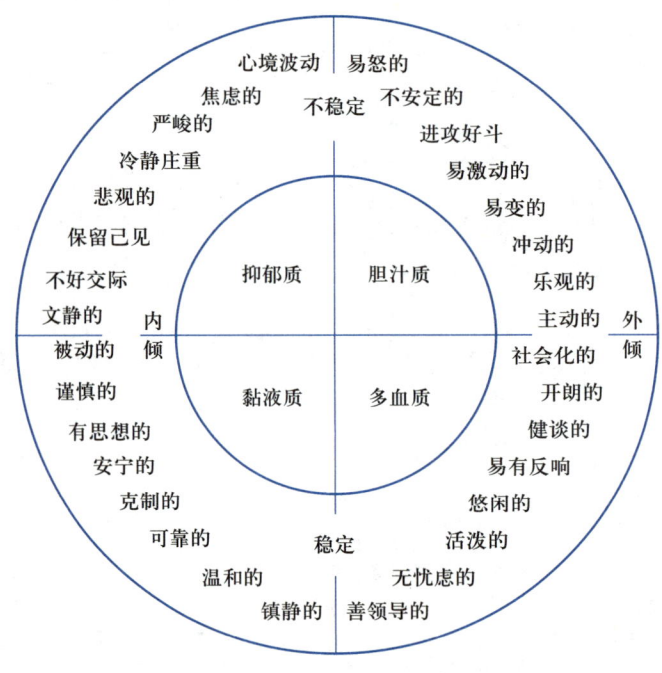

图 4-2　人格与 4 种传统气质类型

精神质作为一种人格特质，其核心特征体现为一种固执己见、刚硬强势及不易动容的性情，它并不直接等同于精神病学意义上的疾病状态。高度精神质者，一般具有自我中心、攻击性较强、情感冷漠、同情心匮乏、易于冲动且对他人的情感与需求漠不关心的特点。这类人情绪波动显著，常伴以焦虑与苦恼的情绪体验，甚至频繁出现身体不适。相对而言，低度精神质者则展现出更为温柔、细腻及情感丰富的特质。当个体的精神质特质表现至显著程度时，可能增加其行为偏离常态的风险，但这并不意味着其必然罹患精神疾病。实际上，精神质特质在人群中的分布遵循正态规律，且其临床表现与精神疾病的典型症状存在本质区别。另外，虽然这些特质特点许多有负面的社会价值，但艾森克等心理学家指出，在精神质维度得分高者往往与创造性存在某种内在联系。这种联系可能源自个体具备的非传统、非常规思考的能力，这是创造力不可或缺的核心要素之一。

课堂活动 4-1

解读人格密码

请回忆中学时期印象深刻的一位同学，他的脾气如何（如脾气急躁冲动等），性格怎么样（如性格活泼外向等），有什么样的独特行为表现（如爱管闲事等），以及他在外倾型、神经质和精神质方面有什么特点，填写在表 4-2 中。

表 4-2　解读人格密码

维度	印象
脾气	
性格	
独特行为表现	
外倾型	
神经质	
精神质	

（二）人格 3 个基本维度的生物学基础

艾森克极力推动人格的生物学基础研究，尤其是行为遗传学的研究，他坚定主张遗传在塑造人格特质及行为模式中的重要作用。他认为，遗传不仅影响智力差异，在犯罪行为、成瘾倾向及种族间的行为差异等广泛领域中也扮演着至关重要的角色。目前对外倾型这一人格维度的生物学基础研究已较为完善，为我们理解个体在社交倾向、能量水平及情感表达等方面的差异提供了科学依据。

1. 外倾型

艾森克的研究表明，个体在外倾型这一人格维度上所处的位置是以大脑神经兴奋过程与抑制过程之间的平衡性为基础的。与外倾型的人相比，内倾型的人更容易形成条件反射。两者在休息状态下，大脑皮层的唤醒水平也有所不同。唤醒水平与生俱来，影响人们对刺激的敏感性。外倾型的人唤醒水平比较低，他们需要更多来自外界的刺激，内倾型的人唤醒水平较高，需要减少外部刺激。因此，外倾型的人喜欢开放的环境，内倾型的人则选择在安静的地方避开这些分心物。内倾型和外倾型的人的唤醒水平如图 4-3 所示。

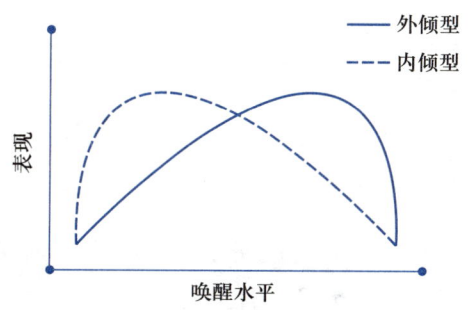

图 4-3　内倾型和外倾型的人的唤醒水平

外倾型和内倾型的人有着不同的神经递质系统，尤其多巴胺和乙酰胆碱系统的差异较大。其中右额叶皮层是大脑中勘测错误信息的部分，因此内倾型的人可以注意到各种细节，很自觉地意识到自己所犯的错误；大脑额叶负责评估结果，这就意味着内倾型的人的大脑十分忙碌，他们总是在担心不好的事情发生，更加倾向于先审视与思考，再决定要如何行动，避免说错话。此外，外倾型和内倾型的人大脑解剖结构也有差异。哈佛大学脑科学研究中心的一项实验发现，在内侧前额皮层，内倾型的人灰质更大、更厚，而灰质容量是一个人内省能力的突出指示器，这可能与内倾型的人丰富的抽象思考和内向情绪体验有关系。

2. 神经质

神经质的生物学基础主要与边缘系统（内脏脑或情感脑）及其与自主神经系统的协同活动关联。艾森克将边缘系统视为神经质的生理基础，认为边缘系统的活动会唤醒自主神经系统的交感神经分支，导致个体出现紧张活动反应，如消化停止、瞳孔放大、呼吸和心跳频率增加等。高度神经质者的边缘系统激活阈值较低，交感神经系统的反应性较强，因此他们对微弱的刺激都易于做出过度的反应。自主神经系统与边缘系统协同活动，进一步增强了神经质者的情绪反应。

3. 精神质

精神质的生物学基础目前尚未得到确切的实证支持。心理测量研究表明，男性的精神质得分显著高于女性，且罪犯和精神病患者中男性比例也较高。艾森克据此推测精神质与男性生物特性，特别是雄性激素分泌有关。然而，这一推测尚需进一步实证研究来验证。

 学海漫游·生活视野

测测你是内向性格还是外向性格

想知道你的性格是偏外向还是偏内向吗？让我们来做个小测试吧。假设最近为了准备一场重要的考试，你需要找地方学习备考。现在有两个学习区可供你选择，一个学习区是不被干扰的私密学习区，呈独立的个人式空间，有配套的书柜和桌椅，你可以独自在此安静学习；另一个学习区是热闹舒适的开放学习区，有大量的参考书、舒适的多人沙发和供小声讨论的座位布局，你可以在此轻松地总揽全局，看到熟人也能打招呼。

学习区展示图如图4-4所示，你会选择哪个学习区呢？

研究证明，选择热闹舒适的开放学习区的学生，更可能是外向者，而喜欢安静单独待着的学生，更可能是内向者。他们会有什么不同呢？根据人的心理活动倾向于外部还是内部，心理学家把人们的性格分为外倾型和内倾型。外倾型的人，倾向于外在的行为活动，他们热爱社交，性格活跃开朗，自信满满，勇于探索未知，对周遭的一切充满好奇与热情，能够迅速适应环境的变化。内倾型的人则更倾向于内心的世界，他们善于沉思，乐于自我反省，有时可能显得较为孤僻，缺乏自信，容易害羞，冷漠寡言，往往需要更长的时间来适应环境的变化。

(a) 不被干扰的私密学习区

(b) 热闹舒适的开放学习区

图4-4　学习区展示图

三、生物化学与人格

大脑不是一台数字计算机，而是一个分泌腺，源源不断地释放种类繁多的化学物质，对相应的化学物质做出反应。大脑通过对神经递质与激素的精细调控，编织神经冲动的传递网络，塑造个体的人格面貌。随着在脑科学领域的不断探索与深入，我们逐渐揭开了大脑内部化学世界的神秘面纱，了解了多巴胺、乙酰胆碱、5-羟色胺等关键神经递质，以及肾上腺素、去甲肾上腺素、催产素等激素是如何以微妙而复杂的方式影响人类的情绪、动机、行为乃至更深层次的人格特质的。

（一）心理的化学基础

行为的生理基础是神经系统。神经系统由数十亿个细胞组成，这些细胞被称为神经元。神经元之间通过复杂的神经纤维连接。大脑由大量的神经元聚集在一起，其他的神经元形成脑干和脊髓。神经元活动的关键在于传递信息。神经元之间的信息传递依赖神经递质（图4-5）。

大脑会分泌激素影响神经冲动的传递，从而影响人格表现。激素的作用方式不同。从定义上来说，

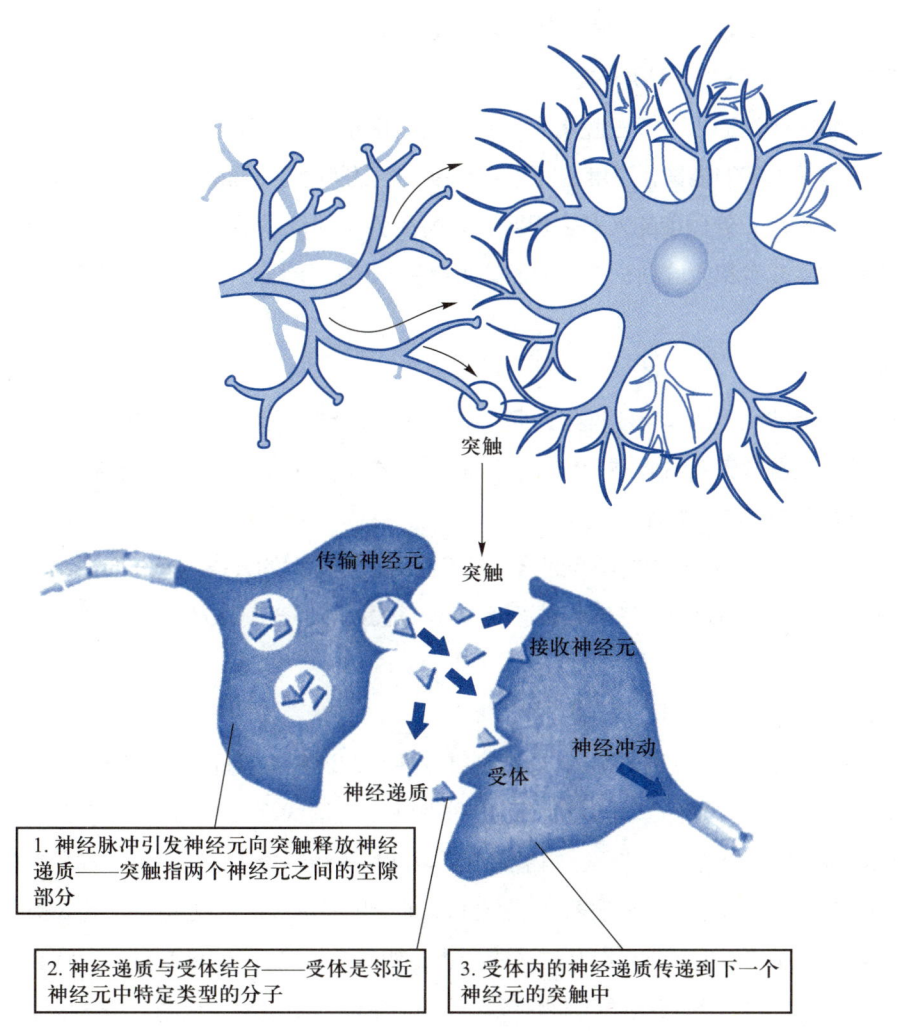

图 4-5　神经元之间的信息传递

激素是对身体产生影响的生物物质，并且其作用部位与产生效果的部位不同。激素由中央位置［如肾上腺（位于肾部）和下丘脑等］被释放后，通过血液传递到全身各处。当激素到达对它很敏感的神经元后，就会激活或抑制神经元的活动。神经递质和激素的区别可能会让人困惑，因为它们都会影响神经冲动的传递，而且有些化学物质既属于神经递质又属于激素。例如，去甲肾上腺素在脑内作为神经递质起作用，但是在面对压力情境时，肾上腺也会分泌这种物质作为激素。在不同的相关行为中，肾上腺素同样可以作为神经递质和激素发挥作用。

（二）神经递质

神经递质在突触传递中是担当"信使"的特定化学物质。在神经元的信息传递过程中，当一个神经元受到来自环境或其他神经元的信号刺激时，神经递质可向突触间隙释放，作用于相应受体，将神经递质信号传递给下一个神经元。神经递质传递信号速度快，准确性高。人体内的神经递质水平存在个体差异，个体差异与特定的人格特征有关，而神经系统受到各种各样神经递质的影响。

1. 多巴胺

多巴胺是大脑释放的一种神经化学物质，会促使人们去寻找外部的奖励、刺激。只要大脑充斥着多巴胺，个体就会变得更健谈，对外部事物更警觉，更愿意冒险和探索。那些在早年有更多被奖赏经历的人，神经系统中受多巴胺影响的部分发展良好且活跃。这些人可能会主动寻求奖励，并能够自得其乐，他们会变得自信、强势和开朗，即更外向。

外倾型的人和内倾型的人在多巴胺水平上几乎没有区别，但内倾型的人的大脑对多巴胺更敏感，这意味着他们不需要太多的能量，过度的能量会带来过度的刺激。因此，内倾型的人喜欢独处或者和一小群人在一起。相反，外倾型的人对多巴胺更有耐受性，他们需要更多的刺激来使自己精力充沛。外倾型的人喜欢忙碌或者和人群在一起，他们的大脑能迅速接受刺激，从而轻松快速地对各种环境做出反应。

2. 乙酰胆碱

乙酰胆碱是维持神经传递作用的神经递质，对人体的思维、记忆、语言和运动都有重要的控制作用。如果中枢神经系统缺乏乙酰胆碱，就会导致记忆力减退、注意力不集中、反应迟钝、语言功能下降、视空间感觉下降等认知功能障碍。

外倾型和内倾型的人接收刺激的神经通路也是不同的。外倾型的人神经通路很短，而内倾型的人神经通路则要长很多（这条通路也叫乙酰胆碱通道），这就意味着外部刺激能在内倾型的人的大脑中经过更多的区域。

3. 5- 羟色胺

5- 羟色胺是另一种重要的神经递质，在抑制行为冲动的过程中发挥重要作用。例如，防止人们去做很有吸引力但很危险的事情。这项能力很有用。举例来说，潜伏等待猎物的掠食者在猎物与自己的距离足够近之前，必须抑制扑过去的冲动。如果见过猫科动物等待扑食禽类的场景，你可能就会清楚"合格"的猫科动物的神经系统中一定有很多 5- 羟色胺。抑制行为冲动的能力可以帮助人类避免过于迅速地发怒、对生活中的小事过度敏感，以及过多的担忧。如果个体的 5- 羟色胺不足，就会导致严重的问题。体内 5- 羟色胺不足的个体表现为非理性愤怒、对拒绝的过度敏感、长期的悲观情绪、过度忧虑和害怕冒险。同时健身可以促进血液循环，让身体分泌更多的 5- 羟色胺。

（三）激素

有些神经递质（如去甲肾上腺素）也可以被认为是激素，因为它会对神经细胞产生作用。其他作为激素的化学物质的作用则更加明显，它们在某个位置产生，在全身各处发挥作用，同时刺激大脑和身体各处的许多神经元。不同的激素对不同的神经系统发挥着不同的作用。下丘脑、性腺、肾上腺皮质可以释放对个体行为产生重要影响的激素。

1. 肾上腺素和去甲肾上腺素

有两种神经递质特别重要——肾上腺素和去甲肾上腺素。肾上腺素及其作用的神经元遍布全身各处，而去甲肾上腺素及其作用的神经元主要分布在脑内，尤其是脑干部分。这两种激素在压力情境下会迅速发生变化。当体内释放这两种激素时，身体会表现出心跳加速、消化停止和肌肉收缩，同时，大脑会变得完全警觉，将精力集中在眼前的事情上。这种反应被称作"战或逃"反应，即当捕食者或者敌人出现，如果你有机会战胜它，你就要奋起战斗；如果没有任何希望，那么你最好赶快逃跑。无论是哪一种，身体都需要提前做好准备。但是这种反应如果太早被激发，就可能会产生问题。高焦虑和神经质的个体的去甲肾上腺素系统可能是过度激活的。

以抑郁症为例，抑郁症专门干扰大脑，而人类感受情绪靠的是化学递质在大脑内的传递，正常大脑会分泌足量的多巴胺、5-羟色胺、去甲肾上腺素等，而抑郁症患者的大脑神经递质分泌失调，失去了感受快乐的能力，也没法感知和回应积极情绪，严重者大脑结构可能会发生改变。功能性磁共振（Functional Magnetic Resonance Imaging，fMRI）的研究显示，抑郁的大脑和健康的大脑在面对同样的刺激时，活跃度是不同的。

2. 催产素

催产素既是大脑的神经递质，也是一种激素。最初人们认为催产素的主要功能是促进妇女分娩及分泌乳汁。但实际上，男性的大脑也能合成这种激素，影响社会行为，如择偶、交配和育儿，同时也影响一些更高级的行为，如共情、信任和慷慨等。

（四）大脑不对称性

在探讨人类生理特征与行为表现之间的关联时，生理指标不仅反映了个体生理状态的独特性，还通过复杂的生理机制将其转化为可观察的行为模式，进而构成了人格差异的基础。其中，脑电波的个体差异，特别是大脑前额叶 α 波的活动水平，为理解情绪差异提供了重要的生理依据。这一区域作为情绪调节的关键区域，其 α 波活动的变化能够直接反映个体情绪状态的波动。更为引人注目的是，大脑左右半球在情绪处理上展现出显著的不对称性，即单侧性现象。这种不对称性不仅体现在情绪信息的感知上，还深刻影响着积极与消极情绪体验的功能分配，左脑倾向于对积极情绪的加工，而右脑则更多地与消极情绪相关联。

大脑左右半球的活动性与积极或消极心境有关，那么我们能否用脑电数据来预测心境？答案是肯定的。一项研究先测量了被试在休息状态下是大脑左半球活动性更高，还是大脑右半球活动性更高，然后让这些被试观看预先设定的可引发快乐或恐惧等情绪的电影。不出所料，大脑左半球活动水平更高的被试对积极心境的影片反应更强，大脑右半球活动水平更高的被试对消极心境的影片反应更强。

◆ 学海漫游·知识拓展

微课连线：
内向 or 外
向，基因
来决定

内向还是外向，基因来决定

为什么有人乐于参加社交活动、结交朋友，有人却对此避之不及？有心理学家发现，这很可能与两个负责控制"社交激素"（如催产素）的基因有关。2017 年，新加坡国立大学教授理查德·埃布斯坦领衔的一项研究，想通过基因表达去评价人类社交的行为。他们发现与其他人相比，CD38 基因表达量较高、CD157 基因序列存在特定变异的年轻人更加友好，也更善于社交。他们的密友更多，社交技能的运用也更娴熟。这两种基因位于人类 4 号染色体长臂 1 区，控制着重要的"社交激素"催产素的分泌。他们在新加坡分析了 1 300 多名健康的年轻华人外周血细胞中的 CD38 基因表达量和 CD157 基因序列，被试平均年龄为 21 岁，其中有 727 名女性和 600 名男性。该团队通过 3 份不同的调查问卷来测评被试的社交技能。问卷调查内容涉及被试的社交综合能力、对友情的重视程度、是否热衷于交友、密友的数量。研究结果表明，CD38 基因表达量较高的被试密友更多，而 CD38 基因表达量较低的被试掌握的社交技能较少。该研究的重要参与人安妮·庄博士表示：虽然得到表达的基因能影响行为，但我们自身的经历也能反过来影响基因表达。对大多数人来说，身处良好的社会环境中，如有关爱并支持自己的家人、朋友和同事，可能会降低不利基因的影响。

任务 2　洞悉人格生物基础的方法

生理测量可以用来考察人格的观点已经提出很久了。弗洛伊德推测，总有一天，科学家会发现人格的神经学基础。奥尔波特也认为，未来的技术进步将会查明中枢神经系统的差异与不同人格特质的关系。今天，我们已经实现了这些预言。人格研究者已经在实验中运用了多种生理测量方法。多年来，研究者已在运用唤醒这一生理指标进行研究，如心率和皮电反应。另一些研究者测查了激素、免疫系统、神经递质、呼吸、自主肌肉反射和血液中的酶。近年来，研究者开始采用神经成像技术，为大脑神经活动定位。这种技术包括脑电图（Electroencephalogram，EEG）、事件相关电位（Event-Related Potential，ERP）和诱发电位（Evoked Potentials，EPs）等。

一、传统的生理测量

（一）皮肤电测量

最常用的皮肤电测量是皮肤传导（或皮肤电阻，皮肤电阻是指皮肤对两个电极间细微外在电流的传导性）。电极通常安置在手掌表面或手指上。皮肤传导变化主要与汗腺与皮肤表面出汗的程度有关：汗越多，传导性越强。研究者大多测量皮肤传导的三种不同属性：皮肤传导水平（SCL）、皮肤传导对外在刺激的反应（SCR）及皮肤传导自发反应。研究表明，某些人格特质，如焦虑和神经质，与皮肤电反应密切相关。例如，高焦虑、高压力、高度神经质的人的交感神经系统一般处于慢性激活状态，这会导致皮肤冒汗，进而影响皮肤的导电性。通过测量个体在特定情境中的皮肤汗液导电情况，可以了解个体的人格特点或个体之间的人格差异。

（二）心血管活动测量

心血管活动测量用于人格研究已有多年。最常用的心血管活动指标是心律与心律的变异性。卡刚和他的同事对儿童的害羞生理做了研究，报告指出，害羞或抑郁的儿童有较快的静息心律与较低的心律变异性（相对于非抑郁的儿童来说）。对从 21 个月到 7 岁 5 个月的儿童的每个年龄阶段进行测量，发现在谨慎性或抑制性方面表现出稳定气质倾向的儿童有较快的心律。在对成人的研究中，心律也用于检测个体差异。学者荷德斯、库克和朗格在 1985 年提出了有较快心律的被试比有较慢心律的被试更容易获得习得性恐惧的观点。抑郁的被试心律也会加快。对于实验室的应激源有较强交感活动的个体，也有较高水平的皮质醇（与压力相关的荷尔蒙），并出现某些免疫能力水平的下降。这有助于解释压力影响机制，表明压力可能对某些特别脆弱的个体的健康造成伤害。

二、生理测量新进展

（一）脑电活动测量

脑电活动测量很适合用于人格研究，因为它可以提供关于人格中枢神经系统基础的潜在相关信息，而且它是非植入性的研究，相对容易记录。

1. 脑电图记录仪测量脑电活动水平

自发脑活动是脑的进行性背景活动，通常是在休息状态下测量的。它是一种非侵入性记录脑电活动的电生理监测方法，通过放置在头皮上的多个电极，记录大脑在一段时间内自发进行的电活动。它一方面在临床上用于诊断癫痫病、睡眠障碍、麻醉深度、昏迷、脑病和脑死亡，另一方面在实验心理学领域中作为提供大脑活动信息的一种工具，并且还是一种神经成像方法，在计算神经科学中得到广泛应用。用于人格研究时，自发脑活动通过测查迅速变化的情绪，可揭示人们体验不同情绪的倾向。自发脑活动的数据根据每秒的周期或波来描述。α 波就是通过这种方法来测量的，它在研究人格与情绪时特别有用。α 波活动水平越低，大脑相应区域的活动水平就越高。脑电图记录仪如图 4-6 所示。

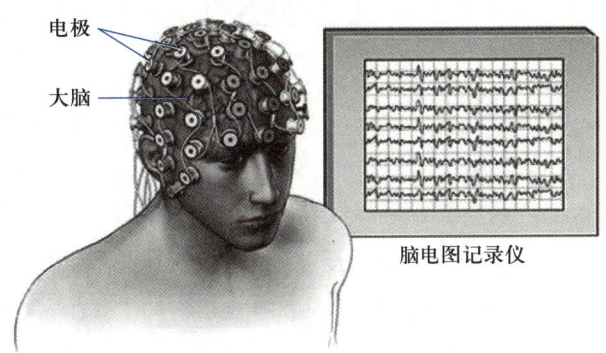

图 4-6　脑电图记录仪

2. 事件相关电位反映大脑的神经电生理的变化

ERP 是对外在事件发生的具体时间进行锁定的脑活动。施加一种特定的刺激，作用于感觉系统或脑的某一部位，在给予刺激或撤销刺激时，当某种心理因素出现时脑区所产生的电位变化，称为 ERP

（图 4-7），它是一种特殊的脑诱发电位。它反映了认知过程中大脑的神经电生理的变化，也被称为认知电位，是指当人们对某课题进行认知加工时，从头颅表面记录到的脑电位。ERP 与识别、比较、判断、记忆、决断等心理活动有关，反映了认知过程的不同方面，是了解大脑认知功能活动的"窗口"。ERP 的临床应用范围包括焦虑症、抑郁症、强迫症、失眠症等精神心理科患者的大脑功能检查，可客观反映患者认知、情绪及唤醒水平，对指导临床治疗具有重要意义。ERP 客观真实，避免了传统精神心理科量表评估、临床评估的主观性。根据检查结果，可以选用合适的药物治疗和设置经颅磁治疗方案。关于边缘型人格障碍的情绪抑制功能的 ERP 研究表明，边缘型人格障碍患者的情绪抑制功能存在缺陷，且对于负性情绪刺激的抑制缺陷更明显。

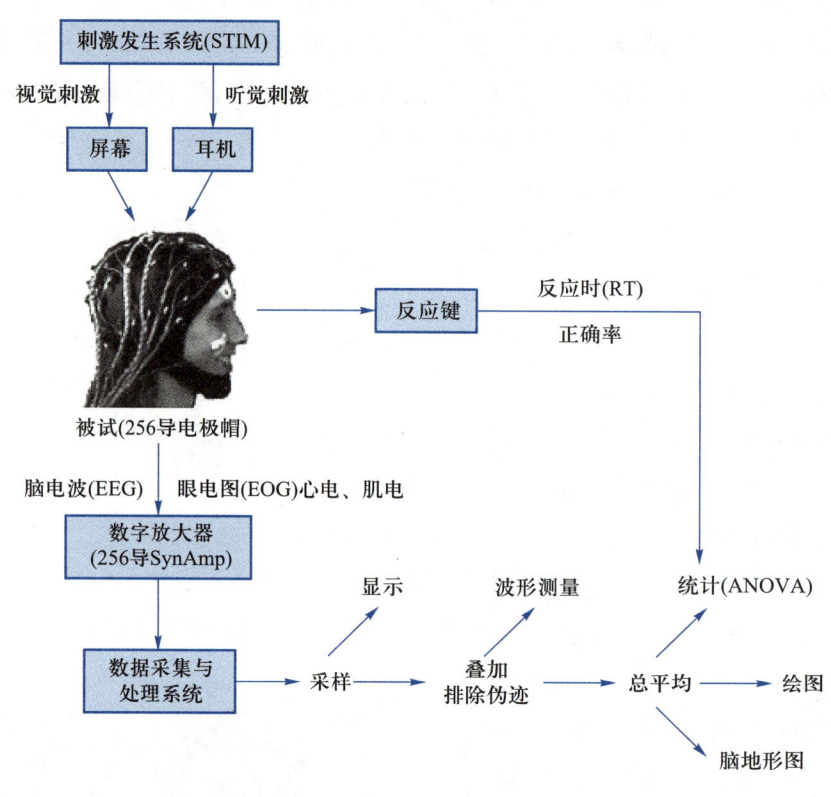

图 4-7　ERP 示意图

3. 诱发电位反映神经系统的电位状态

诱发电位也称诱发反应，简称 EPs，是指给予神经系统（从感受器到大脑皮层）特定的刺激，或使大脑对刺激（正性或负性）的信息进行加工，在该系统和大脑的相应部位产生的可以检出的、与刺激有相对固定时间间隔（锁时关系）和特定位相的生物电反应。它能准确快速地提供人体视觉、听觉、躯体感觉神经系统与肌肉功能的状态信息。EPs 依据刺激通道分为听觉诱发电位、视觉诱发电位、体感诱发电位等。EPs 通常是指在呈现刺激后的很短的一段时间内测量的平均脑电活动。EPs 的研究不限于生理层面，还包括对心理活动和行为的探索。例如，通过研究大脑对不同刺激的反应模式，可以了解个体在认知、情感等方面的差异，从而揭示人格特征和个体差异。

（二）其他生物测量

1. 神经心理测验

神经心理测验是在现代心理测验基础上发展起来的用于脑功能评估的一类心理测验方法，是神经心理学研究脑与行为关系的一种重要方法。神经心理测验评估的心理或行为的范围很广，包括感觉、知觉、运动、言语、注意、记忆和思维，涉及脑功能的各个方面。近几十年来，神经心理测验呈现出发展迅速、应用广泛的特点。最初限于医学领域的精神病学和神经病学，国外学者在传染性疾病的神经认知方面开展了深入系统的研究，并进一步扩展到司法、工业和教育领域。

2. 多模态功能神经成像

多模态功能神经成像允许评估大脑活动的两个或多个互补特征，以扩展有关大脑功能和神经行为的知识。它将测量神经元的电活动，如脑电图（EEG）或脑磁图（MEG）与测量血流动力学的活动，如fMRI、正电子发射断层扫描（PET）或功能性近红外光谱（fNIRS）相结合。其中 EEG、fNIRS 具有无创、便携等特点，能够进行很好的整合。这种技术能够捕捉人格特征与大脑特定区域的活动模式之间的关联，从而为研究人格特征提供了一种新的视角和方法。例如，通过分析大脑在不同认知任务下的活动模式，研究人员可以探索人格特征与认知功能之间的关系，进一步揭示人格形成的神经基础。

 学海漫游·榜样故事

被高校破格引进聘为实习教师的在读大专生

脑科学发展日新月异，越来越先进的生物测量方法推动人格心理学不断向前发展，而我们也要保持终身学习的人生态度，与时俱进，做时代的弄潮儿。刘祥坤就是值得我们学习的榜样。

刘祥坤出生在宁夏石嘴山，中考后他入读宁夏工业学校，学习数控技术专业，后进入大专学习。在宁夏回族自治区职业院校技能大赛高职组复杂部件数控多轴联动加工技术比赛中荣获团体二等奖，在全国职业院校技能大赛高职组复杂部件数控多轴联动加工技术赛项比赛中荣获团体三等奖。毕业后，刘祥坤顺利通过分类考试留校深造，成为宁夏石嘴山工贸职业技术学院的第一批高职生。因为这些获奖经历傍身，刘祥坤的技能水平得到认可，即便只有在读大专学历，他仍被宁夏石嘴山工贸职业技术学院破格引进，聘为实习教师。在校园里，他既是一名数控技术专业大三的学生，又是一名数控技术专业实习教师，致力于尽快培养出更多的高素质技术技能人才。刘祥坤钻研的数控技术应用前景广泛，主要从事数控机床的编程，数控机床维修，数控车、数控铣零件的加工及工艺编程等工作。

在教师团队里，刘祥坤是最年轻的一个，满脸青涩的他面对学生时，将技能作为传授知识的"语言"。刘祥坤在课上操控数控车床、借助教具进行演示时，周围的学生全都投来信服的目光。教学经历让他有了新的挑战体验，以往他自己参加比赛时只需要把日常训练做好，当上教师后却要做全方位考虑，不但需要根据学生实训水平和理论学习的现状制订教学计划，还要努力成为他们可信赖的朋友，为他们创造良好的学习环境。由于还未毕业，在教学之余，他还为自己制订了训练计划，备战来年的全国技能大赛，通过以赛促教，进一步强化综合素质、开阔视野。

（资料来源：中国日报网，有删改）

课堂活动 4-2

情绪诱导与脑功能自我感知活动

活动目的：通过情绪诱导任务，让学生自我感知并讨论大脑不同区域（特别是左右半球）在情绪处理中的活动变化。

准备材料：情绪诱导材料（如音乐、图片、视频）、情绪评估量表、小组讨论指南。

活动步骤：

（1）准备阶段：教师向学生介绍情绪与大脑功能区域的基础知识，特别是左右半球在情绪处理上的差异。

（2）情绪诱导：播放或展示一系列能够引发积极和消极情绪的材料。例如，先播放一段欢快的音乐或展示一些美丽的风景图片以诱导积极情绪，随后播放一段悲伤的音乐或展示一些令人不安的场景图片以诱导消极情绪。

（3）自我感知：在每次情绪诱导后，要求学生使用情绪评估量表对自己的情绪状态进行评价，并尝试描述自己在情绪体验过程中是否感受到大脑各区域的特定活动（如左侧或右侧的轻微不适、紧张感等）。虽然这种自我感知可能不够精确，但它能激发学生的兴趣和思考。

（4）小组讨论：学生分组讨论自己的情绪体验和对大脑活动的感知。

情绪评估量
表参考

任务 3　培养健康人格的路径

世界上的每个生命都是独一无二的，这份独特不仅在于外在的形态与特征上，更深刻地蕴藏于其内在的精神世界之中。其中，气质是一个人比较典型的、稳定的心理特征，是人的心理活动的全部动力特点的总和，也是精神世界丰富性的集中展现。气质是先天的，它依赖于一定的生理基础及神经系统类型。气质在童年时期表现最为明显，但它并非绝对不变的。年龄的增长、外界条件的变化，以及生活方式、教育和活动的影响，特别是重大事件的影响，都会引起气质的变化。充分了解气质类型，根据环境做出调整改变，有助于个体的人格健康发展。

一、气质类型与人的发展

（一）气质类型

每个人都以一种独特的行为方式生活着，而造成这一现象的原因是每个人的气质是不同的，气质影响着人们的生活方式。

托马斯和切斯在对婴儿进行大量追踪研究的基础上总结出 9 个气质维度，分别是活动水平、节律性、接近或退缩、适应性、反应阈限、反应强度、心境特征、分心程度、注意时间和持久性（表 4-3）。根据这 9 个气质维度，他们总结划分出 3 大人格类型：慢热型、困难型和适应型。

表 4-3 托马斯和切斯的 9 个气质维度

气质维度	内容
活动水平	吃、玩、走或爬的一般活动水平
节律性	睡眠和饥饿等行为的可预见性或不可预见性，即规律性
接近或退缩	对新情境或新经验的最初反应，或者急切地接近，或者走开和等待
适应性	对新的或变化的情境做出反应的能力（在最初的反应之后）
反应阈限	引发反应所需的最小刺激量，包括对新的感觉、客体或人的反应
反应强度	支持各类型反应的能量大小
心境特征	一般心境水平，或者愉快、友好，或者不愉快、不友好
分心程度	面对环境中的分心物能继续坚持行为的能力
注意时间和持久性	在一个任务上集中注意力的时间，以及面对困难任务时坚持的时间

（二）3 种人格类型的特点

1. 慢热型

你身边是否有这样的朋友：初识时，他们显得不那么热情，行事谨慎，常犹豫不决；随着时间推移，他们逐渐展现热情，投入其中。这便是慢热型的人，他们做事需经历一个预热过程。

微课连线：
慢热型宝宝：
我不差，我
只是有点慢

在幼儿园和小学，慢热型的孩子往往内敛害羞，在熟悉的环境中活泼开朗，面对陌生环境和新事物，他们则显得抗拒，更倾向于独处或与少数伙伴玩耍，见到人也不主动打招呼。从婴儿时期起，他们就更依赖熟悉的人，对新面孔反应强烈。在做游戏时，他们先作为旁观者观察，只有感到安全后才加入游戏。进入学校后，他们学习新知识也需要更多时间，这正是慢热型人格（约占 15%）的特点。对于慢热型的人，我们应给予更多理解和耐心，相信他们会在自己的节奏中绽放光彩。

2. 困难型

你身边是否有这样的朋友：他们对自己的、他人的情绪变化非常敏感，更容易感到沮丧、愤怒或焦虑，并且这些情绪反应更为强烈和持久。他们有着强烈的情感需求，需要更多的关注、安慰或支持。他们的行为模式不太稳定，难以预测，会突然改变主意、情绪爆发或做出令人惊讶的举动……

困难型的人占人群当中的 10%，在婴幼儿时期的作息就常常不规律，难以预测，情绪反应强烈（高兴时很兴奋，发脾气时也很激烈），环境改变后难以适应或适应慢，对新刺激（包括新环境、新事物、陌生人）反应消极、退缩、回避，较容易出现负性情绪（经常会哼哼唧唧，不高兴）。

虽然与困难型的人相处容易遇到困难和挑战，但气质并没有好坏之分，那只是他们的一种稳定的个性特征，每种气质类型的人都会有其积极的一面，也会有其消极的一面。相对而言，困难型的人表现出来的敏感、情感体验丰富和谨慎的特点是他们积极的一面，需要充分发掘他们的潜力。

3. 适应型

你身边是否有这样的朋友：他们适应性强，情绪稳定，容易与他人相处，生活规律性强，对新事物接受能力较强。适应型的人在人群中占比最高，达到40%。

适应型的人在情绪上比较平和，比较乐观积极，比较容易接受新环境，生活节律性强，容易适应环境，各方面都不让他人过于操心。他们喜欢与人交往，能够较快地融入新环境，对外界的刺激反应积极，容易满足。例如，当父母带他们去一个新的地方玩耍时，他们能够很快地感到开心。对于适应型的人，可以适当给予自由空间，鼓励他们探索新事物。

除了上述3种类型，其余的35%的人群则是以上几种人格类型的混合，并不属于某一种典型的气质类型。

（三）3种人格类型的个性发展特征

慢热型学生在做出决定或采取行动之前通常会进行深思熟虑，不会轻易被外界因素影响。这种谨慎的态度有助于他们避免冲动和错误决策。他们可能更倾向于内向和保守，不太善于在陌生环境中快速展现自己。然而，这并不意味着他们缺乏能力或魅力，他们只是需要更多时间来适应和建立信任。慢热型学生的情绪往往比较稳定，不容易受到外界的影响。他们对待感情认真而持久，一旦建立信任关系就会非常珍惜，成为非常可靠和忠诚的朋友或伴侣。

困难型学生在面对挑战和困难时有着独特的反应，他们可能更容易遇到挫折和困难，但也可能因此培养出坚韧不拔的品质和解决问题的能力。他们也更容易受到外界因素的影响而产生情绪波动，需要更多的支持和理解来应对情绪上的挑战。困难型学生在成长过程中可能会经历更多的挣扎和反思，这些经历有助于他们更深入地了解自己，并促进个人成长和发展。

适应型学生通常能够迅速适应新环境和新情境，展现出高度的灵活性和应变能力。他们能够根据不同情况调整自己的行为和态度，以便更好地融入新环境或应对挑战。他们往往持有积极乐观的生活态度，对未来充满信心，相信问题总有解决的办法，并愿意主动寻找解决方案。适应型学生在社交方面表现出色，他们善于与人沟通和交流，能够建立良好的人际关系，这有助于他们在团队中发挥领导作用或成为团队中的核心成员，锻炼自我反思和自我调整的能力，及时发现自己的不足并改进，在个人和职业发展中不断进步。

每个人的个性发展都是独特的，受到包括遗传、环境、教育等在内的多种因素的影响。在理解和评价不同气质的学生时，我们需要保持开放和包容的态度，尊重每个人的独特性和差异性。

二、大学生气质与学校教育

我们可能会问："什么气质特点会对学习成绩产生影响？"这个问题可能提得不恰当。多数研究者更想问："根据这个学生的气质，哪种类型的环境和教学对他的学习最有利？"一个学生在学校表现得如何，部分取决于学习环境与这个学生的能力、特点和行为风格匹配得如何。换句话说，所有学生都具有不同的学习风格和能力。我们无法改变学生的气质，但是如果安排课业时能考虑学生的学习风格并与之相适应，学生就能表现出最佳的学习状态。当学生的气质与教师的期望和要求相匹配时，学生就能取得好成绩，并且会得到教师较好的评价。

（一）学生气质类型与教师教育风格

每个学生都有独特的适应环境方式，教育不应同质化，而应尊重并促进多样化的成功路径。困难型、慢热型、适应型学生面对学业各有挑战与优势。

慢热型学生则以深思熟虑和高度专注著称，他们可能需要更多时间来展现潜力。教师应给予耐心，调整教学节奏，让他们按照自己的步伐前进，相信他们终将带来惊喜。教育是一场马拉松，陪伴慢热型学生稳步前行尤为重要。

困难型学生情感细腻，对事物有独特见解。教师应创造环境，鼓励他们表达自我，共同探索世界，使其学会有效管理情绪，在体验中成长。

适应型学生可能因适应环境快而显得轻松，但他们的内心情感同样需要被细致关怀，以防因被忽视而导致负面情感累积。教师应定期与他们深入交流，确保他们的情感需求得到满足。

教师应认识到学生间的气质差异，灵活调整教学策略，以匹配不同学生的需求，这不仅有助于提升学生的学业成绩，更能帮助学生建立积极的自我价值感，避免消极自我评价的恶性循环。通过个性化的关注与支持，让每位学生在适合自己的道路上绽放光彩。

（二）学生气质类型与教学方式引导

在开放多元的课程体系与灵活多样的教学方法环境中，困难型、慢热型和适应型学生均能找到提升学习成效的"钥匙"，包括但不限于积极主动地参与课堂互动、勇于表达自我见解，以及充分利用个性化学习资源和策略，逐步适应并优化自身的学习方式。通过不断促进知识的深度吸收，增强学习的自主性和适应性，每位学生都能在知识的海洋中找到属于自己的航向，提升学习效果。

慢热型学生可能不善于表达自己的需求，容易被误解或者被忽略。教师可以通过观察、询问、个别沟通等方式了解他们的学习需求，并给予相应的帮助和支持。个性化教学可以帮助这些学生更好地表达自己的学习需求，从而获得更适合自己的学习资源和支持。

困难型学生在面对个性化学习任务和挑战时，可能会感到学习意愿不强或动力不足，进而影响学习效果。教师可以通过激发学生的兴趣、提供实践机会、设定明确的学习目标等方式，增强学生的学习意愿和动力。

适应型学生在个性化教学中，可以利用多样化的教学资源和方法，根据自己的学习风格和需求选择合适的学习路径。教师个性化差异教学方法的多样性可以满足不同学生的学习需求，促进学生的全面发展。

课程设置和教学方法的多样性为学生提供了更多的选择和学习途径。例如，基础型课程的高效化实施和拓展型课程的多样化开发，可以满足不同学生的学习需求，特别是在学生的个体差异性和发展不平衡性得到充分考虑的情况下，学生的学习体验和学习效果可以得到显著提升。

总之，通过积极参与、主动沟通、利用个性化学习资源等方式，学生可以找到适合自己的学习路径，从而提高学习效果和促进个人发展。

 学海漫游·生活视野

在自己的"时区"内作战

纽约时间比加州时间早 3 个小时，但加州时间并没有变慢。

有人 22 岁就毕业了，但等了 5 年才找到好的工作！

有人 25 岁就当上 CEO，却在 50 岁去世。

也有人直到 50 岁才当上 CEO，然后活到

90 岁。

有人依然单身，同时也有人已婚。

奥巴马 55 岁就退休，特朗普 70 岁才开始当总统。

世上每个人都有自己的发展时区。

身边有些人看似走在你前面，也有人看似走在你后面。

但其实每个人在自己的时区有自己的步程。

不用嫉妒或嘲笑他们。

他们都在自己的时区里，你也是!

生命就是等待正确的行动时机。

所以，放轻松。

你没有落后。

你没有领先。

在命运为你安排的属于自己的时区里，一切都准时。

散文诗鉴赏：慢热型、困难型、适应型

3 种不同气质类型的人因个体差异、人生境遇而有所不同。如诗中所写，这些差异平常又朴素，也直观而刺目。一旦我们横向比较，就难免陷入焦虑与纠结中。有的人会因此忧虑，有的人或许会洋洋得意。有人少年成名，却中年碌碌；有人平庸半生，却大器晚成。正如大自然里的花，有的花开在春季，有的花盛放在夏季，有的花独放在秋季，有的花傲立在冬季。花的种类不同，造成了花期的不同。只要是一朵花，只要选择盛开，何必拘泥于一时的短长、一季的早晚呢?

因此，我们要比较的不是成才或成功的早晚，而是与过去的自己相比取得的进步。每个人都有自己的步程，也自然有自己的成长节奏。什么时候开花，什么时候结果，人生自有安排。重要的是在自己的时区里，做最好的自己；在自己的跑道上，去尽力奔跑。

学海探航

一、交互式测验

请扫码进行答题，并根据得分情况进行查缺补漏。

模块4 测试题 ▶

二、思考题

1. 请简述艾森克的 3 个人格维度及其生物基础。

2. 请描述人格生物测量最常用的 3 种方法。

3. 请列举人格生物化学中相关的神经递质和激素。

典范风采

"数控尖兵"匠心守护航天员"回家"路

彭小彦，先后获得"全国五一巾帼标兵""中央企业优秀共产党员""湖南省五一劳动奖章""湘潭市劳动模范"等称号。这位从黄土高坡走出来的"80后"姑娘参与了"神舟飞船座椅缓冲器"的研制与生产工作。什么样的成长历程促使她取得了这些成绩？

彭小彦是一名职校学生，为了夯实数控理论知识，她坚持"笨鸟先飞"，抓住一切能利用的时间进行学习。实训课上，彭小彦暗下决心，一定要做出让师傅们满意的成品零件。在企业实训期间，她把每位同事都当成教师，虚心吸取他们的宝贵经验，以他们的工作思路、工作程序和工作方法为榜样，规范和纠正自己思路和方法上的错误。

初入车间的5年，彭小彦克服了诸多困难，始终保持着对工作的热情。这5年里，她不断精进技艺，熟练掌握了多种设备的操控及多种编程软件的使用方法。彭小彦加工出的产品件件优质，她自己也从"小白"成长为班组的核心成员。在精进学习顶配设备的两年时间里，彭小彦绘制了600多张复杂的三维实体图，做了五大本厚厚的工作笔记，让自己的空间想象能力和编程软件掌握程度迈上新台阶。近年来，彭小彦作为技术负责人，主持了多项工艺项目攻关，获得了多项国家专利。从神舟十二号到神舟十五号，彭小彦参与研制与生产的"神舟飞船座椅缓冲器"保护着航天员的生命安全，守护着我国逐梦苍穹的希望。

"职业教育前途广阔，大有作为。"彭小彦想对和她一样从职业院校走出的学生说，"国家现在对职业教育非常重视，多次提出职业教育要培养高素质技术技能人才。同学们一定要积极响应国家号召，在学校期间努力学习，坚定理想信念，站稳人民立场，练就过硬本领，投身强国伟业，以技能成就梦想，用技能为国家发展贡献自己的力量。"彭小彦的故事正影响、激励着越来越多的职业院校毕业生脚踏实地、勤于钻研、开拓创新，以工匠精神筑梦民族复兴。

（资料来源：新华网，有删改）

💧 智慧火花：

彭小彦在职校期间成长很快，一路走来靠的是拼搏和坚持，成长为大国工匠，成长为我国逐梦苍穹的守护者。请结合人格心理学的生物学观点，谈谈在校期间哪些因素促成了她的成长。

博学之路

一、心理书籍推荐

（一）《内向者优势：如何在外向的世界中获得成功》

本书从心理学的角度对内向性格进行了科学而严谨的分析，揭示了内向性格的生理基础和心理机制，全面而深入地探讨了内向性格的特点、优势，以及如何在现代社会中充分发挥这些优势。作者针对内向者与其伴侣、孩子、同事、朋友的关系，提出了具体的改善策略和技巧、建议，帮助内向者更好地融入外部世界。

（作者：玛蒂·莱利　译者：杨秀君）

（二）《恰同学少年》

本书以毛泽东等青年在湖南第一师范五年半（1913—1918 年）的求学生活为主线，充分展现了以毛泽东、蔡和森、向警予、杨开慧、陶斯咏等为代表的优秀青年为寻求理想而奋发向上的斗志、敢为天下先的抱负与情怀，以及改造中国与世界的雄心壮志。

（作者：黄　晖）

二、心理电影推荐

（一）《搏击俱乐部》

影片描述了一个精神被重创的重度失眠症患者在单亲家庭中的成长阴影和在现代社会物欲、理性的重压下垂死挣扎，在分裂的自我间踌躇不定的故事。影片展现了对自我、对人性的一种追寻，也是对当下社会文化的一种反映。

（二）《最可爱的人》

该片是"抗美援朝系列电影"中的动画影片，聚焦杨根思、邱少云、黄继光、王海、张桃芳等国人耳熟能详的英雄战士，以热血高燃的动画场景呈现朝鲜战场上中国人民志愿军英勇无畏的精神，从多个角度、多个层次全面呈现抗美援朝战争，借光影力量再次擦亮民族最闪亮的精神坐标。

龙生九子，各有不同

——特质流派

> 同样的火候使黄油融化，使鸡蛋变硬。
>
> ——奥尔波特

知识脉络

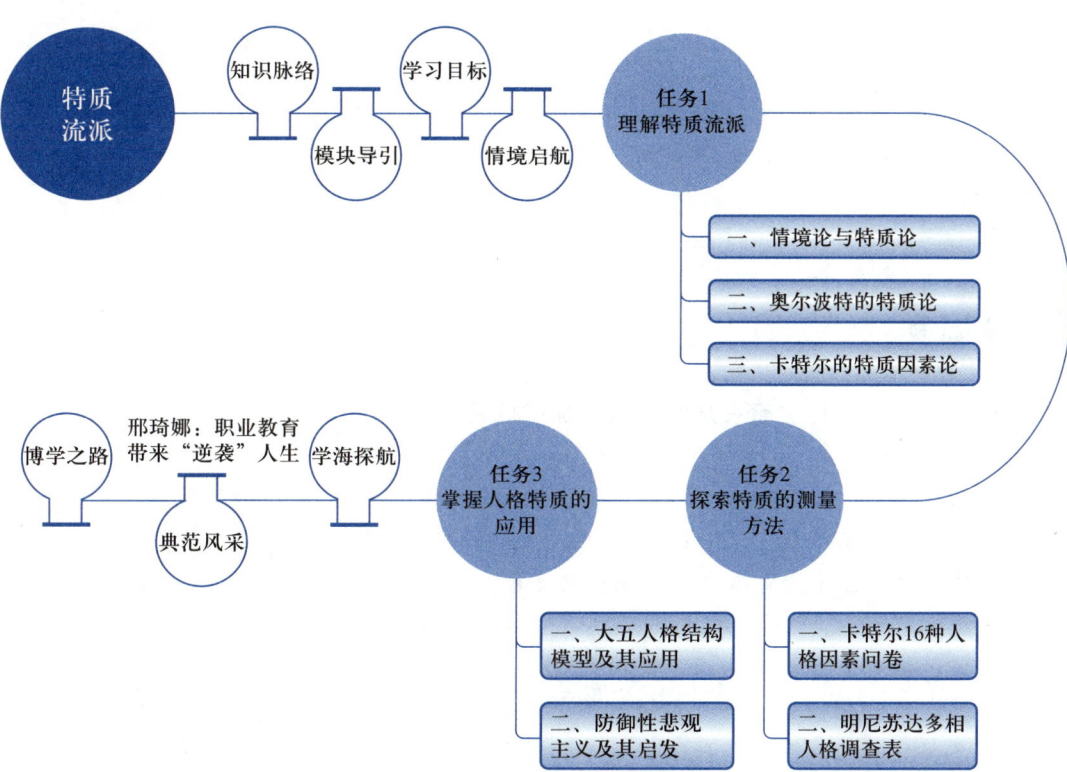

模块导引

如何向别人描述你的人格呢？大多数情况下，我们可能会先描述自己是什么类型的人——独立型、内向型或开朗型，或者我们会描述自己的特征——是腼腆、细心还是勤奋。第一种描述人格的方式在人格心理学上称为类型论，而第二种方式叫作特质论。类型论对于人格的描述较为简便，但过于粗糙，因而逐渐被较为精细的特质论取代。目前在人格心理学领域中更为流行的关于人格描述的理论正是特质论。

在本模块中，我们将展开对人格特质流派主要理论和分析方法的深入研究。首先，寻根溯源，认识奥尔波特、卡特尔等人特质理论框架的构建历程，把握特质流派发展脉络。其次，探索评估个体特质维度的科学测量方法。最后，聚焦人格特质的实践应用，发挥个体潜能挖掘效能。

学习目标

>> 知识目标：熟悉特质流派的主要理论和模型，如奥尔波特的特质论、卡特尔的特质因素论、大五人格模型，理解特质间的联系；了解人格特质的测量方法和研究方法，包括常用的人格评估工具和量化技术。

>> 能力目标：提升运用人格特质理论分析和解释个体行为的能力；能够评估不同人格特质理论的优势和局限性。

>> 素养目标：培养自我认知的能力；更好地理解他人，发展同理心和人际交往能力；培养批判性思维。

情境启航

奋斗是青春最亮丽的底色

在面对逆境时，你会选择逃避还是坚持？面对逆境仍保持不屈不挠的精神和持之以恒的毅力是拥有较强心理韧性的体现。王靖的成长故事，正是这一人格特质的生动体现，他用奋斗为青春打上最亮丽的底色。

王靖出生在贵州毕节的一个农村家庭，家境贫寒并没有阻挡他对知识的渴望。尽管高中辍学，但他没有放弃，而是选择就读于贵阳市第五职业学校，开始他的茶艺学习之旅。在那里，王靖全身心投入茶艺技能的学习和提升中，他的勤奋和努力使他在各类技能比赛中屡获佳绩，这不仅锻炼了他的技艺，更增强了他面对挑战时的自信心。

后来，王靖凭借优异的成绩和对茶艺的热爱，考入贵州轻工职业技术学院继续深造。在大学期间，王靖继续提升自己的专业技能，他凭借坚韧和热爱在茶艺领域取得了显著成就。他的成长轨迹，是一条不断自我超越的奋斗之路，展现了一个青年通过不懈努力实现自我价值的过程。

王靖的故事激励我们，无论出身如何，无论遇到多大的困难，只要我们保持坚韧不拔的精神，就能够克服重重障碍，实现自己的梦想。他用自己的实际行动诠释了"有志者，事竟成"的深刻内涵，证明了奋斗是青春最亮丽的底色。

（资料来源：贵州日报天眼新闻，有删改）

任务 1　理解特质流派

一般情况下，类型论认为我们不可能既属于内向型又属于外向型。然而，与类型论不同，特质论用多个基本的特质来描述人的人格，每个特质都是对立两端联系起来构成的一个变化的维度，任何人都在这个维度上有一个确定的位置。例如，粗心与细心联系起来构成一个特质或一个维度，每个人都在细心与粗心之间有一个位置。这种跨时间和跨情境的稳定性描述，正是特质理论的核心假设。

一、情境论与特质论

是人格特质还是情境决定了个体的行为？人的行为在跨情境中存在一致性吗？围绕这些问题，情境论支持者和特质论支持者展开了激烈的讨论。

（一）行为的决定因素

情境论支持者认为，行为几乎完全由情境决定，他们通常将个体的行为差异仅当作"错误变量"。特质论支持者则认为，稳定的个体差异是个体行为的主要决定因素。

一些心理学家试图通过测试人格得分的高低和情境因素在预测人们行为中的作用来找到问题的答案。例如，我们可以想象当一座房屋着火时，高自尊或低自尊的人都会迅速逃离现场。在这个例子中，尽管情境可以用来解释几乎所有的行为变量，但这并不意味着自尊水平与人们的行为无关。当我们注意到其他情境时，如人们对批评的反应程度，也许你会发现高、低自尊被试之间有着很大的差异。

今天，大多数心理学家都同意人格和情境共同决定行为的观点。例如，当某人具有高攻击性时，就意味着也许他会比那些在这一维度上得分低的人更易表现出攻击行为，而且在挫折性情境中比在非挫折性情境中更易于产生攻击行为。因此，当一个具有攻击性的人置于挫折性情境中时，我们可以预测将有大量的攻击行为产生。这种注重考察特质、情境及行为三者之间关系的方法，心理学家称之为"人格 – 情境并重法"。

（二）行为的一致性

在情境论与特质论的争论中，人的行为是否具有跨情境的一致性也是一个重要问题。哈茨霍恩等研究人员在早期开展了一项有关人格特质的研究，在该研究中，他们对 11 000 名年龄在 8~16 岁的在校学生进行了"诚实"这一特质的详细考察。研究团队设置了多种不同的情境，包括学校情境、运动情境等以评估学生在这些特定情境下的诚实性。结果发现，这些不同情境结果之间的平均相关性仅为 0.23。由于特质论假定人格特质在不同的情境中具有一致性，所以这个研究结果被广泛认为是对特质论的一大挑战。

特质流派的支持者爱泼斯坦对此做出解释，他认为研究者们之所以没能够找到人格特质与跨情境行为之间的紧密联系，是因为他们没有正确测量行为。一般调查通常用人格特质的分数来预测一个人的行为，这种方法与心理测量中的基本概念不相符，行为得分可信度太低。同时研究者们考察的很可能是一些错误的特质。例如，假如你对"独立"这一特质感兴趣，那么你可能会用一个独立量表对一大批被试进行测试，观察这些被试在某种情境中的独立性程度，然后求出它们之间的相关系数。然而，被试本身特点不同：一类被试的主要特质是独立性，而对于另一类被试来讲，独立性特质只不过是次要特质而已。毫无疑问，对于前一类被试，你将对他们的独立行为做出较好的预测，但如果某个被试的独立性仅仅是其次要特质，那么你就难以根据其独立性的分数预测他在某一特定情境中的独立行为。

许多从事心理卫生和治疗方面工作的心理学家把特质测量作为诊断精神异常的一种基本手段。接受心理咨询及治疗的患者往往要花几个小时进行各种心理测验，以此获得特质的测量分数。但关于特质论的争议也提醒我们要防止特质分数的滥用，需要从多维的角度，通过更精细、更持久的研究发展出测量个体差异更好的方法。

总的来看，特质流派因为对行为描述或预测的兴趣焦点，很少去了解个体的行为是如何形成、发展的。特质流派的研究具有其独特的优势，减少了其他方法因使用模糊材料而带来的偏见和主观性，但也因缺乏解释而限制了自身作用的发挥。

◆ 学海漫游·生活视野

如何更好地向他人介绍自己?

自我介绍是人际交往中的重要环节，它不仅能够帮助他人快速了解我们，还能展示我们的个性和特点。然而，在自我介绍时，有些学生倾向于使用星座或 MBTI 性格类型，如 I 型（内向）或 E 型（外向）来描述自己。这种方式看似简单快捷，却存在一定的局限性。

首先，星座和性格类型描述过于笼统，无法精确反映一个人的个性。每个人的性格都是独特的，而星座和性格类型往往将人归入几个固定的范畴，这很容易造成误解和刻板印象。例如，将一个人简单地归类为"处女座"或"E 型人"，并不能全面展示他们的个性特点。其次，使用具体的形容词进行自我描述，如"勤奋""乐观""创造性"，可以

更准确地描述我们的个性。这些形容词能够具体描述我们的行为、态度和价值观，让他人对我们有更深入的了解。

因此，在自我介绍时，我们应该尽量避免使用星座和性格类型描述，而应尝试使用具体的形容词来展示我们的个性。这样不仅可以避免给他人留下刻板印象，还能更好地展示我们的独特之处。

当然，我们也可以通过科学的心理测试来更深入地了解自己，但这些测试的结果应该作为了解自我的参考，而不是自我介绍的全部内容。在实际应用中，我们还需要结合自己的经历和特点，用具体的语言来表达自己。

自我介绍是一个展示自我、建立联系的过程。通过使用具体的形容词进行自我描述，可以更真实生动地展现个人特质，让他人更快速地了解并记住我们，从而为进一步的深入交流和建立联系打下基础。

微课连线：
心理测试靠
谱吗?

课堂活动 5-1

20 个 "我是谁"

在一个安静放松的环境中保持开放心态，尝试创造性和诚实地表达自己，展现多方面的自我，认真思考并完成表 5-1。

表 5-1　"我是谁"

序号	我是谁
示例	一个害羞的 / 热情的 /……乐于探索的 / 人
1	
2	
3	
4	
5	
6	
7	
8	
9	
10	
11	
12	
13	
14	
15	
16	
17	
18	
19	
20	

二、奥尔波特的特质论

（一）奥尔波特简介

高尔顿·威拉德·奥尔波特是特质流派的创始人和代表人物。早在 1921 年，他就与其兄弗劳德·亨利·奥尔波特共同发表了《人格特质：分类与测量》，这部著作被公认为第一部阐述特质论的著作，对特质论的形成起了奠基性的作用。

奥尔波特于 1897 年 11 月 11 日出生在美国印第安纳州蒙特苏马，在四兄弟中排行最小，其兄是著名的社会心理学家。奥尔波特在哥哥的劝说下考入哈佛大学，本科和研究生专业都选择了心理学。这是奥尔波特学术和职业生涯的开端。但是他很快就对当时主流的心理学理论产生了完全不同的看法。攻读研究生的时候，奥尔波特写道："与我的大多数同学不同，我在自然科学、数学、机械（实验室操作）、生物或者医学专业上缺乏天赋。"他向某教授倾诉这一感受，那位教授告诉他："但是你知道，心理学有许多分支。"奥尔波特后来回忆说："我想，是这个偶然的提示救了我，因为他其实是在鼓励我从心理学领域中寻找一条属于我自己的路。"

奥尔波特 1937 年完成的著作《人格：一种心理学的解释》被认为是现代人格心理学的开端。1939年他当选美国心理学会主席，1963 年获美国心理学基金会金质奖章。奥尔波特的学术生涯几乎都是在哈佛大学度过的，他对社会进步作出了独有的贡献。奥尔波特的人格理论受到多数接受行为主义和经验主义观点的美国心理学家的批评，然而这并不妨碍其理论的重要性。

（二）特质的概念

微课连线：
特质：你是
什么样的人

奥尔波特将**特质**视为人格的基本构成，认为特质是"一种概括化的和聚焦的神经生理系统（特定的个体），它具有使许多刺激在机能上等值的能力，具有激发和引导适应性和表现性行为一致的（等同的）形式"。例如，善于社交的人是友好的、爽直的，因为他们把许多情境看成与人建立联系的机会，而与别人接触、联系是他们立足社会的方式之一。针对"特质是用于描述普遍的人还是只描述单个的人"的问题，奥尔波特将特质分为共同特质和个人特质。共同特质是属于同一文化形态下的人们所具有的一般人格特质，普遍地存在于每个人身上，而个别特质是个体所独有的。奥尔波特进一步将个人特质分为 3个层次。

1. 首要特质

首要特质表现了一个人生活中无时不在的倾向，个体的每个行为事实上都可追溯到其影响。如果一个大学生的首要特质是"好奇心"，那么无论是在学习、社交还是兴趣爱好上，他都会表现出强烈的探索未知和学习新事物的愿望。他的每个行为，如选择课程、参与社团活动，甚至日常对话，都可能受到好奇心的驱动。

2. 中心特质

中心特质反映了个体行为上广泛的一致性，但它受到部分情境限制。以同一个大学生为例，如果他的中心特质是"勤奋"，那么他在学习上可能会非常努力，经常在图书馆学习到很晚。然而，这种勤奋可能不会延伸到他的社交活动中，如在派对上他可能不会表现得那么勤奋。

3. 次要特质

次要特质表现为一个人身上体现不明显、缺乏一般性和一致性的特质。如果上述大学生的次要特质之一是"害羞"，那么，在大型社交场合中，他可能会表现得比较内向和沉默。但是，这种害羞可能不会影响他在熟悉的小团体中的表现或与亲密朋友之间的互动，在这两种情境下，他可能会更加放松和健谈。

奥尔波特对人格结构的探索意义深远，尤其是在对人格描述词的研究方面。在回应特质仅仅是描述行为普遍性的词语还是真的存在这一问题时，奥尔波特认为，特质是一种实在的和具有决定意义的神经心理结构。尽管特质不可被直接观察，但可以通过个体的外显行为推断其存在。他预测科学家们终有一天会发明某种技术来检测个体神经系统的结构，以便识别每个人的人格特质。

（三）机能自主性

弗洛伊德认为成人的人格特质源自童年经历，而奥尔波特对此持有异议。奥尔波特认为，即使儿童和成人表现出相似的行为，背后的动机也可能完全不同。例如，儿童弹钢琴是为了满足父母的期待，成年人弹钢琴是为了更好地放松。

奥尔波特进一步阐述了机能自主性的概念，指出人们是受到当前动机而不是过去事件的驱使。他将机能自主分为两类。

（1）持续性机能自主。这是指人们之前的习惯持续性发挥作用。例如，尽管不再需要为工作做准备，但退休者仍保持早起的习惯。

（2）统合性机能自主。这涉及个人的兴趣、价值观和目标，是成人行为的核心特征。奥尔波特认为，这种内在动机是人格心理学研究的关键。

奥尔波特的观点强调，成人追求目标是因为这些目标本身对他们有意义，而不仅仅是为了外部奖励。他的理论为理解成人行为提供了一个更为复杂和动态的视角，突出了个体内在动机的重要性。

（四）自我认同感

奥尔波特认为，婴儿出生时没有自我与环境的区分概念，而是随着成长逐渐认识到自己身体的独特性。通过对身体运动的控制和对刺激的反应，儿童发展出身体自我认同感，并最终形成完整的自我认同。个体自我认同感的发展不限于儿童期，而是持续到成年。

尽管奥尔波特认识到定义和测量"自我"这一概念的困难性，他仍强调自我的重要性，并提出了"统我"或"自我认同感"的概念，以区分自我的不同方面。奥尔波特将自我认同感的发展分为 8 个阶段：自我躯体感觉（1 岁）、自我同一性感觉（2 岁）、自尊感觉（3 岁）、自我扩展感觉（4 岁）、自我意向感觉（4~6 岁）、理性运用者自我形成（6~12 岁）、追求统我形成（12 岁至青春期）、理解者自我形成（成年）。

奥尔波特的这些直觉在现代人格心理学研究中得到了验证，"自我"在许多人本主义和认知心理学家的理论中扮演着核心角色。奥尔波特的理论为理解个体的自我认同和人格发展提供了宝贵的视角，强调了自我认同感在个体发展中的重要性。

（五）健康人格

奥尔波特作为人格心理学的先驱，专注于成人健康人格的研究，提出了健康人格的 6 个特征。

（1）自我广延的能力。健康的成年人活跃于多种社交活动，拥有广泛的朋友圈和兴趣爱好，并积极参与社会、政治或宗教活动。

（2）热情交往。他们与他人建立亲密而无占有欲和嫉妒心的关系，表现出同情心和对价值观差异的宽容。

（3）情绪安全感和自我认同。面对生活中的冲突和挫折，健康的成年人能保持乐观的自我形象和积极的自我态度。

（4）现实性知觉。他们基于事物的实际情况进行判断，具有清晰的情境适应和认知能力。

（5）自我客观化。健康的成年人对自己的优点和缺点有清晰的认识，了解自我与理想自我的差异，以及自我与他人视角的区别。

（6）一致的人生哲学。他们拥有一种一致的生活定向和主要愿望，这种定向可能源自宗教、意识形态、哲学或个人信仰，为行动提供创造性动力。

奥尔波特认为，健康人格原则上应基于对未来的动机，而非神经症患者的过去动机。他强调人格的个体性，反对将动物、儿童或神经症患者的研究简单推广到健康的成人人格的研究中。

（六）理论述评

奥尔波特作为人格心理学的杰出代表，其理论对现代心理学贡献深远。他强调对个体整体性的深刻理解，重视个体内在特质的组织。奥尔波特认为，个体行为的一致性可通过特质概念来解释，同时承认情境对行为的复杂影响。他深入探讨了动机与特质的相互关系，批判了将动机简化的传统观点，尝试将动机纳入特质框架，明确区分了动机与特质的不同层面。

尽管奥尔波特的研究在学术上具有重要价值，但其对现代特质理论的影响相对有限。这可能是因为他更专注于个体内部模式和组织的研究，而非个体间的差异和因素分析。奥尔波特的理论为心理学提供了丰富的视角和深刻的洞见，但其理论在现代心理学中的应用仍需进一步挖掘和拓展。

 学海漫游·知识拓展

奥尔波特与《珍妮的信》

"珍妮于 1868 年生于爱尔兰。5 岁时移居加拿大。她有五个妹妹和一个弟弟，18 岁时父亲去世，弟妹六人的生活全部依靠她一人维持。当时，她十分讨厌这种家庭生活，就同一位铁路巡警结了婚。婚后她与丈夫移居芝加哥，她把那里的生活描绘成令人厌倦的。1897 年她才 29 岁，丈夫就去世了……"

这些内容节选自奥尔波特 1965 年所写《珍妮的信》一书，其中详细记录了他对一位化名珍妮·马斯特森的老妇人的长期研究。这项研究的起点是珍妮在 58~70 岁给她儿子罗斯的两个朋友写的 300 多封信件。这些信件不仅是个人历史的见证，也是奥尔波特研究人格特质的宝贵资料。

奥尔波特主要围绕珍妮的信件对珍妮的人格特质展开研究。他邀请 36 名被试来阅读珍妮的信件，他们与奥尔波特一起结合她的日记、时代背景等多种资料，共使用了 198 个特质名称来描述珍妮的人格特质。最终，把相同特质合并后，归纳出 8 个主要特质。后来有人从统计学的角度分析了奥尔波特的资料，进一步证实了这 8 个主要特质。

奥尔波特提出，若要了解一个人，那么最好的信息来源就是那个人本身，因为外人难以了解其内在的心理，同时还要记住，只要有可能，我们必须充分利用这个来源。

三、卡特尔的特质因素论

（一）卡特尔的生平

1905 年，雷蒙德·伯纳德·卡特尔出生在英国伯明翰的一个中产阶级家庭，16 岁进入伦敦大学国王学院主修物理学和化学，19 岁以优异的成绩获理学学士学位。第一次世界大战的爆发和伤员救治场景深刻影响了他，激发了他对生命的紧迫感和对学术的追求。卡特尔写道："我在实验室中的座椅显得很小，而这个世界的问题很大。渐渐地，我得出结论，为了超越人类的非理性，人们必须研究心理自身的作用。"后来，他考入伦敦大学研究生院，转向心理学领域，并在 1929 年获得博士学位。作为斯皮尔曼的研究助理，卡特尔借鉴了斯皮尔曼分析智力模型时采用的因素分析法对人格结构进行探查。他积累了丰富的心理学研究经验，并在英国主持儿童心理辅导中心，积累了临床经验。1937年，应桑代克之邀，卡特尔前往美国，在哥伦比亚、哈佛、克拉克及杜克等大学任教。他的学术成就包括300多篇论文和20多本专著，以及在达尔文基金会资助下进行的心理遗传研究。卡特尔因此获得纽约科学会的华纳格兰奖。

卡特尔的学术兴趣和成就受多方面影响：首先，他对因素分析的兴趣可能与斯皮尔曼等人的影响有关；其次，他的动机理论受麦独孤的本能概念影响；再次，他在英国的临床和研究实践让他对两者的优势和局限有深刻理解；最后，早期的化学学习背景尤其是门捷列夫的元素周期表，启发他探索人格的基本元素——特质。卡特尔一生致力于人格研究，尤其是应用因素分析法，试图发现人格的基本构成元素，为心理学领域作出了重要贡献。

（二）特质及其分类

卡特尔认为，人格构成的基本元素就是特质，就像门捷列夫的化学元素构成宇宙万物一样。他一生的主要工作就是通过因素分析的研究寻找这些人格特质，如图5-1所示。

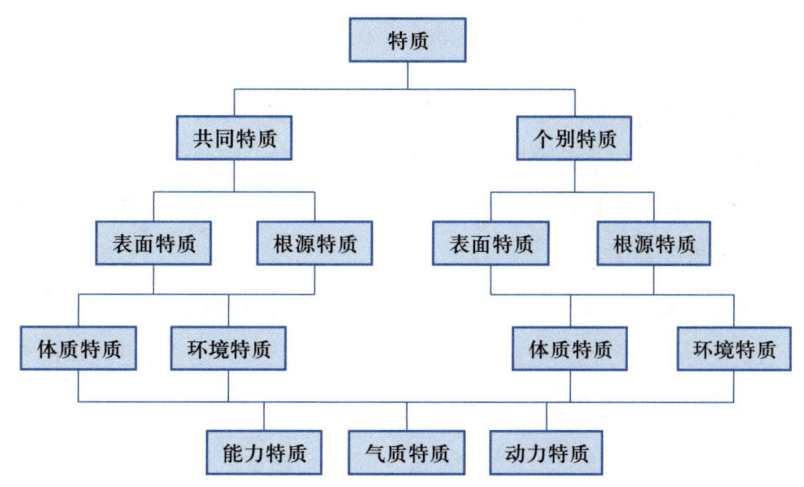

图5-1　卡特尔心理元素周期表

1. 个别特质和共同特质

卡特尔继承了奥尔波特的共同特质和个人特质的区分方法，首先从个体与群体的角度区别出两类特质——个别特质与共同特质。他认为某个人具有的独特特征称为个别特质，某个地区或某一群体、某一社会中各成员共同具有的特征叫共同特质。

2. 表面特质和根源特质

表面特质处于人格结构的表层，指通过观察就可以发现的一个人的彼此关联的外部行为特点。根源特质处于人格结构的内部，是一个人行为的最终根源。卡特尔根据词汇假设和因素分析法得出16种根源特质。根源特质制约着表面特质。尽管每个人具有的根源特质相同，但其程度并不相同。例如，每个人都具有社交性，但每个人的社交倾向在强度上有大小之别。某人身上根源特质的量或强度会影响此人生活的各个方面，如阅读什么读物、与什么人交朋友、对教育的态度等。

3. 体质特质和环境特质

在根源特质中，由遗传的身体内部条件构成的特质叫作体质特质（constitutional traits）。来源于环境与后天经验的特质叫作环境特质 (environmental-mold traits)，它们是由社会环境和文化模式的客观现实造成的。如果通过因素分析找到的根源特质是单纯的、独立的，那么此根源特质就不可能既是遗传的又是环境的，只能来自其中之一。

4. 能力特质、气质特质和动力特质

能力特质是决定一个人处理问题或事情的成效的特质。卡特尔认为最重要的一种能力特质是智力。他把智力分为晶体智力和流体智力，认为晶体智力是一种一般的因素，大部分属于后天习得；流体智力主要是先天的、与后天经验无关的智力形式。

气质特质是一个人的风格，如情绪性、速度、冲动性、支配性、敏感性和自信心等特征。气质特质属于遗传性特质，通常不受特定情境因素的影响。

动力特质是一种启动人格的特质，也是人格的动力因素，它推动个体朝着目标前进。卡特尔进一步把动力特质分为 3 种：能力、情操和态度。例如，一个学生可能对世界上的某种现象有着强烈的好奇心（能力），这使得他非常热爱科学（情操），进而使他对科学怀有浓厚的兴趣并专注地投入到科学研究中（态度）。

（三）因素分析法

因素分析法是一种复杂的统计技术，基本要点是相关的概念。假如两种事物有一定的联系，如身高与体重，并且当身高增加时，体重也会增加，那么两者是相关的。相关程度可以使用相关系数表示，最大为 +1.00，最小为 -1.00。正相关表明两种变量的变动方向相同，负相关表明两种变量的变动方向相反，零相关则表明两者的变动毫无关系。

假设让一组被试做 6 个测验，即压抑、多疑、内疚、词汇理解、语词流畅和写作等，做完后每个被试都有 6 个测验分数。然后，通过相关分析，我们可以得到任意一个测验分数与其他 5 个测验分数之间的相关系数，模拟数据如表 5-2 所示。

表 5-2　6 个测验分数的模拟相关系数

测验	压抑	多疑	内疚	词汇理解	语词流畅	写作
压抑	1.00	0.63	0.72	0.04	-0.12	0.06
多疑	0.63	1.00	0.78	0.02	-0.01	0.03
内疚	0.72	0.78	1.00	0.07	-0.09	0.02
词汇理解	0.04	0.02	0.07	1.00	0.83	0.75
语词流畅	-0.12	-0.01	-0.09	0.83	1.00	0.69
写作	0.06	0.03	0.02	0.75	0.69	1.00

通过对表 5-2 中相关系数的分析不难看出，其中压抑、多疑和内疚这 3 个测验分数之间有比较高的相关性，而词汇理解、语词流畅和写作这 3 个测验分数之间也存在比较高的相关性，为此，我们可以从中抽取出 2 个因素，并根据条目将其分别命名为"焦虑""语文能力"。接着，我们进一步求出各个测验分数与抽取的 2 个因素之间的相关性，即因素负荷。若负荷在 0.3 以上，则可看作有显著的负荷，表明该测验对这一因素有实质性的意义。表 5-3 列出了 6 个测验与抽取的 2 个因素之间的因素负荷。从表 5-3 中可以看到，压抑、多疑和内疚对焦虑的因素负荷很大，但对语文能力的因素负荷很小。相反，词汇理解、语词流畅和写作对语文能力的因素负荷很大，但对焦虑的因素负荷很小。

可见，前3个测验所测的内容都与因素I焦虑有关，而后3个测验所测的内容都与因素II语文能力有关。这就是关于卡特尔人格特质因素分析法的简单说明，通过运用因素分析可以找出构成人格的基本单位或根源特质。

表5-3 6个测验的因素负荷：焦虑（I）和语文能力（II）

测验	焦虑（I）	语文能力（II）
压抑	0.87	0.05
多疑	0.75	0.08
内疚	0.69	0.04
词汇理解	0.06	0.88
语词流畅	0.03	0.76
写作	0.07	0.57

（四）人格的发展

卡特尔认为人格发展是遗传与环境相互作用的结果，他提出了人格的毕生发展阶段说，认为人的一生会经历不同的阶段，而每个阶段有不同的危机和任务：2~5岁时，自我和超我开始发展；6~13岁时，自我继续发展，个体对自己的爱延伸到父母和他人；14~24岁是从青春期到青年期，这时生理趋向成熟，个体的情绪稳定性下降，开始产生性兴趣和对社会的无力感，同时利他性、创造性、追求独立性、获得爱和自我认同的念头开始萌发；25~50岁时，个体的人格趋于稳定，生理机能却开始衰退，但创造性仍可能得到发展；到了老年，个体会出现记忆力减退、保守等典型的心理特点。

（五）理论述评

卡特尔的人格理论建立在科学测验和数学程序之上，强调人格的个别差异性和整体性。他的人格特质因素分析法提供了结构明确的测验，但也存在局限性，如因素分析的复杂性和结果的不一致性。他提出未来可能通过因素分析建立情境编目，但其方法的复杂性限制了其理论的广泛应用。

任务 2 探索特质的测量方法

特质理论家通常采用自陈式问卷来测量人格特质，这是因为奥尔波特等特质理论家更重视人的自我意识，相信最了解个人内心世界的人是他自己，而不是别人。自陈式问卷包含一系列与特定人格特质相关的问题，被试根据自己的实际情况作答。但它是否准确、科学，在很大程度上依赖于被试是否具有提供自身准确信息的能力与愿望。有时被试为了个人利益故意提供误导信息，如求职过程中的"装好"现象，有时被试无意识中会以比实际情况更好的方式来表现自己，等等，这些情况都有可能影响结果的准确性。现有的人格问卷成百上千，下面介绍国内外较常用的卡特尔16种人格因素问卷（Sixteen Personality Factor，16PF）和明尼苏达多相人格调查表（Minnesota Multiphasic Personality Inventory，MMPI）。

一、卡特尔 16 种人格因素问卷

（一）问卷简介

16PF 由美国伊利诺伊州立大学人格及能力测验研究所的卡特尔编制，于 1979 年被引入我国。16PF 是根据人格特质说，采用因素分析法编制的。卡特尔从奥尔波特关于人格描述的约 18 000 个形容词中筛选出 4 505 个进行研究，经过对大量材料的统计与分析，获得了 16 种根源特质，如表 5-4 所示。

表 5-4　16PF 根源特质

因素	低分描述	高分描述
乐群性（A）	保守、超然、爱批评、冷淡、呆板	开朗、热心、容易相处、乐于参与
智慧性（B）	智力较差、具体思维	智力较好、抽象思维、聪明
稳定性（C）	情绪化、情绪不稳定、容易气恼	情绪稳定、成熟、能面对现实、平静
恃强性（E）	恭顺、温柔、随和、易适应	武断、咄咄逼人、顽固、竞争
兴奋性（F）	庄重、谨慎、缄默	逍遥自在、乐观
有恒性（G）	权宜、不顾规则	诚心诚意、坚持、理智、克己
敢为性（H）	害羞、拘束、胆怯、对威吓敏感	大胆、不可抑制、好一时冲动
敏感性（I）	强硬、自信、现实主义	温柔、敏感、依恋、过分被保护
怀疑性（L）	忠诚、宽容、合作	多疑、固执己见
幻想性（M）	实际、因袭传统、受外界约束	好幻想、心不在焉、玩世不恭
世故性（N）	直率、谦逊、单纯、朴实	机灵、俗气、世故
忧虑性（O）	自信、满足、安详、尊贵	忧虑、自责、不安全、好担忧、烦躁
实验性（Q1）	保守、笨重、遵循已确定的观念	有实验精神、自由主义、思想开放
独立性（Q2）	依赖团体、参加和追随别人	自我满足、足智多谋、愿自己决定
自律性（Q3）	漫不经心、坚持自己的主张、顽固	受支配、拘泥刻板、社会性严密
紧张性（Q4）	松弛、宁静、不可阻挡、沉着	紧张、气馁、被动、过度劳累

（二）问卷结构

16PF 问卷共 187 题，16 种人格因素各自独立，每个因素所包含的项目数不等，少则 13 个，多则 26 个。每个项目有 A、B、C 3 个选项（例如：A. 是的；B. 不一定；C. 不是的），被试根据自己的情况选择一个最合适的选项。进行结果解释时，需要掌握每个主要因素和二元因素的意义，参照剖面图或效标估计法进行分析（表 5-5）。

表 5-5　16 种人格因素的解释

类别	项目	具体描述
16 种人格因素	乐群性（A）	测试你对外界环境的适应情况，同时了解你与外界环境的交流方式
	聪慧性（B）	测试你的智力及对问题的理解能力

续表

类别	项目	具体描述
16 种人格因素	稳定性（C）	测试你的情绪特征和你对情绪的控制能力
	恃强性（E）	测试你性格中的支配与顺从特征
	兴奋性（F）	测试你的兴奋性程度
	有恒性（G）	测试你一般做事时是敷衍的还是负责的
	敢为性（H）	测试你是否有冒险敢为的人格特征
	敏感性（I）	测试你对外界环境的敏感程度
	怀疑性（L）	测试你处世的怀疑态度
	幻想性（M）	测试你的幻想力和想象力
	世故性（N）	测试你在为人处世时的世故程度及老练性
	忧虑性（O）	测试你是否有抑郁状况
	实验性（Q1）	测试你对环境、事务的批判性
	独立性（Q2）	测试你的独立思维能力
	自律性（Q3）	测试你处世时的自律、自觉情况
	紧张性（Q4）	测试你的焦虑、紧张状况
二元因素分析	适应与焦虑型	总体上是"随遇而安的"还是"孜孜以求的"？
	内向与外向型	总体上是内向的还是外向的
	感情用事与安详机警型	是偏感性的还是偏理性的
	怯懦与果断型	在面对抉择时心理状态的倾向性，是顺从迁就他人还是果断、独立
综合心理素质	心理健康因素	评估人格健康状况。高分者情绪稳定，处世冷静，心态积极且充满内在动力，不会经常杞人忧天，基本能保持放松、良好的精神状态。低分则表示综合的人格健康方面具有一定问题，得分小于 12 分时，应注意排查
	专业成就者的人格因素	高分者情绪稳定，严于律己，做事能有始有终，善于独立思考问题并通过实践加以解决。不附和权威，并能在不同环境中坚持自己的观点，同时能妥善地解决诸如人际关系等方面的问题，以创造适合自身发展的环境。高于 65 分者判定为优秀
	创造能力人格因素	该因素几乎与人格的所有因素有关。在 16PF 测验中，它是复合了 10 个基本因素的情况综合评估出来的。在这一因素上，真正能得到高分（大于 98 分）的人并不多，但我们在应用时可以按"越高越好"的原则对学生进行筛查选择
	新环境中成长能力人格因素	较高的聪慧性（B）、有恒性（G）、自律性（Q3）和较低的兴奋性（F）对适应新环境是有利的。这些特征能使人在新环境中保持克制、认真和利于学习思考的状态。分数大于 27 分为高分

（三）适用范围

16PF 适用于 16 岁以上的青年和成人，它可以用于个别测验，也可以用于团体测验。被试只能选择一个答案，尽量不要漏题或选择中性答案。

　　16PF 除了可对人格的双重个性进行测验，还可以用于心理健康因素、专业成就者的人格因素、创造能力人格因素、新环境中成长能力人格因素等的测验。

（四）问卷评价

　　从心理测量学的观点来看，16PF 的项目多用中性词句，不那么明显地联系到人格。每个因素（分量表）的两端都有愿意接受的和不愿意接受的项目，这样的处理可以减少回答偏差。16PF 的每个项目只出现在一个量表中，回答"是"或"否"的项目数量保持平衡，可避免定势选择回答的倾向。

二、明尼苏达多相人格调查表

（一）量表简介

　　人格调查表（MMPI）由美国明尼苏达大学临床心理学系系主任哈撒韦和心理治疗家麦金利于 20 世纪 40 年代共同编制。20 世纪 80 年代，由中国科学院心理研究所宋维真将 MMPI 引入我国。1989 年，MMPI 的出版者基于美国国内新的成年人样本，推出重要的修订版本 MMPI-2。

（二）量表结构

　　MMPI 涉及的范围很广，测验项目分别包括 4 个效度量表和 10 个临床量表，涉及身体各方面的情况（如心血管系统、生殖泌尿系统、呼吸系统）、精神状态及个人对政治、法律、宗教、家庭、婚姻和社会的态度。在测验时，被试对每个问题选择"是""否"或"不能确定"3 种答案中的一个。MMPI-2 共计 566 题，其中 16 题为重复题（用于一致性检验）（表 5-6）。测验一般时长为 45 分钟，最多 90 分钟，如果被试文化水平低，则测验会超过 2 小时，患者参与测验所需的时间更长。

表 5-6　MMPI-2 临床量表

名称	缩写	解释	项目数
疑病	Hs	测量对健康和身体的关怀程度。 高分者有许多说不清的身体不适感，一般有不愉快、敌意、需要同情、诉苦的表现	33
抑郁	D	测量抑郁的水平。 高分者被描述为害羞、阴沉、悲观、沮丧、过于自制、自罪、抑郁	60
癔病	Hy	检出经典的转换性癔病，包括躯体症状和忽视躯体症状，也有一些抑郁项目。 高分者可能具有歇斯底里症状，表现为依赖、天真、幼稚、自我陶醉，人际关系经常被破坏	60
精神病态	Pd	检出经典的病态人格，标准是道德上的，不合群，但不一定是反社会或犯罪的。 高分者难以接受社会价值观和规范	50
男性化 / 女性化	MF	高分者表示偏离自己的性别特征。 高分男性表现为敏感、爱美、被动等女性化倾向，高分女性表现为粗鲁、好攻击、自信、不敏感等男性化倾向	60

续表

名称	缩写	解释	项目数
妄想狂	Pa	检出猜疑、淡漠、残酷和在偏执者中存在的防御。 高分者有明显的精神病行为，表现为思维混乱，常以为自己被虐待、被欺负，易怒，怀恨在心	40
精神衰弱	Pt	评估焦虑水平及倾向。 高分者表现为紧张、焦虑、强迫思维、神经过敏、刻板、自责、不安	48
精神分裂症	Sc	评估异乎寻常的认知、感知和情绪体验。 高分者表现出不寻常或分裂的生活方式，胆小，紧张，情绪不稳定，判断力差，想法奇怪	78
轻躁狂	Ma	评估精力与活力。 高分者表现为情绪外露、冲动、精力过度旺盛、轻浮、夸张、骄傲、自恋、性急	46
社会内向	Si	评估与别人在一起时的舒适度。 高分者表现为内向、胆小、不善交际、刻板、自罪；低分者表现为外向、好交际、攻击性强、健谈、冲动	70
疑问量表	Q	漏答，无法回答或"是""否"均作回答的题目数，超过 30 题则答卷无效	–
说谎量表	L	评估"装好"的掩饰性。 低分者说明诚实、自信、富于自我批评精神	15
诈病量表	F	评估任意回答的倾向性。 高分者可能蓄意装病，回答不认真或真的有病，如妄想、幻觉、思维障碍等	64
校正量表	K	校正"装好"和"装坏"。 高分者表示"装好"的企图，低分者可表示过分坦率、自我批评或"装坏"的企图	30

（三）适用范围

MMPI 的问世被认为是问卷测试发展史上的一个里程碑，MMPI 在编制后的多年时间里，除了作为精神病学的诊断工具，还一直被广泛应用于各个领域，如人类学、心理学、医学、社会学等研究工作中。经过几十年的不断应用和筛选，它在临床和研究工作中的应用越来越广，对人格测量的研究进程产生了重大的影响。

（四）量表评价

MMPI 是一个极好的临床人格测验工具，它不仅能够全面地测量个性特质的各个方面，而且可以用于编制新量表和研究工作，信度和效度也比一般人格测验要高。但从题目本身来看，其施测过程容易受到被试伪装和反应倾向的影响。如果被试能够诚实坦率地作答，则其测试结果作为人格的量化工具，可为自我成长与发展提供有价值的信息。

◆◢ 课堂活动 5-2

乐观 - 悲观
心理测验

乐观 - 悲观测验①

想知道自己是乐观主义者还是悲观主义者吗？可通过扫描左侧二维码进行测验。无论结果如何，它都将是你认识自我、理解自我、提升自我的宝贵起点。

任务 3　掌握人格特质的应用

在探索人格的奥秘时，我们不仅要理解人格特质的基本构成，而且要掌握如何将这些特质应用于实际生活和个人发展中。这不仅能帮我们增进对自身人格特质的认识，而且能帮助我们优化个人发展规划和提升生活质量。本任务将讨论大五人格结构模型及其应用，以及防御性悲观主义及其启发。

一、大五人格结构模型及其应用

（一）模型简介

大五人格结构模型，也被称为五因子模型，是心理学中用于描述和解释个体性格特质的一种重要理论框架。该模型在 20 世纪 80 年代由美国心理学家科斯塔和麦克雷基于大五人格理论编制而成，于 1992 年完成修订版 NEO-PI-R，经过多年的研究和验证，逐渐成为描述个体性格特质的主流模型之一。大五人格模型将人的性格特质归纳为 5 个核心维度，这些维度相互独立且相对稳定，可以在不同的情境和时间中预测和解释个体的行为与情感反应。

20 世纪 70 年代，大五人格量表只包括神经质、外倾型和开放性 3 个维度。在此基础上，科斯塔和麦克雷又验证了宜人性和尽责性 2 个维度，在 1985 年对这五大因素进行了命名，分别为开放性、尽责性、外倾型、宜人性、神经质，通常将这 5 个因素记忆为 OCEAN（表 5-7），即"人格的海洋"。

表 5-7　大五因素双极特质词

大五因素（OCEAN）	双极特质词
开放性（O）	墨守成规的—独创的，实事求是的—有想象力的，无创造力的—有创造力的，兴趣范围窄的—兴趣广泛的，简单的—复杂的，不好奇的—好奇的，不冒险的—冒险的，偏好循规蹈矩的—偏好变化的，遵从的—独立的，不好分析的—好分析的，思想保守的—思想解放的，传统的—反传统的，不好艺术的—喜好艺术的

———————————

① 资料来源：Norem & Cantor，1986；许燕译，2017。

续表

大五因素 （OCEAN）	双极特质词
尽责性（C）	粗心大意的—小心谨慎的，马虎的—细心的，不可靠的—可靠的，懒惰的—勤奋的，无条理的—讲究条理的，不拘泥细节的—拘泥细节的，意志力弱的—自律的，邋遢的—整洁的，迟到的—准时的，不切实际的—现实的，不好思考的—好沉思的，无目标的—有雄心的，不稳定的—稳定的，无助的—依靠自己的，爱玩耍的—忙忙碌碌的，无精打采的—精力充沛的，愚昧的—知识渊博的，不公正的—公正的，无觉察力的—有觉察力的，无教养的—有教养的
外倾型（E）	沉默的—好交际的，严肃的—好开玩笑的，克制的—充满感情的，冷淡的—友好的，抑制的—自然的，不爱说话的—健谈的，被动的—主动的，独处的—合群的，感情平淡的—激情的，孤独的—不孤独的，指向任务的—指向人的，顺从的—支配的，胆怯的—大胆的
宜人性（A）	易怒的—脾气好的，冷酷的—心慈的，粗鲁的—有礼的，自私的—无私的，不合作的—帮助人的，无情的—有同情心的，怀疑的—信任的，吝啬的—慷慨的，对抗的—默认的，好挑剔的—宽容的，有报复心的—宽恕的，小心眼的—心胸开阔的，难相处的—好相处的，顽固的—灵活的，严肃的—令人愉快的，愤世嫉俗的—易受骗的，好操纵人的—正直坦率的，骄傲的—谦虚的
神经质（N）	安静的—担心的，安逸的—不安的，放松的—高度紧张的，非情绪化的—情绪化的，温和的—易激动的，有安全感的—无安全感的，自我满足的—自怜的，耐心的—无耐心的，不嫉妒的—嫉妒的，轻松自在的—不自在的，不冲动的—充满冲动的，坚强的—脆弱的，客观的—主观的

大五因素简单描述如表 5-8 所示。

开放性指个体对新事物的接受度和好奇心，包括活跃的想象力和对知识的渴望。

尽责性涉及个体的自律、组织能力和可靠性，高分者表现出严谨和条理性，而低分者可能不够可靠或专注。

外倾型涉及个体的热情、自信和社交倾向，高外倾型的人好社交、活跃、健谈、乐观。

宜人性体现个体的合作精神和同情心，高分者通常乐于助人且可信赖，低分者则可能表现出敌意和怀疑。

神经质反映了个体的情绪稳定性，高分者可能情绪波动较大，低分者则通常心境平和，自我调节能力强。

表 5-8　大五因素简单描述

因素	因素评定
开放性	评鉴对经验本身的积极寻求和欣赏，喜欢接受并探索不熟悉的经验
尽责性	评鉴个体在目标取向行为上的组织性、持久性和动力性，把可靠的、严谨的人与那些懒散的、邋遢的人做对照
外倾型	评鉴人际互动的数量和强度、活动水平、刺激需求程度和快乐的数量
宜人性	评鉴个体在思想、感情和行为方面由同情至敌对这一连续体上的人际取向的性质
神经质	评鉴顺应与情绪不稳定，识别那些容易有心理烦恼、不现实的想法、过分的奢望或要求，以及不良反应的个体

（二）应用

大五人格模型在临床、教育、人力资源等领域有广泛应用。研究表明，该模型有助于诊断临床障碍、预测健康行为，并与幸福感有显著关联。外倾型与积极情绪相关，而神经质与消极情绪相关。在临床治疗中，神经质与抑郁相关，外倾型可用于预测治疗效果，而高宜人性的患者更信任治疗师。

在健康领域，外倾型、神经质和宜人性的得分与心理健康相关，而尽责性和开放性则不太重要。青少年的尽责性和开放性与学业成就相关，而低尽责性和宜人性的个体可能表现出更多违法行为。社会对个体的尽责性和开放性提出了更高要求。大五人格模型为心理健康教育提供了参照，高外倾型、高宜人性、高尽责性、高开放性和低神经质的个体通常适应能力更强，更健康，更易获得成功和幸福。

在人力资源领域，人格测验，尤其是基于大五人格模型的测验，已成为人才选拔的重要工具。大五因素与工作绩效相关，有助于预测职业表现。尽责性在人事选拔中具有重要价值，外倾型和开放性与工作成就相关。不同职业对人格特质的要求不同，如销售员需要高外倾型，艺术家则需要高开放性。研究表明，采用尽责性指标可有效预测所有职业群体的工作绩效，而神经质、外倾型和宜人性的某些方面也与特定职业绩效相关。大五人格模型在人才测评中具有重要应用价值，有助于选择合适的人才、提高工作绩效。

学海漫游·知识拓展

中国人的大三动态人格特质模型

许燕、王萍萍首次用中文动词对中国人的动态人格进行了初步探索，获得了3个人格动态特质因素。在东方文化下，中国人在描述个体时更关注行为层面。该研究建立在特质理论的基础上，借鉴大五人格模型的技术路线和方法，发现现代中国人的动态人格结构有控制、施爱和追求成功三大特质，基于此建立了CLP人格结构模型。

第一个维度——控制，这一维度主要集中在个体的控制行为上，包含主动控制（抵赖、看不起、撒谎、贬低、敌视、贪图、排挤、掠夺、算计、吓唬）和被动控制（怄气、躲避、吹捧）两个方面。

第二个维度——施爱，主要体现出个体的给予与奉献，包含个体在人际行为中争取获得好感或者表达好感、向别人释放善意的行为。这一维度有两层内容：一是对他人善意的自动表达（捐献、互助、着想、珍惜、爱护、尊重和赞赏）；二是对他人爱意的信念

坚持（舍得、守候、忠于）。

第三个维度——追求成功，着重描述个体在成长历程中的发展倾向，以及与生活目标和人生态度有关的人格特质。这一维度中的词语表达的都是与目标追求有关的行为，不管是努力的过程、其中的反复，还是得到的结果，都是指向更高目标的行动力。这一维度体现了3个层面的含义：一是追求目标的艰辛努力（拼搏、敢于、用功、钻研、克服、战胜、争取、驯服、率领）；二是追求成果的曲折过程（反省和徘徊）；三是结果（享福）。

上述3个特质因素体现了中国人人格行为层面的三大要素，其中，控制和施爱体现了关系特质，追求成功体现了个人特质。CLP人格结构模型与动机理论、社会价值取向理论相对应（图5-2），有异曲同工之处。

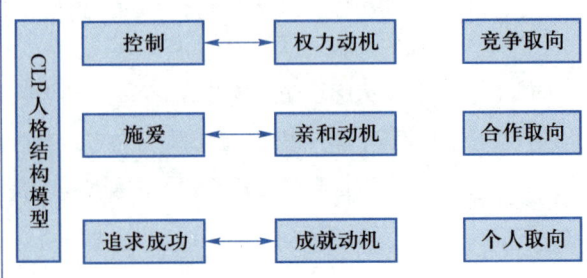

图5-2 CLP人格结构模型与动机理论、社会价值取向理论的比较

二、防御性悲观主义及其启发

（一）乐观主义与悲观主义

近年来，研究表明积极的心态会带来更好的结果。面对挑战时，乐观者的自信能使其获得更好的表现和自我感觉。例如，在心脏移植手术前，持积极心态的患者术后适应更佳。当把人们放在一个连续体上，人们乐观或悲观的程度相对稳定。研究者通常把那些更偏向乐观的人称为素质性乐观主义。

乐观主义者的优势可能源自他们与悲观主义者运用不同的策略应对问题。遇到困难时，乐观主义者更多地直面问题，而悲观主义者则更多采用自我分心或拒绝策略。例如，在面临考试时，乐观主义者通常采用努力复习、与同学交流等直接解决问题的方法应对考试的压力。悲观主义者则采用胡思乱想、回避交往等策略来应对焦虑。乐观的学生以直接解决问题的方式来应对新课程、新朋友和新的社会压力。悲观的学生更多以尽量长时间地假装问题不存在或以简单回避的方式面对这些挑战。总的来看，乐观主义者通过采用积极的应对策略来更好地应对生活中的挑战，而悲观主义者则可能因采用回避策略而面临更多困难。

（二）防御性悲观主义

防御性悲观主义，是一种独特而深邃的心理策略，与自信乐观的"乐天派"不同，它不仅是对现实的悲观预设，还是一种自我激励与准备机制，它非但不会阻碍成功，还会以独特的方式促进努力的深化与目标的达成。

深入剖析，防御性悲观主义者的智慧在于，他们利用对潜在失败的预设作为心理缓冲，减轻了实际挫败时的心理冲击，转而将这份"悲观"转化为促进不懈奋斗的动力源泉。他们会通过主动拥抱焦虑，将担忧转化为备战的利器，实现情绪上的从容和获得成绩上的优越感。

然而，防御性悲观主义虽有其独到之处，却也非人人皆宜。对于那些天生乐观、善于以积极心态面对挑战的人来说，过度沉溺于失败的预想非但不能激发潜能，反而可能成为沉重的心理负担，导致表现出现滑坡。在准备考试时，乐观主义者更习惯通过社交放松提升状态，而防御性悲观主义者则需通过细化应对策略来强化自我。

因此，我们应当辩证地看待防御性悲观主义，既要认可其在特定情境下的积极效用，也要警惕其可能带来的负面影响。关键在于，个体应基于自身的性格特质、心理状态及具体环境，灵活选择并调整适合自己的应对策略。唯有如此，方能在人生的赛道上，既不失谨慎前行的稳健，又不失勇往直前的魄力，最终抵达成功的彼岸。

课堂活动 5-3

心态对对碰

6~8 人为一组，每人在小卡片上书写 3 件日常生活事件，匿名投放至情境箱中，然后在小组内抽取乐观主义者、悲观主义者、防御性悲观主义者角色人物卡，进行 2~3 种角色扮演，随机匹配情境箱中的生活事件，思考相应角色在具体情境中会有怎样的行为反应，并结合如图 5-3 所示的情感轮盘（该情感轮盘仅供参照，可自行制作）进行情绪表达，活动后讨论并分享自己更接近哪种心态、后续如何进行提升与完善。

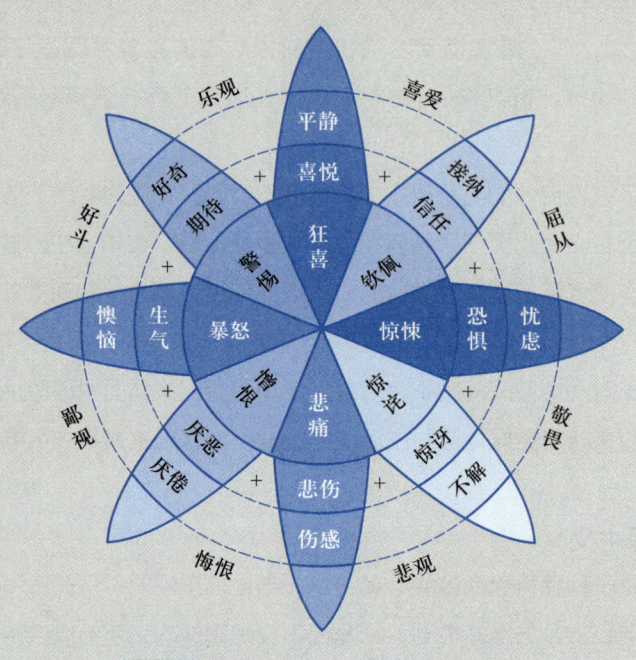

图 5-3　情感轮盘

🔺 学海探航

一、交互式测验

请扫码进行答题，并根据得分情况进行查缺补漏。

模块 5　测试题 ▶

二、思考题

1. 特质流派的学者认为人格与情境是什么样的关系？我们如何了解自己的人格？

2. 你会如何描述自己的人格特质？回顾往日的生活，这些特质是否发生过变化？可能的原因是什么？

3. 请你以大五因素理论为基础，谈谈如何优化自己的人格发展规划。

典范风采

邢琦娜：职业教育带来"逆袭"人生

邢琦娜以其卓越的专业技能和阳光心态，在旅游领域谱写了一个励志的逆袭故事。她曾是济南市导游大赛冠军、山东省旅游行业技术标兵，并荣获全国职业院校技能大赛导游赛项冠军。邢琦娜坚信，是职业教育塑造了她，让她从济南旅游学校起步，逐步成长为行业精英。

邢琦娜的故事，是一个不懈追求、勇于攀登的故事。她不满足于中专学历，怀揣着对知识的渴望和对未来的憧憬，踏上了进一步学习与成长的道路。从山东旅游职业学院到山东女子学院，再到山东师范大学攻读硕士研究生，每一步都凝聚着她的汗水与坚持。在旅游教育领域的深耕细作，更是展现了她对专业的热爱与执着。邢琦娜总是以积极乐观的心态去面对求学路上的种种挑战与困难，将它们视为成长的阶梯，不断突破自我，奋斗前行。

邢琦娜的经历告诉我们，无论起点如何，只要有梦想并为之努力，就能够实现自我价值，书写属于自己的人生篇章。她的故事激励着每位职业院校的学生，启示所有人：人生充满无限可能，关键在于我们是否愿意去追求和努力。让我们以邢琦娜为榜样，用阳光的心态和坚定的决心去追逐梦想，实现自我超越。

（资料来源："学习强国"学习平台，有删改）

智慧火花：

邢琦娜的故事是一个生动的范例。请结合特质流派理论，思考在自己的职业发展中，如何识别和强化像成就动机、坚韧这样的积极特质？在不同的生活场景中，这些特质是如何相互作用、影响我们的决策和行为的？

博学之路

一、心理书籍推荐

（一）《我们何以不同：人格心理学 40 讲》

本书基于北师大心理学部教授王芳的人格心理学热门课程——"看理想"中的热门音频《致独特的你》，立足个体差异，从心理学视角回应"人性三问"。围绕"我是谁""我从哪里来""我要到哪里去"这 3 个问题，介绍人格的结构、形成机制及动力机制，从普遍意义上的人格特质描述到特定的成因分析，再到具有动力性的生活方式解释，让我们看到了人格的稳定性与可变性，认识了描述人格的各种工具和方法，也认识到人性的复杂与光辉，引导人们去发现自己的优势，看到自由意志、选择和责任对改写人生的作用，从而成为完整而独特的"我"。

（作者：王　芳）

（二）《人格特质》

本书选取《人格心理学：人性的科学探索》中的"特性领域"单独成册，探讨科学的人格分类，具有很强的知识性。《人格特质》关注那些具有跨时间稳定性、跨情境一致性并使人们各不相同的人格特征，探讨共存在多少种重要的人格特质，以及它们是如何发展的。书中介绍了目前最为流行的人格分类大五人格理论，以及 16 种人格因素系统和人格的环形分类模型这两种分类法。作者以清晰的逻辑和丰富的案例展开论述，使读者能够深刻理解人格特质理论的内涵和价值。

（作者：兰迪·拉森，戴维·巴斯　译者：郭永玉，陈继文）

二、心理电影推荐

（一）《美丽心灵》

影片根据 1994 年诺贝尔经济学奖得主约翰·纳什的真实生平改编，展现了数学家纳什在与精神分裂症的斗争中，如何凭借家人的爱、自己的意志力及对数学的执着，最终赢得尊重和荣誉。影片深刻地描绘了纳什的人格特质，包括他的才华、固执、脆弱及最终的勇气和坚持，为观众呈现了一个天才与精神疾病斗争的感人故事。

（二）《无问西东》

这部中国电影通过描述几位不同时代的人物的故事，串联起中国近现代百年的历史变迁。影片中的人物各具特色，他们的人格特质在不同的历史背景下展现出各自的光辉。其中的一位主角陈鹏是在抗战时期成长起来的青年，他身上体现出的坚韧、勇敢、忠诚和爱，不仅反映了时代精神，也展现了人格特质在逆境中的力量和美好。通过这些人物故事，影片体现了对个人价值和选择的深刻思考。

模块

一人行善，万人可激

——行为主义流派

人须在事上磨，方能立得住，方能静亦定，动亦定。

——王守仁·《传习录·陆澄录》

知识脉络

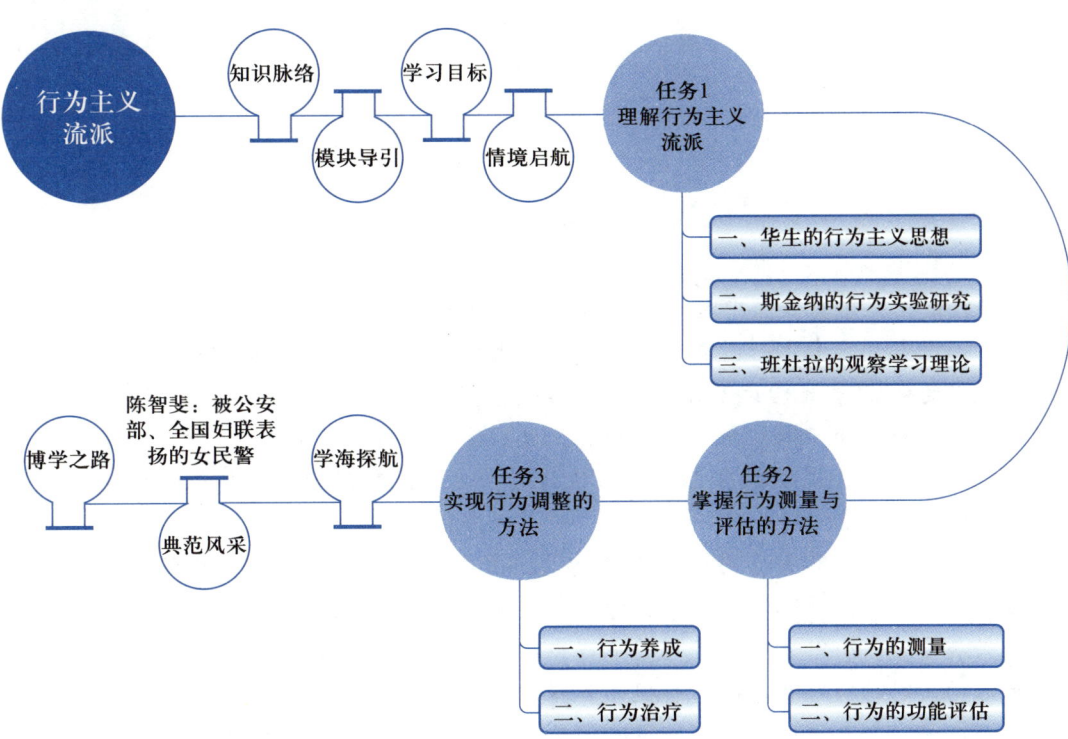

模块导引

"人类行为先于思想"，我们的生命始于一系列行为，而我们日常生活的构成也是如此，包括刷牙、洗脸、享用早餐、学习、交流等。你的行为遵循何种规律？你更偏爱哪个品牌的洗发水、牙膏？你更倾向于前往何处购物，选择哪家餐厅用餐？原因何在？

在本模块中，我们将探讨行为主义流派的核心理念和研究主题，掌握人类行为干预的原理与技巧，探究诸多行为（习惯）背后的深层原因，从行为学的视角理解人格形成的规律，并从典范中学习并领悟知行合一、严谨求实的风范。

学习目标

》 知识目标：掌握华生、斯金纳、班杜拉等行为主义心理学家的主要理论观点；理解行为、操作条件反射、观察学习等概念；了解行为干预的常用方法。

》 能力目标：培养从行为学角度理解人、帮助人的能力；增强表达能力和团队合作能力。

》 素养目标：培育积极上进、理性平和的个性品质和严谨求实、知行合一的职业素养。

情境启航

行动"疗法"

橙橙曾经是一个学霸，高中时因为家庭矛盾、父母离婚，她无心学习，导致成绩退步，高考失利，考上一所职业院校。进入大学后，她陷入抑郁状态，被医院诊断为"中度抑郁"，她尝试了各种治疗方法都效果不佳。暑假的一天，好友邀她跳街舞，去之前她原本很抗拒，没想到尝试过后便彻底爱上了街舞。后来她加入了街舞队，渐渐地，她发现自己开心的情绪越来越多，悲伤的情绪越来越少。一年后，她彻底走出了抑郁。

小敏因为孤独和人际关系困扰找老师聊天，老师认真倾听了小敏的讲述后，发现小敏的人际交往圈子比较狭小，生活单一，于是建议她扩大交往圈子，并培养一两个兴趣爱好。小敏采纳了老师的建议，决定加入志愿者社团，利用周末参加志愿者活动，同时，培养了摄影和视频剪辑的兴趣爱好，随时把看到的风景拍下来，并做成视频分享到朋友圈。一段时间后，小敏不仅交到了很多朋友，摄影和剪辑技术也得到提高，她的心情变得越来越好。

小米是个7岁的男孩，有口吃的问题，表现为多次重复某个字及音节。例如，他在一次轮流自我介绍中说，"下面轮到我……我……我了"，尤其是在激动时更易口吃。如果小米向你寻求帮助，你会给予他什么样的建议来帮助他解决口吃问题？

任务 **1** 理解行为主义流派

什么是行为？行为是有机体的活动。人的行为通常指人们的所说所做、所思所想。对于人的行为是由什么推动的，不同流派有不同的看法（如精神分析流派认为人们的行为深受潜意识影响，认知流派认为想法决定行为），但即便是同一个流派，如行为主义流派，不同学者的看法也不一样。华生认为，环境决定行为，有什么样的环境就会有什么样的行为；斯金纳则认为，行为受行为带来的后果的影响；以班杜拉为代表的社会认知论学者认为，人的行为是内部因素（认知、情感等）与环境交互作用的结果。

一、华生的行为主义思想

心理学应该研究什么？心理学创始人冯特认为心理学应该研究人的意识，而行为主义流派的创始人华生则认为，行为才是心理学的研究对象。

（一）华生简介

1878 年，华生出生于美国南卡罗来纳州格林维尔的一个农庄。他 16 岁进入福尔曼大学学习哲学，21 岁获得哲学硕士学位，25 岁获得芝加哥大学心理学博士学位，同年被聘为芝加哥大学讲师和心理实验室主任。1908 年，他受聘到霍普金斯大学工作，直至 1920 年离开学术界。

华生于 1908 年和 1912 年在美国心理学大会上提出了自己的心理学观点——心理学应该研究可以观察到的行为，而不是看不见、摸不着的意识。1913 年，他发表了被称为"行为主义者宣言"的《行为主义者心目中的心理学》一文，揭开了美国心理学史上行为主义时代的序幕。20 世纪 10—20 年代，他频繁举行演讲，大量著书立说宣扬行为主义，做了大量的心理学普及工作，产生了很大的影响。

（二）主要观点

1. 心理学的研究对象是行为

在华生之前，世界上已有的心理学流派，如构造主义流派、机能主义流派，均以意识为研究对象，研究方法是内省法。华生认为，心理学之所以没有像物理、化学等学科那样成为一门不容争辩的自然科学，是因为以往它只关心一些看不见、摸不着、无法准确定义的东西——意识。心理学既然是科学，就应该恪守一般科学共有的客观性基本原则，用科学、客观的方法研究客观、可见的对象。人的意识不可见，而行为可见，因此，他主张心理学应该用客观的方法研究行为。

2. 心理学的任务是预测和控制行为

华生认为，"就行为主义者的观点来说，心理学是自然科学的一个纯客观的实验分支。它的理论目标在于预测和控制行为。"他认为构成行为的基础是个体表现于外的反应，但反应的形成与改变则归因于有机体所受的刺激，反应紧随刺激出现。受巴甫洛夫经典条件反射理论影响，华生认为，"人和动物的全部行为都可以分析为刺激与反应。"华生强调心理学必须符合一般科学共有的预测、控制的基本原则。他认为心理学研究行为的任务就在于查明刺激与反应之间的规律性关系，从而根据刺激预知反应或根据反应推测刺激，以预测和控制动物与人的行为。

3. 个体的行为由后天环境决定

华生认为，行为最后都可分析、还原为由刺激引起的反应，而刺激来自后天环境，因此后天环境对行为具有决定性的影响。华生是一个彻底的环境决定论者，他有一个著名的论断："给我一打健康的婴儿，让我在我自己设定的环境中教育他们，那么我愿意担保，随便挑选其中一个婴儿，我都能把他训练成为我所选定的任何一种人物，如医师、律师、艺术家、商界首领，乃至乞丐和盗贼，而不管他的才能、嗜好、趋向、能力、天资和他祖先的种族。"在环境决定论者看来，不管人的先天条件如何，只要控制环境，就能将其训练成为我们所期望的人；行为都是后天习得的，无论是正常的行为还是病态的行为，都是学习的结果，因此，也可以通过学习在后天环境中更改、增加或消除行为。

4. 人格是个体一切行为的总和

华生认为，人格是个体一切行为的总和，是各种行为习惯的产物。他认为人们可以通过对一个人行为的观察，发现其占优势的习惯系统或行为模式，从而确定其主要的人格特征。关于人格的作用，他认为人格在个人适应环境中既可以发挥积极作用，成为一个人的"资产"，也可以发挥消极作用，成为一个人的"债务"。他认为人格是可以改变的，而改变人格的唯一途径就是通过改变个体的环境来重塑个体，环境改变得越彻底，人格也就改变得越多。

学海漫游 · 知识拓展

反射与经典条件反射

反射分为无条件反射和条件反射。无条件反射是指人生来就有的神经活动，如膝跳反射、眨眼反射等，是一种比较低级的神经活动，由大脑皮层以下的神经中枢（如脑干、脊髓）参与完成。条件反射包括经典条件反射和操作条件反射，是人出生以后在生活过程中逐渐形成的后天性反射，是在大脑皮层参与形成的，是一种高级的神经活动。

经典条件反射是俄国生理学家巴甫洛夫在研究狗的消化腺过程中的一个意外发现。狗看到食物会自然分泌唾液，这是基于本能的无条件反射。随后，他观察到，狗听到饲养员的脚步声就开始分泌唾液，这一现象引起了他极大的兴趣。他设计了一个实验，在每次给狗喂食之前都先发出一个原本对其无意义的声音，如铃声。一开始，铃声对狗而言是一个中性刺激，不会引起任何反应，经过与食物（无条件刺激）多次匹配重复出现后，就能够引发狗的唾液分泌，即铃声变成了条件刺激，如图6-1所示。这种通过配对呈现条件刺激与无条件刺激，使条件刺激获得原本由无条件刺激引起的反应能力的过程，就是条件反射。

为了与斯金纳的操作条件反射区分开，巴甫洛夫的条件反射被称为经典条件反射。经典条件反射学说对当代心理学产生了极大的影响，成为行为主义心理学建立的科学基础。

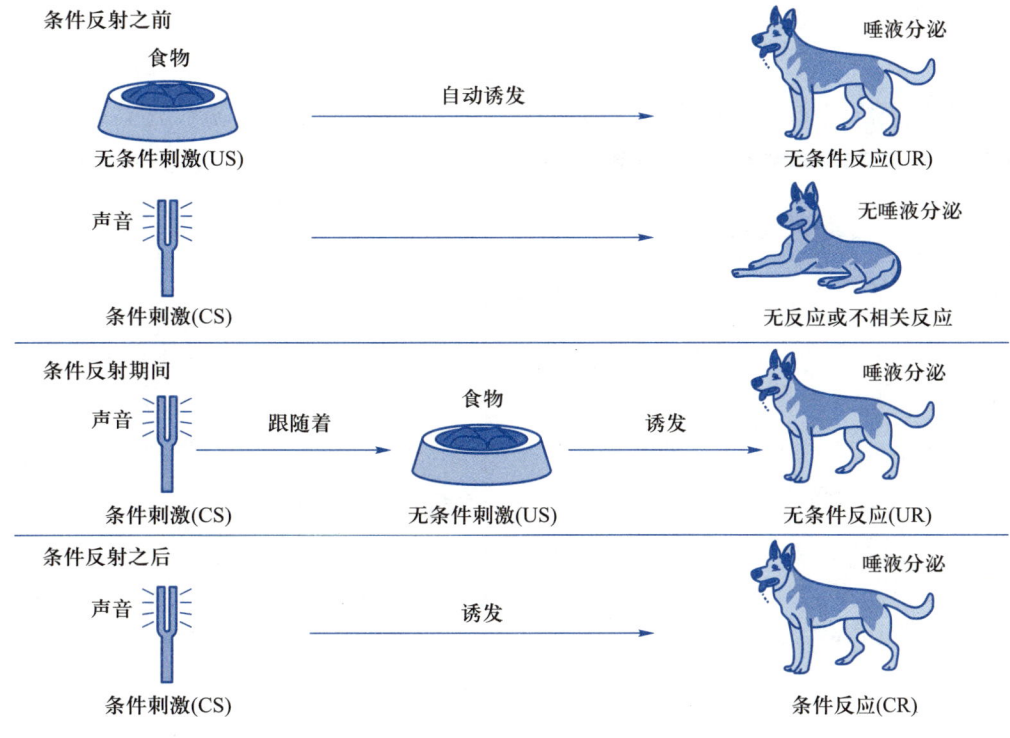

图 6-1　经典条件反射建立过程

二、斯金纳的行为实验研究

斯金纳在华生之后继续举起行为主义旗帜，他坚信心理学应该用科学客观的方法研究可见的行为。1928—1938 年，他用自己发明制作的"斯金纳箱"进行了大量的动物行为实验，以探究行为的规律。

（一）斯金纳简介

斯金纳生于美国宾夕法尼亚州东北部的一个小镇。1922 年，斯金纳进入汉密尔顿学院主修英国文学并开始从事写作。1926 年，他从汉密尔顿学院毕业，转入哈佛大学心理系，1930 年获得心理学硕士学位，1931 年获得心理学博士学位，此后他在该校研究院任研究员。1937—1945 年，他在明尼苏达州立大学教心理学，1945—1947 年任印第安那大学心理系主任。1947 年，他重返哈佛大学，担任心理学系终身教授，从事行为及其控制的实验研究。斯金纳一生著作等身，其成果包括《有机体的行为：一种实验的分析》《科学与人类行为》《言语行为》等学术著作，以及《沃尔登第二》《超越自由与尊严》等文学作品。这些作品曾在美国社会中引起巨大的反响和激烈的争论。为表彰斯金纳在心理科学方面的重大贡献，美国心理学会授予他"卓越科学贡献奖""心理学毕生贡献奖"。1968 年，他荣获美国最高级别的科学奖——国家科学奖。

（二）行为实验研究与成果

斯金纳将有机体的行为分为两类：一类是应答型行为，它是由行为前的刺激（源）所引发的，其实质是刺激引起的反应，如遇到强光时瞳孔会收缩、闻到食物的香味时分泌唾液，等等。另一类是操作型行为，它是有机体自身发出的反应。他认为人类不是被动的"刺激 – 反应"动物，人类有大量自发或主动的行为，操作型行为是人类的主要行为。

 学海漫游·生活视野

"四块糖" 的故事

陶行知先生当校长的时候，有一天看到一位男生用砖头砸同学，便制止了他并叫他到校长办公室去。

当陶行知回到办公室时，男生已经等在那里了。陶行知掏出一块糖给这位男生："这是奖励你的，因为你比我先到办公室。"接着，他又掏出一块糖，说："这也是给你的。我不让你打同学，你立即住手了，说明你尊重我。"

男生将信将疑地接过第二块糖。陶行知又说："我迟到是因为我去调查了当时的情况，知道你打同学是因为他欺负女生，说明你很有正义感。我再奖励你一块糖。"

这时，男生感动得哭了，说："校长，我错了。同学再不对，我也不能采取这种方式。"陶行知于是又掏出一块糖并说："你已认错了，我再奖励你一块。我的糖发完了，我们的谈话也结束了。"

陶行知用四块糖和来自校长的肯定，强化了男生的 4 个行为：守时、尊重他人、打抱不平、知错就改。

1. 操作条件反射

斯金纳将一只饥饿的小白鼠放进"斯金纳箱"。这个箱子内有一根杠杆，压下这根杠杆，就会有食物掉下来。小白鼠进入这个箱子后，一开始行为是凌乱的。它到处乱碰，偶然一次，它碰到杠杆，吃到了美味的食物。多次之后，小白鼠的行为变得有规律——按压杠杆，吃食物。

小白鼠按压杠杆的行为，起初完全是出于偶然，但随着时间的推移，它逐渐演变成了规律且频繁的动作。这一转变的根源，在于按压杠杆的行为带来的美妙结果——食物。小白鼠渐渐领悟到了杠杆与食物之间的联系，开始主动地按压杠杆以获取食物。这一学习过程及其结果，被科学界形象地称为操作条件反射。小白鼠为了获取食物而不断按压杠杆的行为，则被称为操作行为（图 6-2）。

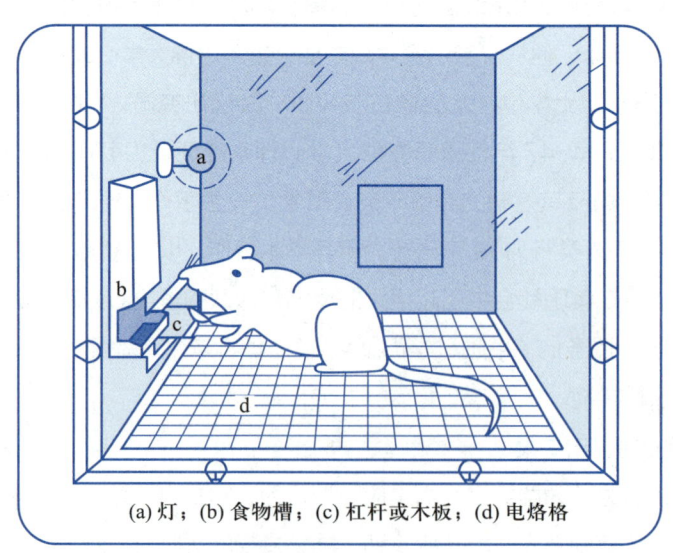

(a) 灯；(b) 食物槽；(c) 杠杆或木板；(d) 电烙格

图 6-2　操作条件反射实验

2. 强化、消退与惩罚

基于大量的动物实验，斯金纳发现了操作条件反射的三大基本原理：强化、消退、惩罚。

（1）强化。行为强化是指行为被紧随其出现的直接结果加强的过程。当一个行为被加强时，它就更有可能在将来再次出现。通过行为强化过程被加强的行为称为操作行为，使行为加强的结果称为强化物。在小白鼠的例子中，被加强的行为是压下杠杆，强化物是食物，如图6-3所示。

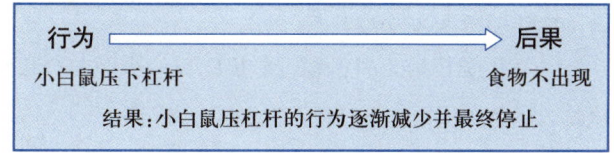

图6-3　行为强化示意图

微课连线：强化：老狗怎样学会新把戏

例如，一个孩子睡觉前哭闹，父母去房间安抚和陪伴他，于是从今以后，这个孩子每天睡觉前都哭闹。孩子的哭闹行为带来父母的安抚和陪伴，而父母的安抚和陪伴使孩子哭闹更频繁，即哭闹行为被强化了。

再如，被蚊子咬了，皮肤很痒，抹上止痒药膏后，痒的感觉消除，因此，以后每次被蚊子咬了，人们都会抹上止痒药膏。涂抹止痒药膏的行为使得痒的感觉被消除，这一行为因此被加强。

强化分为正强化和负强化，它们都能使行为加强，只是行为结果的性质不同。在正强化中，行为之后出现一个正性刺激，如小白鼠压杠杆后得到食物，孩子哭闹得到父母的安抚和陪伴。在负强化中，行为导致一个负性刺激的消除。例如，涂抹止痒药膏消除了皮肤因被蚊子咬而产生的痒的感觉。对行为人而言，不管是得到正性刺激，还是负性刺激被消除，都是好的结果，行为因此被加强。

（2）消退。行为消退是指一个以前被强化的行为，不再导致具有强化作用的结果，从而导致这个行为在将来不再出现。如果小白鼠按压杠杆再也没有食物出现，那么按压杠杆的行为会逐渐减少并最终停止，其反应模式如图6-4所示。同样，睡觉前哭闹的孩子如果得不到父母的安抚和陪伴，那么哭闹行为会随之减少或停止。消退常应用于减少由于强化误用而建立的不良行为。

行为　　　　　　　　　　　→　　　　后果
小白鼠压下杠杆　　　　　　　　　　食物不出现
结果：小白鼠压杠杆的行为逐渐减少并最终停止

图6-4　行为消退示意图

（3）惩罚。行为之后紧随一个结果，因为这个结果，此行为在未来相似的情境下发生率降低，这便是惩罚。强化是指行为带来"好"的结果而在将来被增强，惩罚则是指行为导致"坏"的结果而在将来被削弱。例如，小明看到朋友家的小狗很可爱，于是上前抚摸它，结果小狗咬伤了他的手。从此以后，小明再也不抚摸这只小狗了（图6-5）。再如，小东讲脏话被妈妈听到了，妈妈说"因为你讲脏话，所以取消本周看电视的机会"，从此以后，小东再也不讲脏话了（图6-6）。

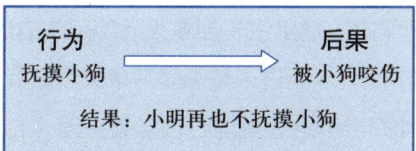

图6-5　正惩罚示意图

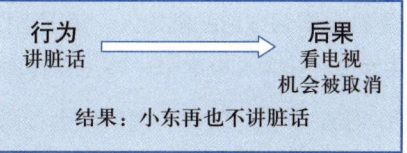

图6-6　负惩罚示意图

惩罚分为正惩罚和负惩罚，它们都能使行为被削弱，不同在于行为结果的性质。正惩罚是行为之后，行为人得到负性刺激，行为因此在将来被削弱；负惩罚是行为之后，行为人失去正性刺激，行为在将来被削弱。在小明的例子中，抚摸小狗的行为导致他被小狗咬，行为导致负性刺激的出现，这被称作正惩罚；在小东的例子中，讲脏话导致他失去看电视的机会，行为导致正性刺激的取消，这被称作负惩罚。

总之，强化、消退、惩罚是操作条件反射的三大基本原理，同时也是用于改变人类行为的 3 个基本技术，它们及基于它们而发展出来的拓展技术被广泛应用在人类行为的干预中。这是斯金纳对心理学的伟大贡献。

 **课堂活动 6-1**

区分强化、消退、惩罚

说出下面的例子中哪些是强化、哪些是消退、哪些是惩罚。在分析这些例子时，首先考虑 3 个问题：行为是什么？行为之后立即发生了什么？今后行为会怎样？

（1）小红认真完成作业，作业不仅全部写对，而且书写非常工整，教师在班上表扬了她。从此以后，小红每次都认真完成作业。

（2）玲玲每天都吃很多糖果，她妈妈知道后就不往盒子里放糖果了。从此以后，玲玲就不再吃很多糖果了。

（3）陈晓走在路上，太阳太大，照得他眼睛都睁不开，朋友建议他戴上墨镜。戴上墨镜之后，他感觉眼睛舒服多了。从此以后，每次走在阳光下他都会戴上墨镜。

（4）肖希在教室地板上乱写乱画，教师让他把地板拖干净，并将教室玻璃擦一遍。从此以后，肖希再也不在地板上乱写乱画了。

（5）贝贝玩游戏时，拿玩具扔向其他小朋友，教师让他在一旁待 5 分钟，5 分钟内不准参与游戏。从此以后，贝贝再也不在玩游戏时扔玩具了。

三、班杜拉的观察学习理论

如果成长只能通过个体自身的体验来获得，那么成长过程将非常缓慢。幸运的是，大多数人类行为是通过对榜样的观察而获得的。通过观察他人，人们形成了自己的行为准则，在将来某些时候，这些被编码的信息会为行为提供指导。发现观察学习对于人的重要意义，并对观察学习进行系统研究的是著名心理学家班杜拉。

（一）班杜拉简介

班杜拉是社会学习理论的创始人，美国当代著名心理学家。他出生于加拿大北部阿尔伯达省蒙台尔镇，1949 年在温哥华不列颠哥伦比亚大学获得文学学士学位，之后进入美国爱荷华大学研究生院学习，于 1951 年和 1952 年先后获得心理学硕士和博士学位，1974 年当选美国心理学会主席，1980 年荣获美国心理学会"杰出科学贡献奖"。

（二）观察学习

班杜拉将学习分为两种：亲历学习和观察学习。所谓亲历学习是指个体通过自身行为结果而获得的学习。例如，斯金纳进行的小白鼠"学会"按压杠杆实验；小孩学会用哭闹来获取父母的陪伴；小陈大

微课连线：
见证榜样的
力量

一时发奋读书，期末考试名列前茅，拿到了奖学金，进入大二后，他学习更加勤奋了。观察学习是指个体通过观察他人的实际表现及其带来的相应后果而获得的学习。例如，小陈的好朋友小李看到小陈努力学习拿到了奖学金，他也开始认真学习。

班杜拉对观察学习的研究始于著名的"波波玩偶实验"。

1. 波波玩偶实验

（1）实验背景。1961 年，为了验证人是否可以通过观察和模仿来学会攻击行为，班杜拉在斯坦福大学幼儿园开展了一项关于儿童模仿暴力行为的研究。波波玩偶是和儿童体型相近的一种布偶玩具。

（2）实验对象。班杜拉从斯坦福大学幼儿园 3～6 岁的孩子中选择了 36 名男孩和 36 名女孩，他将这些孩子分为 3 组，每组 24 人，分别是第一实验组、第二实验组和对照组。

（3）实验假设。

第一，观察到有成人攻击性行为的儿童，即便没有成人在场，也会出现攻击性行为。

第二，观察到有成人非攻击性行为的儿童出现攻击性行为的频率比另外两组要低。

第三，儿童模仿同性行为比模仿异性行为要多得多。

第四，男孩的攻击性要比女孩强。

（4）实验过程。参与实验的孩子会先被带到一个有很多玩具的房间里，房间里有一个成人，这个成人不会和任何一个孩子产生交流。

第一组孩子进入房间后，这个成人就会朝一个玩偶施加暴力。

第二组孩子进入房间后，这个成人只会在一旁安静地玩贴图游戏。

第三组孩子作为对照组，并不会经历上述的实验步骤。

之后，班杜拉让 3 组孩子依次进入另一个有玩具的房间中。

研究人员会站在单面镜的后面，观察并记录所有孩子的反应。结果和班杜拉预想的差不多，看过成人施加暴力行为的孩子很多时候都表现出了极强的攻击性。

相比之下，其他两个小组也会有 1～2 个调皮的孩子，却不会像第一组一样，表现出如此高频的暴力行为。对比没有接触过成人的第三组，第二组孩子因为接触到玩贴图游戏的成人，会表现得比其他两组更加安静。

因此，实验证明，儿童可以通过观察和模仿来学习社会行为。

2. 观察学习的过程

观察学习的过程包括 4 个子过程，分别是注意过程、保持过程、生成过程和动机过程（图 6-7）。

（1）注意过程。观察学习起始于学习者对示范者行为的注意。如果学习者对示范行为的重要特征不予注意，就无法通过观察进行学习。因此，注意过程是观察学习的起始环节。班杜拉认为，注意过程的诸多因素影响着学习的效果。其中学习者和示范者之间的关系是至关重要的。个

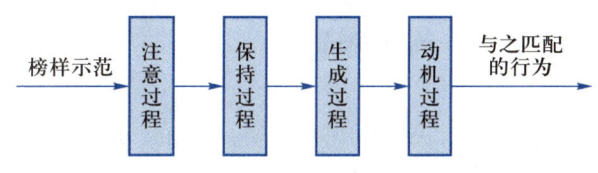

图 6-7 观察学习的过程

体交往的对象，不管是自己选择的还是被迫的，都限定了他所能学到的行为类型。

（2）保持过程。保持过程即用言语和形象两种形式把所获得的信息转换成适当的表象保存起来。如

果学习者不能记住示范行为，观察就失去了意义。观察学习对示范行为的保持依赖于两个储存系统：表象系统、言语编码系统。表象系统把示范行为以表象的形式储存在记忆中，这样，在以后的某些场合，即使客观事物不存在，事物的表象也可以被唤起。言语编码系统通过对示范行为进行编码和认知加工，将示范行为的特征转换成言语编码的形式进行存储和提取。

（3）生成过程。生成过程即把记忆中的表象转换成行为，并根据反馈来调整行为，以做出正确的反应。

由于这一过程涉及运动再现的认知组织和根据信息反馈对行为的调整等一系列关于认知和行为的操作，班杜拉将这个过程又分解为反应的认知组织、反应的启动、反应的监察、依靠信息反馈对反应进行改进和调整等环节。示范行为能否再现，取决于学习者记忆中示范行为各部分是否完整，以及学习者是否具备再现这些行为的技能，而学习者的监控和信息反馈能力则决定着示范行为的精确性。

（4）动机过程。能够再现示范行为之后，学习者是否能够经常表现出示范行为还受到行为结果因素的影响。班杜拉认为有3个方面的因素影响学习者再现示范行为：①他人对示范行为的评价；②学习者对自己再现行为能力的评估；③他人对示范者的评价。

3. 理想的榜样

观察学习是通过观察榜样的示范行为进行的，因而榜样的条件会影响观察学习。班杜拉认为理想的榜样应具备5个条件：①榜样的示范要特点突出、生动鲜明；②榜样的示范要符合学习者的年龄特征；③榜样的行为要具有可行性；④榜样的行为要具有可信任性；⑤榜样的行为要感人，使学习者产生心理上的共鸣。

任务 2　掌握行为测量与评估的方法

假设你的朋友小林在一所小学当实习教师，她的班上有一个叫明明的学生在课堂上没法安坐，也无法集中注意力听课。他总是离开座位，在教室后面或外面随意走动。小林想了很多办法都没有效果，于是向你这位心理咨询专业的学生求助。你告诉小林，或许可以用行为学的方法来帮帮明明：首先测量明明的行为，然后评估这些行为的功能，在此基础上制订有效的行为干预方案。

一、行为的测量

在对行为进行干预之前，对行为进行观察和测量，可以了解行为的严重程度，同时建立基线值，便于评估后续干预的效果。进行行为测量，首先对要测量的目标行为进行定义；其次做好测量前的准备工作。

（一）定义目标行为

定义目标行为是指使用主动动词对个体所展示的特定行为进行描述，是行为测量的第一步。对行为的定义必须客观、具体、明确，要做到：在看到这个定义后，不同的人可以观察到同一个行为，并且同意这个行为正在发生。例如，明明的课堂捣乱行为可以定义为课堂上离开座位，以及在教室随意走动。在这里，捣乱行为是行为的类别，它是概括的、抽象的，对于不同的人，同样的类别可能意味着完全不同的行为。例如，同样是课堂捣乱行为，另一个孩子的表现是大声喧哗、故意打断教师的讲话等，因此必须给出具体化的定义。常见目标行为的定义如表 6-1 所示。

表 6-1　常见目标行为的定义

行为类别	行为定义
发脾气	东东朝奶奶大喊大叫，或者一边哭一边在地上打滚
学习	对于明明而言，学习包括完成语文、数学、英语教师布置的作业，朗读语文课本，完整地将课文背下来
挑食	对于玲玲而言，挑食意味着只吃猪肉、牛肉等肉类，不吃任何蔬菜，水果只吃草莓
口吃	豆豆说话时在一句话的两个词语之间或一个词语的两个音节之间停顿 3 秒以上，或者说某个词时延长这个词的发音

（二）测量的准备工作

测量的准备工作包括确定观测者，观测的时间、地点，行为的测量尺度、行为测量的方法，记录工具等。

1. 观测者

行为的观测者一般是由目标行为以外的人（如行为矫正专家），或行为人所处的自然环境中与其有固定关联的个体（如教师、父母、同事等）来担任。观测者通常需要满足以下条件：①能够直接观察目标行为的发生或通过录像观察行为；②有时间并愿意充当观测者的角色。有些情况下，当不可能由其他观测者对目标行为进行测量时，观测者也可以是展示目标行为的人，行为人对自己的行为进行观察和记录，即"自我监控"。

2. 观测的时间、地点

行为观测的时间和地点通常需要根据行为发生的情况来确定。从行为人或其他人那里得到的关于行为的信息，可以用来确定观测行为的合适时间和地点。例如，通过与小林沟通，了解到明明的课堂捣乱行为主要出现在英语教师和实习教师的课堂上，在其他教师的课堂上较少出现。因此，可选择在英语教师或实习教师上课时，对明明的行为进行测量。需要注意的是，对他人行为的观察和测量须征得行为人或其父母、监护人的同意。

3. 行为的测量尺度

行为的测量尺度通常包括频率、持续时间、强度和潜伏期。

（1）频率，指行为在一个观察阶段中出现的次数，如明明在一节课里离开座位的次数、爸爸一天抽烟的数量。

（2）持续时间，即一个行为从开始到结束所占用的时间总量，如室友跑步 30 分钟、练字 1 小时。

（3）强度，即该行为所包含的能量的总量。测量强度经常要使用某种测量工具或某种等级量表，如用分贝仪测量唱歌的声音强度，用 1~5 的量表来测量一个孩子发脾气的强度。

（4）潜伏期，即从预示行为的信号出现到行为真正出现之间的时间长度，如发令枪响 0~2 秒后，长跑运动员迈出第一步。

4. 行为测量的方法

（1）连续记录。在连续记录中，观察者在整个观察阶段对行为人的目标行为进行连续的记录，并记录目标行为每次出现的情况。使用连续记录时，可以选择一个或多个尺度进行测量。选择测量尺度的依据是：行为最重要的方面是什么，哪种尺度在随后进行的治疗中是最容易改变的。

（2）成果记录。成果记录是指记录行为发生带来的切实的结果或持久的成果。例如，教师通过记录学生考试时正确解答的题目数量，来测量学生的学习效果。成果记录的好处是，记录者不必在行为发生的现场。

（3）时距记录。时距记录是指将观察阶段划分成一些小的时间段或间隔，在每个间隔中观测行为人的行为，记录下在这个间隔中目标行为是否出现。例如，在明明的例子中，小林将一堂课 40 分钟划分成 4 个时段，每个时段 10 分钟，然后记下每个 10 分钟内，明明的课堂捣乱行为是否出现。

（4）时点记录。时点记录是指将观察阶段划分成一些小的时间段或间隔，然后在每个时间间隔中的一小部分时间里对行为人进行观察，记录目标行为是否出现。例如，小林将一堂课 40 分钟划分成 4 个时段，每个时段 10 分钟，在每个 10 分钟内选择其中 1 分钟进行记录。

5. 记录工具

记录工具是观测者用于记录行为发生情况的用具。最常用的工具是纸和笔，还有计时器、分贝仪等，根据行为的特点及测量尺度选择合适的记录工具。

总之，在进行行为测量前，要给目标行为一个具体、明确的定义，并做好测量前的准备工作。当以上都确定后，就可以对目标行为进行观测。在观测过程中，观测者要立刻将观察到的目标行为记录下来，行为发生后记录得越快，记录错误的可能性越小。

◆ 课堂活动 6-2

讨论：测量明明的问题行为

如果要测量明明的问题行为，则请思考并回答以下问题。

（1）测量者：谁是合适的测量者？

（2）测量尺度：用哪个尺度来测量明明的问题行为？

（3）测量方法：采用什么方法进行测量？

（4）测量工具：在测量明明行为的过程中，需要用到哪些工具？

二、行为的功能评估

通过观察和记录行为，我们对明明的课堂捣乱行为有了清晰的认识，下一个问题是：课堂捣乱行为为什么出现？通常，我们可以通过功能评估找到答案。行为的功能评估是通过收集与问题行为的发生有关的前提和后果，来推断行为发生的原因。

（一）行为的功能

1. 社会性正强化

社会性正强化是指当行为人展示行为后，他人给予其正性的强化后果。正性的强化后果可能包括注意、得到活动机会或他人给予的物质刺激。例如，明明出现课堂捣乱行为后，英语教师就会将他带回座位，并进行规劝，捣乱可以让明明得到教师的特别关注，这就是捣乱行为的功能。

2. 社会性负强化

当行为人展示行为后，其他人停止消极交往、任务或活动，行为因此被强化，那么，我们可以说这一行为就是社会性负强化维持的。在明明的例子中，假设明明不喜欢上英语课，他一出现课堂捣乱行为，英语教师就停止上课，花很多时间来制止、规劝明明，那么捣乱就可以帮助明明避免上不喜欢的英语课。

3. 自动正强化

在有些情况下，对目标行为的强化与他人无关，而是因行为本身的结果而自动出现的，即行为本身给行为人带来了好处。例如，购买饮料的行为因尝到美味的饮料这一结果而自动被正强化。

4. 自动负强化

自动负强化指目标行为的发生自动减少或消除了消极刺激。例如，天气炎热时，打开空调；被蚊子咬了之后，涂上止痒药膏。

（二）功能评估方法

1. 间接法

间接法又称调查法，是采用访谈或问卷调查的形式，从行为人或其他知情者处获得关于行为的前提、后果及其他变量的信息。访谈提纲和问卷通常围绕行为及其发生前后的信息来设计。间接法通过表6-2 中的问题来收集关于行为的前提和后果的信息。

表 6-2　用间接法收集行为的前提和后果的常见问题

问题种类	具体问题
关于前提的问题	什么时候常出现这些问题行为？ 什么时间、地点常发生这些问题行为？ 问题行为发生时谁在场？ 在问题行为出现前发生了什么事？ 问题行为就要发生时别人说了什么或做了什么？ 在问题行为发生之前，行为人还有别的行为吗？ 什么时候、在哪儿、和谁，以及什么情况下问题行为最不可能出现
围绕行为后果的问题	出现问题行为后又发生了什么事？ 问题行为出现后你做了什么？其他人做了什么？ 问题行为出现后发生了什么变化？ 问题行为出现后行为人得到了什么？免除或逃避了什么

间接法不需要去到行为的现场，因此方便易行，省时省力，但通过访谈或问卷调查得来的信息可能由于行为人遗忘或存在偏见而不够准确。

2. 观察法

观察法又称 ABC 观察法。A 是指 Antecedent（前提），B 是指 Behavior（行为），C 是指 Consequence（结果）。它要求观察者对问题行为发生的前提、行为和后果进行细致观察并描述出来，如表 6-3 所示。相较于调查法，它获得的信息更加准确。但观察者必须经过训练，要能正确地观察和记录问题行为及其发生的前提和结果。

表 6-3　ABC 观察数据表

时间	前提：问题行为出现之前发生了什么？	行为：行为人做了什么或说了什么？（要具体）	后果：问题行为出现之后发生了什么？

3. 实验法

实验法又称实验分析或功能分析，在观察结果与访谈结果不一致的情况下，通过对前提和后果进行控制，验证它们对问题行为的影响。假设在明明的例子中，采用访谈法和观察法对课堂捣乱行为的功能评估结果不一致，访谈法的结果倾向于明明做出问题行为是为了获得教师的注意，而观察法的结果则是明明不喜欢英语课，通过捣乱来逃避英语课。

具体做法有两种：①注意无逃避。跟英语教师说，当明明在课堂上捣乱时，就上前制止，把他带回座位，站在明明座位旁边继续讲课。这种条件下，明明不能逃避英语课，但可以得到英语教师持续的关注。②逃避无注意。让英语教师对明明的捣乱行为不做出任何反应。这种条件下，明明逃避了英语课但不能得到教师的关注。

在接下来的英语课堂上，交替安排两种条件，看在哪种条件下问题行为发生的次数多，哪种就是问题行为的强化物。如果在两种条件下，问题行为的次数同样多，就说明注意和逃避都是强化物。

 学海漫游·榜样故事

"接受一切，但绝不认输！"

很多时候，我们不得不面对一个个现实困境：精英教育时代，高职学生很难被重视、被认可；高考一时失利，似乎从此难以"翻身"；本专业就业市场没那么好，是不是意味着"毕业即失业"？有人大学三年走不出困境，而湖南司法警官职业学院的学生、首届全国大学生职业规划大赛（职教组）就业赛道金奖获得者鲁进（图 6-8）却从未被困住。

他 2021 年入校就读法律事务专业，2024 年手握多个荣誉奖项，以免试专升本的成绩毕业。鲁进更愿意将自己的成功归因为努力、炽热、有定力。他说："接受一切，但绝不认输！"

图 6-8　鲁进在总决赛现场

接受高职生的身份。"门槛是事实，但当下并非什么都不能做，接受自己的学历条件，坚持学，大胆去经历，一步步培养法律思维能力，提升职业基础技能。"鲁进如是说。

接受资源条件有限。"用好现阶段能接触到的所有资源，学好现阶段能学到的所有东西，已经胜过了大部分人。"鲁进如是说。

接受挫折与失败。"大不了头天晚上哭，第二天起来告诉自己美好的一天又开始了，饭要继续吃，课要继续上，原本努力就不一定成功的嘛！"鲁进如是说。

警校生看似不如其他专业大学生自由，少了些历练机会，但在鲁进看来，问题不在于机会的多少，而在于机会到来时怎么选。"广播站练口才，书法协会练笔锋，摄影学会练构图，还有'送法下乡'普法宣传、暑期'三下乡'志愿服务以及学院内外大大小小的比赛……走出自己，多经历，总能学到点儿什么。"鲁进如是说。

很多事情不是努力了就能成功，那又怎么样呢？不知道干什么的时候，就往前走，看看子弹会飞向哪里。希望大路在眼前铺开的那天，你和鲁进一样，已经准备好了。

（资料来源：湖南司法警官职业学院官微，有删改）

任务 3　实现行为调整的方法

如何实现行为的调整？行为干预的方法有哪些？在一代代行为学家们的努力下，行为学界已积累了大量行为干预的方法，这些方法可以分为两类：一类用于培养、增加期望行为；另一类用于减少、消除不期望行为。

一、行为养成

行为养成是一类用于培养、增加行为的技术，包括塑造、渐隐、代币技术。

（一）塑造

塑造是指对目标行为的一系列连续趋近动作不断进行强化，直到个体最终经常做出目标行为，是用来培养个体目前尚未出现的行为的方法。塑造技术有两个核心要点：①逐渐趋近目标行为。以婴儿学习说话为例，目标行为是让婴儿学会说话，塑造是按照"无意义的发音—有意义的发音—单字—重复双字—短句—长句"一步步来实现的。②区别强化。区别强化是指运用强化和消退原理来提高期望行为的出现率，降低不期望行为的出现率。在塑造的过程中，使用强化技术增加阶段性目标行为，若个体某个阶段性目标已实现，则不再强化这一目标行为，而开始强化下一个阶段的目标行为。例如，一开始婴儿只要发出声音，父母就给予其极大的关注，而当婴儿开始频繁地发声后，父母只对听起来有意义的音节进行关注和回应，对无意义的音节则不再回应。

（二）渐隐

渐隐也是一种用来帮助个体掌握新的行为的方法。它的做法如下：首先利用明显的线索，帮助个体形成正确的反应，然后逐渐消退这些线索，使它们达到与自然环境相同的水平，最后让行为人利用这些自然线索，做出正确的反应。例如，语文教师教一年级学生学习字母"a"的发音，一开始教师大声地发出"a"的声音，让学生跟着读，之后用中等音量读"a"，然后轻声读，接着指着字母做出"a"的口型，让学生大声读出来，最后教师指着字母，学生自己读出来。

（三）代币技术

代币技术是指运用代币对个体行为进行强化的一套行为改变系统。所谓代币，是一种在目标行为出现后，代替真正的强化物起强化作用的东西，如幼儿园教师给小朋友发的小卡片、你在某个学习平台获得的积分。代币本身没有多大价值，但由于它可以用来交换真正的强化物，如零食、玩具等，从而变成了对个体有价值的东西，因而能起到强化的作用。代币技术可以解决因频繁强化而产生的强化物饱足问题。

代币作为一套行为改变系统，由 3 个主要部分组成：①目标行为清单；②参与者做出目标行为后所获得的代币及数量；③代币可以用来交换的后援强化物清单。某幼儿园采用的代币技术的组成如表 6-4所示。该幼儿园使用的代币为自行设计的小塑料卡片，小朋友做出相应行为后可获得小塑料卡片，小塑料卡片积累到一定数量后可到教师那里换取礼物（后援强化物），包括玩具、零食、文具等。

表 6-4   某幼儿园采用的代币技术的组成

目标行为	按时来园	小组吃饭前 3 名	遵守活动或游戏规则	安静午休	文明礼貌	参与劳动
获得代币数量（个）	1	1	2	1	2	1
后援强化物	玩具	零食	文具			
价值	10	8	10			

二、行为治疗

（一）系统脱敏疗法

系统脱敏疗法又称交互抑制法，是沃尔普创立和发展起来的一种行为疗法。沃尔普认为，人和动物的肌肉放松状态与焦虑紧张状态是一种对抗过程，一种状态的出现必然会对另一种状态起抑制作用。根据这一原理，针对恐惧症和焦虑症患者，通过诱导使患者缓慢暴露在导致焦虑或恐惧的情境中，并使其通过心理的放松来对抗这种焦虑或恐惧情绪，从而达到消除焦虑或恐惧的目的。

采用系统脱敏疗法进行治疗包括 3 个步骤：放松训练、构建焦虑或恐惧等级、逐级脱敏训练。

学海漫游·心理技能

中国古代的系统脱敏疗法

在中国古代也有运用系统脱敏的方式进行治疗的案例。《儒门事亲》一书中记载了这样一个故事。

卫德新之妻，旅中宿于楼上，夜值盗劫人烧舍，惊坠床下，自后每闻有响，则惊倒不知人，家人辈蹑足而行，莫敢冒触有声，岁余不瘥。诸医作心病治之，人参、珍珠及定志丸皆无效。戴人见而断之曰："惊者为阳，从外入也；恐者为阴，从内出也。惊者，为自不知故也；恐者，自知也。足少阳胆经属肝木。胆者，敢也。惊怕则胆伤矣。"乃命二侍女执其两手，按高椅之上，当面前，下置一小几。戴人曰："娘子当视此。"一木猛击之，其妇大惊。

戴人曰："我以木击几，何以惊乎？"伺少定击之，惊也缓。又斯须，连击三五次；又以杖击门，又暗遣人击背后之窗。徐徐惊定而笑曰："是何治法？"戴人曰："《内经》云，惊者平之。平者，常也。平常见之必无惊。"是夜使人击其门窗，自夕达曙。夫惊者，神上越也。从下击几，使之下视，所以收神也，一二日，虽闻雷而不惊。

可见，将引起人们恐惧、焦虑的事件呈现在人们面前，并按照人们对这些事件的恐惧、焦虑程度逐渐提高刺激，从而使其产生适应性行为，进而达到使人脱敏的目的，克服恐惧、焦虑情绪，这是系统脱敏法的关键。上述例子中，医师正是抓住了这个关键，卫德新之妻从而得以治愈。

（二）厌恶疗法

厌恶疗法的基本原理是经典条件反射，它是将患者的不良行为、习惯与令人痛苦、不愉快的刺激建立联系，以减少或消除有问题的行为。该疗法假设当一个人将不愉快的体验与特定行为相关联时，会逐渐对该行为产生厌恶和回避反应。莱弗蒂是该疗法的创始人及代表人物。厌恶疗法常用于治疗各种成瘾行为、强迫症、性倾向等心理问题。例如，对于吸烟者，可以通过与恶心的味道或者不适感觉的联结来帮助他们戒烟。

（三）示范疗法

示范疗法是指通过设计一些程序，使被治疗者有机会通过模仿学习获得新的行为反应，或用适当的行为取代不适当的行为，其原理是社会学习理论。例如，治疗师通过亲自示范与陌生人交流的过程，帮助有社交恐惧的大学生习得社交技能，缓解与陌生人交流的不舒服感。示范疗法的类型如表6-5所示。

表6-5　示范疗法的类型

示范疗法类型	说明
生活示范	让被治疗者在实际生活中观察示范者适当的行为
象征性示范	让被治疗者观看有示范者适当行为的电影、电视、录像、图书或游戏
角色扮演	治疗师和被治疗者一起扮演生活中的一个或一系列情景，帮助被治疗者学习与人交往的技巧
参与示范	治疗师为被治疗者示范良好行为，而后引导、鼓励被治疗者做出相同的行为
内隐示范	通过治疗师的描述，让被治疗者想象要模仿的行为

◆◆ 课堂活动 6-3

晒晒我的偶像

请在表 6-6 中写出 3 个你最佩服的人（或你最希望成为的人），可以是现实中的人物，也可以是历史上或文艺作品中的人物。说明佩服他们的理由，列出 3 个他们最让你佩服的地方。

表 6-6   我的偶像及其品质

我的偶像	偶像的品质
偶像一：	
偶像二：	
偶像三：	

◆ 学海探航

一、交互式测验

请扫码进行答题，并根据得分情况进行查缺补漏。

模块 6   测试题 ▶

二、思考题

1. 华生、斯金纳、班杜拉这 3 位行为主义学家，你更认可谁的观点？为什么？

2. 行为干预前的准备工作有哪些？

3. 如果要加强已有行为，可以用什么技术？培养新的行为用什么技术？

 **典范风采**

陈智斐：被公安部、全国妇联表扬的女民警

陈智斐，中共党员，湖南司法警官职业学院 2010 届司法鉴定专业毕业生，现任汝城县公安局刑侦大队副大队长、警务技术三级主管，具有痕迹检验副高级任职资格，曾荣立个人三等功 3 次，荣获"湖南省巾帼建功标兵""优秀刑警"等荣誉称号。2024 年她被公安部、全国妇联评为公安机关 100 名成绩突出女民警之一。

在湖南司法警官职业学院就读期间，她有着强烈的求知欲，勤于钻研。工作以后，她既是现场勘查的技术员，又是分析研判的侦察员、基础信息采集的统计员。繁忙的工作之余，她不忘关注行业发展动态，积极适应和应对变化。近年来因图侦、电子物证专业发展迅速，她又变成了图侦专干、电子物证勘查员。行业内公认的苦活、难活，在她看来不过是"打怪升级"路上的必修课。

13 年来，陈智斐从不懈怠，出勘现场 1 400 余起，通过提取痕迹物证直接比对嫌疑人 130 余人，破获、侦破案件 600 余起。由于警力紧张，陈智斐常年处于全年无休的值班备勤状态。在一次重大恶性案件的现场勘察工作中，她连续工作 16 个小时，弓着腰查看死者的每处伤口，最终在死者颅骨裂创中找到一块米粒大小的金属碎片，为认定该案作案凶器提供了重要线索。当时累得直不起腰的陈智斐，坐在尸体旁边的椅子上就睡着了，成了汝城县公安局唯一敢睡在尸体旁边的女民警。

十几年如一日，陈智斐在工作中始终保持着旺盛的精力和昂扬的斗志，她以不懈的追求、无私的奉献和神圣的使命感，用实际行动树立了人民警察公正执法、忠诚为民的形象。

（资料来源：汝城公安，有删改）

 智慧火花

从警院学子到基层干警再到全国公安机关成绩突出女民警，陈智斐用行动阐述了人民警察的担当与使命。请结合陈智斐的故事和本模块的知识，思考行动的力量。

博学之路

一、心理书籍推荐

（一）《精神障碍的认知行为治疗：总论》

本书作者具有近 30 年的精神科从业资历，13 年的认知行为治疗（CBT）实践、教学、培训和督导经验，他基于中国本土的临床案例，历时 5 年完成本书的撰写。作者先介绍了临床上如何使用 CBT 和相关心理治疗的基本理论与技术，再结合具体案例展示如何进行首次评估及随后的 CBT 过程，从 CBT

理论、实操技巧和注意事项等方面进行了系统的介绍，全面系统地展示了如何改变功能不良性的自动化思维和适应不良性的行为。

（作者：李献云）

（二）《科学与人类行为》

本书是美国著名心理学家斯金纳的代表作之一，详细阐述了关于人性的科学理论及预测和控制人类行为的可能方式，充分体现了斯金纳的新行为主义心理学思想。本书既有科学严谨的哲学思辨，又有细致巧妙的实验分析，是一部不可多得的行为主义心理学经典著作。

（作者：斯金纳　译者：王京生）

二、心理电影推荐

（一）《保姆119》

《保姆119》原名《NANNY 911》，是由中国中央电视台引进的一档家教电视节目。节目中的保姆不是一般意义上的保姆，而是有着心理学背景、行为干预经验丰富的育儿专家、家庭治疗师。保姆中心是类似社会救助的机构，接受市民关于子女教育方面的求助，然后根据情况派出相应的专家上门指导一周，直至问题解决。对于小孩子不听话、偏执、暴力等令家长不知所措的问题，这些专家的思路很清晰，有很多做法值得家长和教师借鉴。

（二）《火柴人》

影片讲述了一个叫罗伊的手段高超但患有强迫症和广场恐惧症的职业骗子，为了不影响"职业"而寻求心理治疗的过程。通过这部电影，观众不仅可以了解强迫症和广场恐惧症的特征、症状和影响，也可以了解心理治疗的过程和作用，了解行动及环境改变对人的影响。

仁者见仁，智者见智

——认知流派

> 横看成岭侧成峰，远近高低各不同。
>
> ——苏轼·《题西林壁》

知识脉络

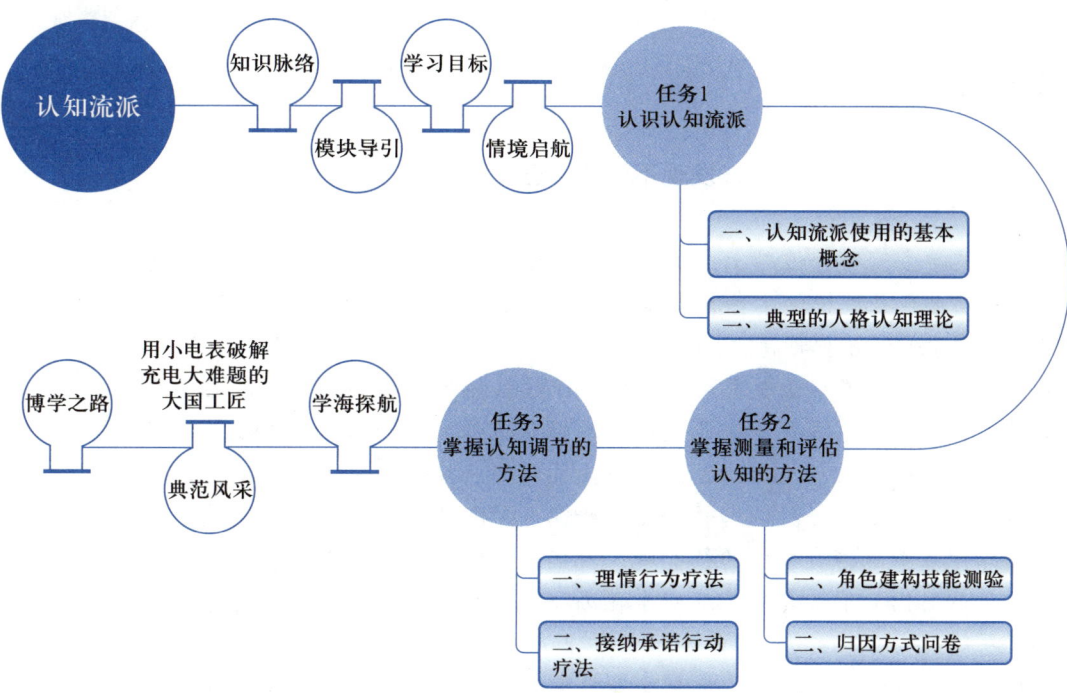

模 块 导 引

　　在大学宿舍里常见的现象是，不同的舍友对同一件事的看法并不完全相同。如何解释这种个体差异？精神分析流派用无意识动机（生本能或死本能）的不同来解释，行为主义流派用对情境事件（刺激）的被动反应不同来解释，生物流派用神经构造或者基因的差异来解释，认知流派则认为这是每个学生信息加工方式的差异造成的。在认知流派看来，个体差异不是本能、基因或刺激反应差异的结果，而是人作为一个理性的科学家，提出、检验和预测自己对事件的看法的过程和结果的差异导致的，最终表现为各自不同的人格特征。也就是说，我们看待世界和事件的方式（信息加工方式）决定了我们是什么样的人。

学 习 目 标

　　》　知识目标：掌握认知流派的核心观点；掌握测量和评估认知的方法。

　　》　能力目标：提升用认知疗法、接纳承诺疗法开展心理服务的能力；增强自我觉察和自我管理的能力。

　　》　素养目标：培育自信自强、乐观向上的个性品质。

情 境 启 航

发现不同的自己

　　职业院校学生有时会被贴上"捣蛋鬼"的标签，被当成与同龄孩子学业竞争的失败者；有些职业院校学生会沉浸在学业失败的自我否定中，浑浑噩噩过日子，对自己的未来也常常不抱期待。

　　2021 年 4 月，全国职业教育大会提出了建设技能型社会的理念和战略，拓宽了社会选人用人标准，提升了技能型人才的社会地位，营造人人崇尚技能的社会文化氛围。"一技在手，一生无忧"，这一政策为职业院校学生带来的不仅是学习内容的技能转向，更是一种认知的转变。研究者对职业院校学生进行访谈，发现职业院校学生基本都持有积极的技能观，他们承认社会分工，尊重各行各业的岗位工作，虽然他们也承认会羡慕那些坐在办公室里的脑力劳动者，但并不会觉得自己低人一等。

　　在观念上认同技能的同时，职业院校学生在职业教育中也获得了技能学习与实践的机会。学校采用校企合作育人模式，为学生聘请了企业实践经验丰富的指导教师，也为学生提供了练习岗位真实任务的机会，同时搭建了学生与行业伙伴合作的平台，帮助学生全流程参与实际工作。随着技能强国目标的提出及国家对职业教育发展的大力扶持和推进，一批优秀的职业院校学生凭借自己的专业技能在省级、国家级乃至世界级技能大赛的领奖台上崭露头角。职业教育深化产教融合，促使学校与企业保持良好的合作伙伴关系，这也为很多学生提供了就业和创业的机会。

职业院校学生在学校中积极地学习技能知识，进行技能实践，一方面，学历社会下的竞争思维发生转变，在肯定技能的前提下实现对技能文化的创造与生产；另一方面，在技能实践过程中获得了自我的胜任力与价值感，发现了不同的自己，也实现了个人发展。

任务 1　认识认知流派

认知流派认为，个体差异是由信息加工差异造成的，每个人都有自己独特的信息加工模式，在相同的情境下，会输入或储存不同的信息，对于同样的信息也有不同的解释，这就是我们所说的形成心理表象的过程，而不同的心理表象会导致人们有不同的行为反应。本任务将着重介绍认知流派使用的基本概念和 3 个典型的人格认知理论——个人建构理论、认知 – 情感系统理论和归因理论，帮助学生理解认知流派关于人格动力和人格适应等方面的观点。

一、认知流派使用的基本概念

图式和原型是认知流派人格心理学家用来解释认知结构的概念，也是其解释具有差异的心理表象的最有影响力的主张，引起了大量的研究和讨论。

（一）图式

1. 图式的概念

跟同学一起回忆昨天上过的一堂课，你会发现，虽然经历了相同的事，遇到了相同的人，但每个人注意到的事物不同。大家对同一堂课的印象之所以有所不同，是因为不同人使用的图式不同。图式是能帮助人们知觉、获得、组织和利用信息的认知结构。在大多数情况下，人在进入某一情境时会遇到很多刺激，他必须找到一种能让周围纷繁无序的事物清晰起来的方式，这就是图式。图式帮助个体形成了一整套用于区分并注意那些重要事物、忽略其余不重要事物的系统。例如，大多数同学会关注教师和课堂上发言的同学，而忽略其他一些不大引人注意的特征。

聊到女性的职业时，人们通常比较容易联想到教师、护士等，而不太容易联想到矿工和电工。当你去看望一个刚出生的婴儿时，你可能会给女孩带上洋娃娃，给男孩带上玩具汽车，这些都是认知图式在性别领域的体现。可见，图式未必准确。但图式提供了一个基本框架，有助于个体更加高效地识别、获得和组织相关信息。由于图式具有个体差异，所以在行为上也相应产生了个体差异。

2. 图式与自我的关系

（1）自我图式。你认为自己是个"好学生"吗？如果在你的记忆和认知结构中没有这样的心理表象，则会影响你在学习中的努力程度，也会影响你在学习上遇到困难时的应对方式。你认为自己"身体强壮"吗？如果是，那么你更可能坚持锻炼，而不容易放弃锻炼。如果一位妈妈在自己关于母职的心理表象中不包含母乳喂养这个选项，那么，这位妈妈很大概率会放弃母乳喂养。这些都是自我图式带来的结果。

自我图式是指人们对自己及自身特质、经历和价值观的认知框架。它们能帮助个体理解其在社会生活中的角色，以及如何看待自己与他人的关系。自我图式来源于个体过去经验的自我在认知上的泛化，负责组织并引导个体的信息加工。每个人的自我图式由行为中对自己最重要的方面组成。因为对每个人来说，各种行为的重要性不同，所以并不是做过的每件事都会成为自我图式的一部分。例如，做饭、发朋友圈、运动等行为可能大家都做过，但这些行为在每个人的自我图式中扮演的角色并不完全相同，做饭可能在某人的自我图式中很重要，运动可能在另一人的自我图式中很重要。自我图式具有以下功能。

1）组织信息。自我图式在大脑中形成了一个结构，用于存储与自我相关的知识和信念。它们帮助个体快速识别与自我相关的信息，并在社交和情感交互中提供指导。

2）影响行为与情感。自我图式会影响个体的情感反应和行为决策。例如，自我图式中包含的负面信念可能导致自我怀疑和焦虑，而自我图式中包含的正面信念则有助于提高自信心和积极性。

3）自我调整。虽然自我图式相对稳定，但它们也可以随着新经历和反思而变化。个体在不同的社会环境或经历重大的生活事件时，可能会重新评估或更新自我图式。

4）选择性注意与记忆。自我图式影响个体如何注意和记忆信息。人们更倾向于关注与自我图式一致的信息，而忽视或扭曲与自我图式不一致的信息，从而形成所谓的偏见或认知失调。

自我图式是认知流派理解个体如何看待自己的重要工具。通过更好地理解自我图式，人们可以提高自我认知，改善人际关系，并在心理健康方面取得积极进展。

（2）可能自我。"可能自我"（Possible Selves）是一个重要的概念，是指个体对未来可能出现的自我状态的想象。这些可能自我包含了个体对未来角色、目标、愿望和潜力的期望。这一概念源于心理学家马修等的研究，强调了个体在生活中如何构建和保持对未来的期望。可能自我有以下主要特点。

1）多样性。可能自我可以分为积极可能自我（希望成为的状态）和消极可能自我（害怕成为的状态）。个体可能会想象多种不同的自我，涵盖不同的角色、成就和生活路径。

2）动机性。可能自我作为动机的来源，激励个体朝着某个目标努力。例如，若个体希望成为一名成功的医生，则这一可能自我会推动他努力学习，积累相关经验。

3）导向性。可能自我对于个体的自我认同有重要影响。个体想象的可能自我可以影响他们对当前自我的评价和认同。

4）变化性。可能自我是动态的，随着时间的推移和经验的积累而变化。个体的生活经历、社交环境和个人反思都会影响其对可能自我的想象。

就职业发展来说，一位大学生可能构想出多个可能自我，如成为一名工程师、教师或艺术家，每个可能自我都会影响他的学业选择和职业规划。如果他期望成为工程师，那么可能的梦想和目标会促使他在相关课程中努力学习，参与实践项目。

就生活方式来说，一位中年人可能会幻想自己未来的几种状态，包括"健康的退休人士"或"身体虚弱的老人"。如果他希望成为健康的退休人士，这种可能自我的想象可能促使他采取更健康的饮食方式，养成定期锻炼的生活习惯。

就个人关系来说，一个人在考虑婚姻时，可能会想象自己作为"幸福的配偶"或"孤独的单身者"的不同可能自我。这些想象会影响他在恋爱关系中的行为，鼓励他积极地投入情感关系，追求稳定和幸福的伴侣。

可能自我概念强调了个体在精神和情感上的前瞻性思维，强调了对未来愿望和目标的意识。在心理治疗和自我发展过程中，探讨一个人的可能自我可以帮助他们更好地设定目标、增强动机，并最终实现个人的成长和转变。通过对这些可能自我的意识，人们可以更清晰地理解自己的价值观，找到更适合自己的生活路径。

（二）原型

原型是指某类事物在个体心目中的典型形象。个体在判断某个事物是否属于某个认知类型时，要使用原型，事物越接近原型，个体就越认为该事物属于某个类型。例如，人们通常认为矮小瘦弱的人大概率不太擅长打篮球，因为优秀的篮球运动员都高大强壮。人们利用原型，可以快速地完成判断。

原型是相对稳定的认知结构，影响着个体的行事风格。例如，对于回答问题声音很小的学生，教师会更担心他没有听懂、学会，因为教师多年的教学经验形成了稳定的原型：听懂和学会了的学生回答问题的声音通常是肯定且洪亮的，不会的学生经常因怕说错而不敢大声回答问题。

很多原型因人而异。例如，关于什么样的人是好人，不同的人的评价标准也不同。有的人认为诚信可靠的人是好人，有的人则认为亲切随和的人是好人。

 学海漫游·心理技能

自我图式与减肥

自我图式在减肥过程中的应用是一个重要领域，涉及个体如何通过自身认知框架来影响饮食行为、运动习惯和整体健康目标。自我图式帮助人们理解自身的身份、目标和价值观，从而在减肥过程中获得积极的动机和自我控制能力。具体应用如下。

1. 建立积极自我图式

个体可以通过构建积极的自我图式（如"健康的人"或"有自律的人"）来增强减肥动机。这样，他们更容易认同自己是一个努力追求健康生活的人，从而激励行为变更。

2. 设定目标与自我期望

通过清晰定义与减肥相关的目标和期望（如"我要在3个月内减掉X公斤"），自我图式能够帮助个体制订行动计划，提高自我效能感。

较具体的目标能使个体更有方向感和动力。

3. 增强自我监控

自我图式可以促使个体进行自我监控，把减肥相关的行为记录下来（如饮食日志和运动轨迹）。这种自我反馈机制，使个体能清晰地了解自己在向目标前进，进一步提升自我认同感和成就感。

4. 对抗消极信念

许多人在减肥过程中可能会遭遇自我怀疑（如"我永远也减不下来"）。通过重新审视和调整这些消极自我图式，个体可以用更积极的思想（如"我可以通过努力实现我的健康目标"）取而代之。

5. 社交影响与支持

自我图式不仅受到个体内在认知的影响，也受到外界环境的影响。通过参与减肥小组或与志同道合的人分享目标，个体可以增强对"健康生活者"自我图式的认同，进而提升持续减肥的动力。

例如，一名女性在试图减肥时开始构建"健康活跃女性"的自我图式。她通过运动、保持健康饮食和加入健身班，使自己逐渐认同这一身份。随着时间的推移，她不仅减掉了体重，还收获了更高的生活满意度。

一名男性在减肥过程中陷入了"我做不到"的思维模式。通过心理咨询和自我反思，他逐渐认识到自己的潜力，并转变为"有毅力的人"。这种积极的自我图式使他能够设定可达成的小目标，逐步实现了减重。

总之，自我图式在减肥过程中发挥着重要的心理作用，影响着个体的认知、情感和行为。通过建立积极的自我图式、设定清晰的目标、进行有效的自我监控，以及获得社会支持，个体可以更有效地实现减肥和健康生活的目标。因此，在减肥的过程中理解和运用自我图式，可以帮助个体保持动力，并促进长期的成功。

二、典型的人格认知理论

（一）个人建构理论

1. 个人建构理论的基本观点

凯利是个人建构理论的创始人，他在心理咨询实践中发现，为来访者的心理问题构建出一种"自圆其说"的解释，从认知上改变其对自己问题的看法，可以显著改善来访者的心理健康状况。因此，凯利强调主观经验决定了人的行为，他认为预测或改变行为需要从个体的主观经验出发，而这种主观经验就是个体的认知。

试想，当你第一次遇到一个人，你最想知道他哪方面的信息？人们预测人的心理系统不尽相同，有人从"善－恶"系统预测人，有人从"是－非"系统预测人，还有人从"穷－富"系统预测人，也有人从"美－丑"系统预测人。

当你遇到一件事时，你通常从哪些方面做判断？人们预测事件的建构系统也不尽相同，有人从"得－失－成－败"系统预测事件，还有人从"风险－机遇－挑战－机会"系统预测事件。

当你选择职业时，你会从哪些方面考虑？人们的职业选择不同，源于对职业的认知不同，有人以"钱多、活少、离家近"为依据做职业判断，有人以"平台大、学习资源丰富、工作长期稳定"为依据做职业发展预测。

这种看人、看事、选择职业的考虑背后就是凯利倡导的个人建构。凯利认为，人是积极能动的有机体，其行为既不受需要与冲动驱使，也不为刺激所控制，人人都是科学家，都在试图更加精确地预测和推断事件。每个人都会有表征世界的个人建构系统，并以个人建构系统为指导来预测和推断事件。

建构是个人用来解释和预测事件的认知结构（认知模板），也是我们理解差异和关系的过程。个人建构通常表现为一组或多组对立概念（如自信－自卑）形成的层级体系，与个人核心价值观相关的被称为核心建构或者优势建构。根据凯利的观点，每个人都像科学家一样，在不断建构、检验、修正自己的认知结构，以更好地预测和管理自己与世界。凯利的个人建构理论基本假设和 11 项推论的概述如下。

（1）基本假设。凯利对人性的基本假设是"人人都是科学家"，即所有人都可以像科学家一样通过创立使自己准确预期未来的理论，来降低不确定性，帮助自己更积极地生活。其中，个人预期未来的主要方法是个人构念，即个人对周围世界的认识、解释和赋予意义的过程。若由构念产生的预期与经验相符，则认为构念系统有用，反之，则认为构念系统应加以修改或抛弃。这一理论突出强调人以自身主观世界为主导进行主动的、认知性的构造。人能依靠这样的方式不断重构自我、反省过去、检验现实并预测未来。

（2）11项推论。凯利在建构理论层面上提出"每个人的加工过程通过他参与事件的方式受到心理的引导"的基本假设，并由此提出了11项推论（表7-1）。

表 7-1　凯利的基本假设和 11 项推论

基本假设	每个人的加工过程通过他参与事件的方式受到心理的引导
建构推论	每个人都通过解释自己的反应来参与事件
个性推论	人与人的不同之处在于他们对事件的建构不同
组织推论	每个人都有自己独特的建构系统，为了便于参与事件，各种建构之间存在一种顺序关系
两极推论	每个人的建构系统是由有限的几个双极建构组成的
选择推论	每个人都为自己在双极建构中选择一端，为自己系统的扩大和确定提供更大的可能性
范围推论	每种建构都只适用于有限范围内的事件
经验推论	一个人的建构系统在他成功地解释了自己对事件的反应后会有所变化
调节推论	一个人的建构系统的改变受制于构建适用范围内的渗透性限制，即当新情境出现，建构会依据这些特性进行调适，以更好地适配新情况
片段推论	一个人可以成功地应用几个看起来彼此不相容的建构系统
通用推论	在一定范围内，若一个人使用某种与他人经验相似的建构，那么他的心理过程与这个人也相似
社会性推论	在一定范围内，一个人要解释他人的建构过程，就应该在那个人生活的社会情境中扮演一定的角色

这些基本假设和推论为理解个体如何通过个人建构来解释和预测其生活中的事件提供了框架。

"我不把自己从事的心理学事业看作是一种'呼唤'。只要我们留意，周围的一切都在'呼唤'。对任何事情，只要探索它，就能掌握它。"这是创始人凯利说过的一段话，如果你也认同，那么你与凯利的认知建构有不谋而合之处。

2. 个人建构理论的应用

（1）人格动力与发展适应。个人建构系统，特别是优势建构，推动了人的行为。例如，兄弟两人的建构系统都包括"亲和"与"成就"两个建构，两人都表现出亲和家人和追求成功的人格特征，但哥哥的建构系统中"亲和"占据主导地位，弟弟的建构系统中"成就"占主导地位，因此，在工作与家庭发生冲突的时候，哥哥的优势建构——"亲和"驱动哥哥选择照顾家庭的行为，弟弟的优势建构——"成就"驱动弟弟选择奋力工作的行为。

个人建构理论认为，每个人的建构系统都是独特的，反映了其生活经历和对世界的理解。人格的动力在于个体对未来的期望和对不确定性的应对。有效的建构能够帮助个体适应环境变化，从而影响其行为和情感状态。人格的动力也体现在个体对建构的选择和调整上，个体可以根据新经验和反馈来修改自己的建构系统，以提高适应性。个体的行为和决策往往是目标导向的，是基于对未来的期望和对当前情境的理解，因此，人格的动力也在于个体如何设定目标并通过建构系统来实现这些目标。通过这些观点，个人建构理论提供了一种理解人格动力的框架，强调个体在面对不确定性时的主动性和适应性。

（2）个人建构与心理健康。不少心理学家认为，心理问题是由个体过去的创伤经验引起的。凯利则认为，人们受心理问题煎熬是由于建构系统存在缺陷，心理问题往往源于个体建构系统失调。当个体的建构无法有效预测和解释其生活中的事件时，可能会导致焦虑、抑郁等心理问题。例如，某职业高校学生认为自己只要掌握好技能就能找到好工作，因此在校期间只注重自身职业技能的训练，可是面试的时候对于技能的考核只占很小的比例，用人公司还对沟通能力和团队协作能力有较高的要求，因此该职业高校学生在此次面试中落选，之后一直因找工作受挫而感到困惑和沮丧。这个例子体现了当个体对某些情境的建构过于狭隘时，由于无法适应新的经验，可能会产生较多的心理困扰。

个人建构理论为理解和处理心理问题提供了一种独特的框架，强调了建构系统在个体心理问题中起到的作用，具体表现在以下几个方面。

1）消极建构。个体可能会形成消极的建构，这些建构会导致负面的情感和行为反应。例如，若一个人将自己视为"失败者"，则这种消极建构可能导致自我怀疑和低自尊，从而引发抑郁或焦虑。

2）预测失败。心理问题也可能源于个体对未来的预测失败。当个体的建构无法准确预测未来的事件时，个体可能会感到无助和焦虑。例如，某人只用"好人—坏人"这个建构去认识和理解人，缺少对"幽默—呆板""博学—才疏"等社交认知建构的使用。个体使用单一建构来认识和理解人，不仅表现出其对人际关系的建构不够灵活，还可能因建构过于单一，无法正确地预测人际关系而导致其在社交场合中感到不安。

3）情感反应。个体的情感状态与其建构系统密切相关。消极的情感反应可能源于对特定建构的过度依赖或对新经验的拒绝。这种情感反应可能进一步加剧心理问题。

4）社会文化影响。个体建构系统受到社会和文化背景的影响。社会压力、文化期望等因素可能导致个体形成不适应的建构，从而引发心理问题。例如，社会对成功的定义可能导致个体在未能达到这些标准时感到焦虑或抑郁。

5）自我反思与调整。个人建构理论强调个体的自我反思能力。心理问题的解决往往需要个体识别和调整其建构系统。通过反思，个体可以识别哪些建构是有效的、哪些建构需要改变，从而改善心理健康。

6）治疗干预。在治疗过程中，治疗师可以帮助个体识别其建构系统中的问题，鼓励其探索新的建构，以更好地适应环境。这种方法强调个体的主动性和自我调节能力。

◆◆ **课堂活动 7-1** ━━━━━━━━━━━━━━━━━━━━━━━━

用凯利方格探索个人建构系统

凯利设计的方格法可用来探索个人建构系统，在实际心理咨询工作中，也可用来了解来访者的个人建构。本次课堂活动将以大家在不同社交媒体上的身份为线索，应用凯利方格探索个人建构系统。

我们在各种社交媒体，如微信、小红书、抖音、微博、豆瓣上有各种账号，这些不同社交媒体上的"我"与真实的"我"有哪些异同呢？这或许也反映了"我"对这些社交媒体在不同方面的认知。

凯利方格包括元素、建构、评分 3 个关键点。探索个人建构系统首先从整理元素开始，在这里，我们将以真实的"我"、微信上的"我"、抖音上的"我"和小红书上的"我"为元素进行整理。然后，通过反复询问抽取建构。例如，比较真实的"我"、微信上的"我"、抖音上的"我"这三者中哪两个比较相似，哪个与其他两个不同，并追问比较的依据和理由（相似点在哪里，不同点在哪里），从询问中抽取出建构，如"成熟－幼稚"。完成一个三元组的提问后获取一组建构，换一个新的三元组接着询问，直到没有新建构产生为止。这样就形成了如表 7-2 所示的个人建构探索表。最后，对照每组建构，对真实的"我"在每组建构上进行评分（例如，成熟 5 分，理性 3 分，自信 4 分）。这样，运用凯利方格，我们既理解了自己看待世界和人的基本建构系统（成熟－幼稚、理性－感性和自信－自卑），也理解了个体在建构系统上的自我认识（很成熟、中等理性、比较自信）。

表 7-2　个人建构探索表

		5	4	3	2	1	
建构 1	成熟	5					幼稚
建构 2	理性			3			感性
建构 3	自信		4				自卑

◆ 学海漫游·生活视野

固执背后的认知秘密

在日常生活中，人们所说的固执，是指一个人的性格、脾气（即秉性）比较偏执而顽固，表现为一意孤行或者"钻牛角尖"。凯利的个人建构理论较好地解释了个体的固执。

当遇到相同或者相似的场景时，一个人的脑海里会呈现出他以往的经验，来对该问题或者场景做出判断。面对新鲜事物时，个体会自觉套用已有的模式来解释和处理，如果固有的信息模板难以兼容不能匹配的新信息，个体的认知就显得狭隘和僵化。因此，

当一个人的个人建构范围越狭小、越简单时，其想法就变得越单一，就缺乏开放的思维和接纳新事物的能力，也就越可能在面对不同观点时表现得固执。

反之，如果一个人能不断吸收新的信息，接触更多领域的知识，那么他的个人建构系统就会不断扩展。这时，新的观点不会轻易打破他原有的认知模式，他也能够保持更开放和灵活的思维。这种包容性的认知结构，使他能够更好地应对复杂的环境，也更少表现出认知固执。

因此，我们要多学习、多经历、多思考。个人建构丰富了，就不容易被局限到某个"牛角尖"里了。

微课连线：
个人构念论："固执"
背后的认知秘密

（二）认知－情感系统理论

认知流派关注情境和行为中间的认知特征，米歇尔是认知流派的典型代表，他提出的认知模型理论认为，人们遇到的情境或事件会与一个复杂的认知－情感单元发生交互作用，这种交互作用最终决定了个体的行为；个体的行为反过来进一步影响情境与认知的交互作用。人格的认知模型如图 7-1 所示。

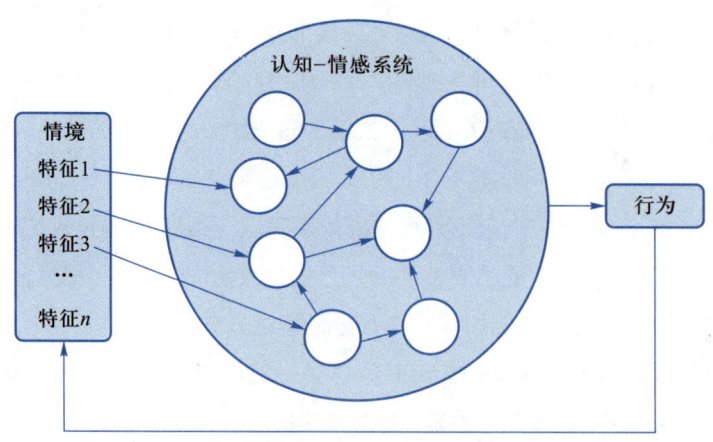

图中的小圆为认知-情感系统中的单元，表示个体人格中的心理表象。

图 7-1   人格的认知模型

在这个模型中，认知-情感单元是个体人格中所有的心理表象，由人格中的特殊元素组成，这些心理表象可以分为 5 类，如表 7-3 所示。每个人都有一套独特的心理表象，决定了个体在相同情境下不同的行为模式。例如，一个苹果可以让第一个人想到万有引力，可以让第二个人回忆起家庭生活中的快乐，也可以让第三个人感觉到酸涩。

表 7-3   人格的认知-情感单元

类型	定义
编码方式	对自我、他人、事件和情境信息进行编码
预期和信念	预测个人效能、他人、事件和情境
情感	对情境和事件的感觉、情绪
目标和价值	价值和人生计划
能力和自我调节计划	对变化和保持个人行为的知觉、计划和策略

（三）归因理论

归因理论主要研究个体如何解释和理解自身及他人的行为。归因是指人们对事件原因的解释过程，特别是在面对成功、失败或其他结果时，个体如何理解这些结果背后的原因。归因理论强调人们根据不同的内在和外在因素来归因，从而影响他们的情感、动机和行为。归因有 3 个维度。

1. 内-外归因

内部归因将行为结果归因于个体的特质、能力或努力。例如，一个学生可能会将考试的成功归因于自己的聪明才智。

外部归因将行为结果归因于外部环境或他人因素。例如，一个学生可能会将考试失利归因于试卷太难或教师的偏见。

2. 稳定-不稳定归因

稳定-不稳定归因即原因被认为是稳定的（如能力）还是可变化的（如努力）。稳定的归因通常会使个体具有较强的自信，而不稳定的归因则促使个体进行调整。

3. 可控 – 不可控归因

可控 – 不可控归因即达成某一结果时，个体认为产生这一结果的相应行为是否是自己能控制的。例如，因努力工作而升职，努力工作是可以控制的；某乐器的表演神童具备音乐天赋，因此演出成功，天赋通常被认为是不可控的。

归因方式影响个体的动机、自尊和心理健康。内部归因通常会加强个体的自尊和自我效能感，而外部归因可能引起依赖感和无助感。

以学业表现为例，小明在数学考试中取得好成绩，他认为这是因为自己努力学习并掌握了所有的知识点。这种内部归因会增强他的自信，促使他继续投入学习中。小红在同样的考试中失利，她认为这是因为考试太难，或者题目与她的复习内容不符。这种消极的外部归因可能导致她失去动力，不再努力学习。

以体育竞技为例，一名运动员在比赛中获胜，他将胜利归因于自己的速度和技巧。这种内部归因不仅增强了他的自信，还激励他在未来的训练中更加努力。另一名运动员在比赛中失利，他归因于天气太差或者裁判的错误判罚。这种外部归因可能使他感到无力和失望，而不是反思自己的表现。

以职场表现为例，一名员工得到升职，他认为这是因为自己的努力和贡献。这种理解使他对未来的工作表现充满信心。另一名员工被解雇，他归因于公司的经济问题或管理不公，而忽略了自己的工作表现。这种归因可能导致他不愿意提升自己，消极保持现状。

归因理论在理解个体行为和情感反应上具有重要意义。通过对因果关系的认识，个体能够更好地理解个人的成功和失败，从而调整自己的动机和行为方式。在生活和工作中，了解自己和他人的归因风格有助于提高自我效能感和心理健康水平，促进个人成长，改善人际关系。

 课堂活动 7-2

用归因表格探索个人的归因风格

回想最近遇到的一件事，运用归因表格分析自己成败的原因，总结个人的归因风格（表 7-4）。

表 7-4　归因表格

归因	内 – 外		稳定性		可控性	
	内部	外部	稳定	不稳定	可控	不可控
能力						
努力						
工作难度						
运气						
身心状况						
其他						

学海漫游·心理技能

微课连线：
解释风格：
乐观/悲观
的真相

乐观与悲观

乐观和悲观涉及个体如何看待自己、他人和未来，以及这些看法如何影响个体的心理健康和行为。乐观往往与积极的情绪、更高的自我效能和更好的心理健康相关，悲观则可能与消极情绪、低自尊和更大的心理问题风险有关。

乐观者相信未来会有积极的结果，倾向于将成功归因于内部因素（如努力和能力），而将失败归因于暂时的外部因素。悲观者通常认为未来可能会有消极结果，倾向于将失败归因于内部因素（如能力不足），而将成功归因于外部因素（如运气）。个体的归因风格对乐观和悲观有重要影响。乐观者通常会将挫折视为暂时的，并继续努力；悲观者则可能认为挫折反映了自己的能力，导致放弃。例如，小华在高考前感到压力，但他相信，通过努力自己可以取得好成绩。他为每个科目制订学习计划，并向他人寻求帮助，最后成功考入理想大学。小华的乐观态度使他能够积极应对挑战。另一个学生小丽在面对同样的考试时，感到无法应对。她认为自己不够聪明，注定会失败。尽管她有能力，但是由于缺乏信心，小丽放弃了许多学习机会，最终未能考上大学。

乐观与心理韧性密切相关。乐观者更有可能在面对挑战时保持韧性，寻求解决方案，而悲观者则倾向于退缩，可能导致焦虑和抑郁。研究表明，乐观者在面对压力时通常会寻求更多的社会支持，而悲观者可能因消极情绪而减少与他人的互动。

乐观与悲观不仅影响个人的心理状态，也对人的行为和生活质量有深远的影响。个体了解乐观与悲观的理论可以形成积极的心理状态，找到应对策略。通过培养乐观态度，个体能够更好地应对挑战，提高生活满意度，并在处于逆境时展现出更强的韧性。反之，悲观的态度可能导致消极的情绪反应和行为，因此，识别和调整悲观思维至关重要。

学海漫游·榜样故事

陆鸿：乐观让幸福长大

"有人一生迟疑，从不行动；而你从不抱怨，只想扼住命运的喉咙。能吃苦，肯奋斗，有担当，似一叶扁舟在激湍中逆流而上，如一株小树在万木前迎来春光。在阴霾中，你的笑容给我们带来力量。"这是 2022 年《感动中国》栏目给陆鸿的颁奖词。

因幼时高烧导致小脑神经受损，身体残疾的陆鸿中专毕业后找不到工作。父亲病重逝世和家庭困顿，促使他下定决心自主创业。经历了摸爬滚打后，他靠着自强拼搏精神，将生意从开照相馆、做电子相册加工，逐渐拓展到纸质影集生产，从 6 人的家庭小作坊，发展到拥有一定规模的实体相册加工厂。他不但用自己残缺的身躯挑起了养家的重担，还为 21 位残疾人士提供了就业岗位。在陆鸿的带领下，相册工厂 2022 年的营业额达到了近 1 400 万元。如今，陆鸿的工厂已经成为远近闻名的残疾人扶贫创业基地。

陆鸿说，自己曾经被别人喊作傻子，通过努力，别人开始喊他小陆、陆师傅，而今天，很多人都喊他陆老板。幸福是奋斗出来

的，只要肯努力，人生一定会发生改变，幸福即便来得晚些，也一定会到来。正是在磨砺中建构出来的"只要肯努力，人生一定会

改变；幸福即便来得晚一些，一定会到来"的乐观心理，让陆鸿获得了幸福。

（资料来源：《感动中国》，有删改）

任务 2　掌握测量和评估认知的方法

既然认知决定了个体差异，那么，测量、评估认知对于预测和干预个体行为的作用就非常重要。这里主要介绍凯利的角色建构技能测验（Role Construct Test，RCP）和归因方式问卷（Attributional Style Question-naire，ASQ）。

一、角色建构技能测验

凯利于 1955 年提出了一个心理测评工具——角色建构技能测验，它主要用于评估个体如何构建和理解自己及他人。该测验假设人格是稳定的，能够反映个体人格的建构也是稳定的，因此，通过了解来访者当前的人格建构就可以预测其长期的行为模式。

由被试列举 24 个人（如自己喜欢的老师、自己的朋友等），将其中 3 人进行比较，看"在哪个重要方面这两个人相似而与第三个人不同"，被试可能选择"热情 - 冷淡"；再对其中另外 3 人进行同样的比较，被试可能选择"情绪化 - 冷静"。以此类推，轮流比较，获得 20 组以上这样的建构就可以了解一个人的人格。因此，这种方法也被称为轮流呈现网格法。当然，排在前面的建构对个体人格的影响会更大一些。

角色建构技能测验常与其他适应性测验相结合，以探讨个体人格建构与适应性指标的关系。例如，我国学者陈会昌和张红梅曾经使用角色建构技能测验对中学生的人格建构进行测量，并分析了中学生的人格建构和学校适应的关系。结果发现，人格建构复杂性高的学生，其学业成绩较好，适应学校生活的能力比较强；而人格建构复杂性低的学生易采取"幻想""逃避"等消极压力应对方式。

 课堂活动 7-3

测测你的人格——角色建构技能测验

下面是角色建构技能测验的简版内容，用几分钟完成这个测验后就可以了解你是如何理解自己和他人的。将你的结果与同学的结果进行比较，你会发现一些相同的建构，也可能会发现一些你从未想过的建构。这些差异反映了人格的不同。

请在下面每句话前面写一个人的名字，这个人要与这句话的内容最符合。有可能某个人符合其中的两句或三句话，请注意人名不要重复，12 句话对应 12 个不同的人。

_____   1. 你喜欢的一位教师。

_____   2. 你不喜欢的一位教师。

_____   3. 你的朋友。

_____   4. 一位你认为很难相处的同学。

_____   5. 你喜欢的一位领导。

_____   6. 你的母亲。

_____   7. 你的父亲。

_____   8. 与你年龄最接近的兄弟（含表兄弟或堂兄弟）。

_____   9. 与你年龄最接近的姐妹（含表姐妹或堂姐妹）。

_____   10. 一位你认为很容易相处的同学。

_____   11. 一位与你一起学习但你认为很难了解的人。

_____   12. 一位与你相处得很好的邻居。

请一次从中选出 3 个人的名字，按照下面的提示，描述在哪个方面其中的两个人相似而与第三个人不同。请将你对两个相似的人的描述写在下面的"建构"一栏，将对第三个人的描述写在"对比"一栏。

用到的名字	建构	对比
3，6，7	_____	_____
1，4，10	_____	_____
4，7，8	_____	_____
1，6，9	_____	_____
4，5，8	_____	_____
2，11，12	_____	_____
8，9，10	_____	_____
2，3，5	_____	_____
5，7，11	_____	_____
1，10，12	_____	_____

通过上面的体验，你有没有发现让自己惊讶的个人建构？

二、归因方式问卷

归因方式问卷是由美国心理学者彼得森等人于 1982 年编制成的。它分为两大部分：对有正面结果的事件进行推论和对有负面结果的事件进行推论。前者主要了解被试归因的稳定性。后者则从 3 个维度进行调查：①内在性，即事件是由个体的性格引起的，还是由情境特性引起的；②稳定性，即事件是偶然产生的还是今后仍将产生的；③全面性，即事件是将影响个体生活的各个方面，还是仅在特定情境下对个体产生影响。问卷根据内在性、稳定性、全面性的增加来计分，将所得的分数相加得到总分。问卷信度为 0.57～0.69。

课堂活动 7-4

归因方式问卷

指导语：下面是每个人都有可能遇到的一些生活事件，请在每个事件后写出一个主要原因，然后根据这一原因回答问题。请根据自己的情况选择一个数字（数字越接近"1"，表示实际情况越符合左边的描述，数字越接近"5"，表示实际情况越符合右边的描述），并在相应的数字上画一个圆圈。请实事求是地回答，注意不要漏答，谢谢合作！

事件一　你与一位好友关系破裂

请写出一个主要原因：_____

请回答下列问题（在相应的数字上画一个圆圈）。

1. 这一原因是由你自己的主观因素造成的，还是由他人或客观因素造成的？

由于客观因素　　　　　　　　　　　　　　　　　　　　　　　由于主观因素

1　　　　　　　2　　　　　　　3　　　　　　　4　　　　　　　5

2. 将来遇到类似的事件，这一原因是否还会存在？

不会再存在　　　　　　　　　　　　　　　　　　　　　　　　总是存在着

1　　　　　　　2　　　　　　　3　　　　　　　4　　　　　　　5

3. 这一原因是仅影响这类事件，还是会影响你生活的所有方面？

仅影响这类事件　　　　　　　　　　　　　　　　　　　　　　影响所有方面

1　　　　　　　2　　　　　　　3　　　　　　　4　　　　　　　5

事件二　你受到别人的表扬

请写出一个主要原因：_____

请回答下列问题（在相应的数字上画一个圆圈）。

1. 这一原因是由你自己的主观因素造成的，还是由他人或客观因素造成的？

由于客观因素　　　　　　　　　　　　　　　　　　　　　　　由于主观因素

1　　　　　　　2　　　　　　　3　　　　　　　4　　　　　　　5

2. 将来遇到类似的事件，这一原因是否还会存在？

不会再存在　　　　　　　　　　　　　　　　　　　　　　　　总是存在着

1　　　　　　　2　　　　　　　3　　　　　　　4　　　　　　　5

3. 这一原因是仅影响这类事件，还是会影响你生活的所有方面？

仅影响这类事件　　　　　　　　　　　　　　　　　　　　　　影响所有方面

1　　　　　　　2　　　　　　　3　　　　　　　4　　　　　　　5

事件三 毕业后，你有了理想的去处（如升入理想的学校或谋得一份好工作）

请写出一个主要原因：

请回答下列问题（在相应的数字上画一个圆圈）。

1. 这一原因是由你自己的主观因素造成的，还是由他人或客观因素造成的？

由于客观因素   由于主观因素

1   2   3   4   5

2. 将来遇到类似的事件，这一原因是否还会存在？

不会再存在   总是存在着

1   2   3   4   5

3. 这一原因是仅影响这类事件，还是会影响你生活的所有方面？

仅影响这类事件   影响所有方面

1   2   3   4   5

事件四 在一次评选先进中，你当选了

请写出一个主要原因：_____

请回答下列问题（在相应的数字上画一个圆圈）。

1. 这一原因是由你自己的主观因素造成的，还是由他人或客观因素造成的？

由于客观因素   由于主观因素

1   2   3   4   5

2. 将来遇到类似的事件，这一原因是否还会存在？

不会再存在   总是存在着

1   2   3   4   5

3. 这一原因是仅影响这类事件，还是会影响你生活的所有方面？

仅影响这类事件   影响所有方面

1   2   3   4   5

事件五 在一次会议上，你受到了批评和处分

请写出一个主要原因：_____

请回答下列问题（在相应的数字上画一个圆圈）。

1. 这一原因是由你自己的主观因素造成的，还是由他人或客观因素造成的？

由于客观因素   由于主观因素

1   2   3   4   5

2. 将来遇到类似的事件，这一原因是否还会存在？

不会再存在   总是存在着

1   2   3   4   5

3. 这一原因是仅影响这类事件，还是会影响你生活的所有方面？

仅影响这类事件 影响所有方面

1 2 3 4 5

事件六　你在家时，你的父母发生了争吵

请写出一个主要原因：_____

请回答下列问题（在相应的数字上画一个圆圈）。

1. 这一原因是由你自己的主观因素造成的，还是由于他人或客观因素造成的？

由于客观因素 由于主观因素

1 2 3 4 5

2. 将来遇到类似的事件，这一原因是否还会存在？

不会再存在 总是存在着

1 2 3 4 5

3. 这一原因是仅影响这类事件，还是会影响你生活的所有方面？

仅影响这类事件 影响所有方面

1 2 3 4 5

事件七　在一次生病中，你能迅速康复

请写出一个主要原因：_____

请回答下列问题（在相应的数字上画一个圆圈）。

1. 这一原因是由你自己的主观因素造成的，还是由他人或客观因素造成的？

由于客观因素 由于主观因素

1 2 3 4 5

2. 将来遇到类似的事件，这一原因是否还会存在？

不会再存在 总是存在着

1 2 3 4 5

3. 这一原因是仅影响这类事件，还是会影响你生活的所有方面？

仅影响这类事件 影响所有方面

1 2 3 4 5

事件八　在一次关键性考试中，你通过了

请写出一个主要原因：_____

请回答下列问题（在相应的数字上画一个圆圈）。

1. 这一原因是由你自己的主观因素造成的，还是由他人或客观因素造成的？

由于客观因素 由于主观因素

1 2 3 4 5

2. 将来遇到类似的事件，这一原因是否还会存在？

不会再存在   总是存在着

1   2   3   4   5

3. 这一原因是仅影响这类事件，还是会影响你生活的所有方面？

仅影响这类事件   影响所有方面

1   2   3   4   5

事件九　与你关系亲密的人身体出了问题（如意外受伤、重病或去世）

请写出一个主要原因：_____

请回答下列问题（在相应的数字上画一个圆圈）。

1. 这一原因是由你自己的主观因素造成的，还是由他人或客观因素造成的？

由于客观因素   由于主观因素

1   2   3   4   5

2. 将来遇到类似的事件，这一原因是否还会存在？

不会再存在   总是存在着

1   2   3   4   5

3. 这一原因是仅影响这类事件，还是会影响你生活的所有方面？

仅影响这类事件   影响所有方面

1   2   3   4   5

事件十　在公共场合你与别人发生争执

请写出一个主要原因：_____

请回答下列问题（在相应的数字上画一个圆圈）。

1. 这一原因是由你自己的主观因素造成的，还是由于他人或客观因素造成的？

由于客观因素   由于主观因素

1   2   3   4   5

2. 将来遇到类似的事件，这一原因是否还会存在？

不会再存在   总是存在着

1   2   3   4   5

3. 这一原因是仅影响这类事件，还是会影响你生活的所有方面？

仅影响这类事件   影响所有方面

1   2   3   4   5

任务 **3** 掌握认知调节的方法

认知流派的人格心理学家为心理学应用做出了很大的贡献，他们创立的认知调节方法在教育、临床、人力资源等领域得到广泛、持续的应用。这里将讨论认知调节的两种主要方法，即理情行为疗法（Rational Emotive Behavior Therapy，REBT）和接纳承诺行动疗法（Acceptance and Commitment Therapy，ACT）。

一、理情行为疗法

理情行为疗法是一种心理治疗方法，由埃里斯在 20 世纪 50 年代创立。它旨在帮助个体识别和改变非理性的信念，从而改善情绪状态和行为反应。

（一）ABC 模型

理情行为疗法认为个体的情绪和行为是受其信念系统影响的。我们的信念（尤其是非理性的信念）会导致特定的情绪反应和行为结果，基于此建立了"认知 - 情感 - 行为"模型——ABC 模型（图 7-2）。

A（Activiating Events，激发事件）指引发情绪反应的外部或内部事件。

B（Beliefs，信念）指个体对该事件的看法或解释，可能是理性的或非理性的。

C（Consequences，情绪与行为后果）指由信念引发的情绪反应和行为结果。

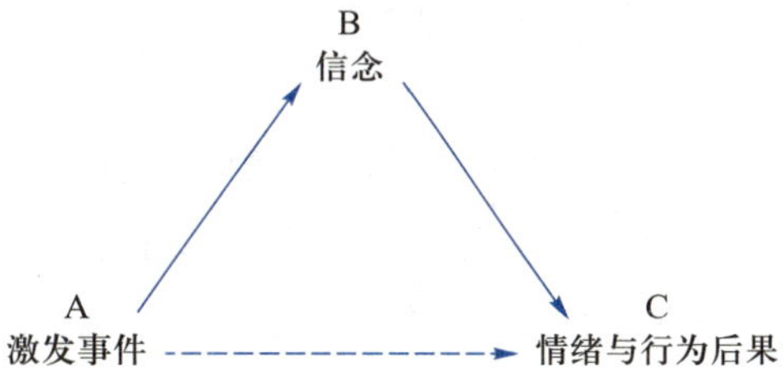

图 7-2 ABC 模型

理情行为疗法强调，人的情绪和行为障碍不是由某一激发事件（A）直接引起的，而是由经受这一事件的个体对它不正确的认知和评价引起的信念（B），导致特定情境下的情绪与行为后果（C），因此，心理工作的有效路径是通过改变 B（信念）来改变 C（情绪与行为后果）。

（二）常见非理性信念

信念可以有不同的形式，这是因为人们有各种各样的认知。在理情行为疗法中，主要关注的是理性信念和非理性信念，前者导致自助性的积极行为，而后者会引起自我挫折和反社会的行为。常见的非理性信念有以下特征。

1. 绝对化要求

绝对化要求通常与"必须""应该"这类字眼连在一起，是指人们以自己的意愿为出发点，对某一事物怀有认为其必定会发生或不会发生的信念。例如，"我必须获得成功""别人必须很好地对待我""生活应该是很容易的"，等等。因此，当某些事物的发生与其对事物的绝对化要求相悖时，他们就

微课连线：
情绪 ABC 理论，助你学会乐观

会受不了，会感到难以接受、难以适应，陷入情绪困扰中。理情行为疗法就是要帮助来访者改变这种极端的思维方式，使其认识到绝对化要求的不合理、不现实之处。

2. 过分概括化

过分概括化是一种以偏概全、以一概十的不合理思维方式的表现。一方面表现为对自身的不合理评价，如自己做错了一件事就认为自己一无是处，其结果往往是自责自罪、自卑自弃；另一方面表现为对别人的不合理评价，别人稍有一点儿不对，就认为对方坏透了，完全否定他人，一味责备他人，从而产生敌意和愤怒等情绪。

3. 糟糕至极（灾难化）

糟糕至极（灾难化）是指如果一件不好的事发生，就觉得非常可怕、糟糕，甚至认为是一场灾难。这将导致个体陷入极端不良的情绪体验（如耻辱、悲观）的恶性循环中难以自拔。糟糕至极常常是与人们对自己、对他人及对周围环境的绝对化要求相联系的。

（三）理情行为疗法基本步骤

理情行为疗法广泛应用于各个领域，特别适合以下情况：出现焦虑和抑郁症状、人际关系产生问题、应对压力和挫折、自我价值感低下等。基本步骤如下。

1. 心理诊断

治疗师要与来访者建立良好的工作关系，澄清来访者关心的各种问题，根据这些问题的所属性质及它们引起的情绪反应进行分类，从来访者最迫切希望解决的问题入手。例如，来访者感到担心和焦虑，治疗师首先要了解其担心和焦虑的来源，如人际关系紧张可能对应担心，而工作压力大可能对应焦虑，治疗师向来访者澄清问题后逐步引导其依次解决问题。

2. 领悟

这一阶段主要帮助来访者认识到自己不适当的情绪和行为是自己造成的，要寻找这些不适当背后的非理性信念。例如，治疗师帮助来访者意识到因工作压力而焦虑，发现将工作不顺与人生失败联系起来这一非理性信念影响了来访者自身情绪，并开始探索其根源。

3. 修通

采用辩论的方法动摇来访者的非理性信念，使其认识到非理性信念不现实、不合乎逻辑，也没有根据，并用理性信念取代非理性信念。例如，治疗师与来访者讨论工作不顺等于人生失败的信念，指出其过度夸大风险；人生的成败不单单由工作决定，指出其过分概括化。之后，使用"冲破逆境是成长的一部分"的理性信念引导来访者。

4. 再教育

进一步帮助来访者摆脱旧有思维方式和非理性信念，使其逐渐养成与非理性信念进行辩论的习惯，养成用理性方式进行思维的习惯。例如，治疗师鼓励来访者在面对压力时，主动讨论自己对失败的恐惧，逐步用"失败是学习、成长的机会"的理性信念替代旧信念。

课堂活动 7-5

大学生考试焦虑案例 ①

小陈是某高职院校计算机专业的大一学生。小陈自述自己进入大学后，虽然一直很努力，但是大学第一学期期末考试的排名却不理想，排名在中后。他发现比自己成绩好、能力强的同学大有人在，后来渐渐觉得自己一无是处，失落、自卑、焦虑这些负面情绪常常困扰着他，也常常觉得头疼、胸闷、心悸，有时整晚睡不着觉，整天疲惫不堪。马上又要期末考试了，可小陈始终不能集中精力复习，白天没有食欲，晚上也经常睡不着觉。最近小陈常为鸡毛蒜皮的小事和同学发生争吵。在辅导员的建议下，他前来咨询。以下是小陈和咨询师的一段对话：

咨询师："你觉得是什么原因让你一直处于目前的这种情绪状态中？"

小陈："唉……马上又快期末考试了，可是我怎么也学不进去，整天心烦意乱，注意力也不集中。"

咨询师："嗯，你很担心即将到来的期末考试。"

小陈："是啊！我考了班级第 30 名，我从来没考得这么差过，我觉得自己好差劲啊！"

咨询师："上次期末考试你考了你们班的第 30 名，你觉得考得不理想，你们班总共有多少人？"

小陈："我们班有 67 个人。"

咨询师："这样看来你的学习成绩在你们班还是属于中上水平的。"

小陈："但是这跟我之前的排名相比简直差远了！"

咨询师："你希望你的成绩达到什么样的水平你才满意呢？"

小陈："我也不知道，虽然我一直很努力，但是我发现学习成绩和能力比我强的同学比比皆是，在这儿我觉得自己一无是处，毫不起眼。"

……

思考：请阅读以上案例，使用 ABC 模型帮助小陈分析他的非理性信念，并思考如何帮助小陈建立理性信念。

二、接纳承诺行动疗法

接纳承诺行动疗法是新一代认知行为疗法中最具代表性的经验性行为治疗方法，通过有序的行动及灵活多样的治疗技术，帮助来访者增强心理灵活性，使其投入到有价值、有意义的生活中。治疗过程如下。

1. 挑战旧思路

由于采用接纳承诺行动疗法要挑战来访者日常使用的应对策略，所以治疗师通常在治疗开始时就让来访者反思之前尝试过多少种失败的方法，并询问来访者是相信自己的思维还是相信实际经验，目的在于用来访者的亲身经历去挑战之前的直接消灭问题的思路。

① 蔡晓艳. 一例关于大学生考试焦虑的案例报告 [J]. 科教文汇（上旬刊），2011，(16)：181-183.

2. 明确"控制是问题"

试图压制思维与情感反而会使被压制的对象因重复而增加，为了使来访者明白这个原理，治疗师会指导来访者进行"不要想咖啡"的实验：首先简单描述咖啡的各种性质，然后要求来访者在接下来的时间里不要想任何前面提到的咖啡的性质。通过类似实验使来访者明白，他们试图控制自动化思维、情感与记忆的过程是在进行一场不会获胜的游戏。

3. 去融合练习

"牛奶牛奶"是认知去融合的典型练习：治疗师和来访者在短时间内大声地重复"牛奶"一词，一段时间后，来访者会发现"牛奶"一词失去了原有的意义，变成了一个单纯的词汇。这个练习可以让来访者体验认知去融合的含义，理解词语仅仅是词语。

4. 学习正念技术

为使来访者更好地掌握正念技术，治疗师将正念技术形象化：要求来访者想象一群小人列队从左耳走出，绕过眼前走进右耳，每个小人举着印有图片和词语的牌子，来访者保持旁观，让队列自由行进而不使自己陷入其中。这一过程可以使来访者体验观察自己的思维与依照思维观察世界的区别。生动的想象使来访者易于把握正念有目的的、此时此刻的、不带批判性的特点。

5. 情境化自我

为使来访者从概念化自我的视角转换到情境化自我的视角，治疗师会用棋盘来比喻：让来访者想象在一个无限延伸的棋盘上摆着对阵的白子和黑子，白子是积极体验，黑子是消极体验。来访者努力支持白子赢过黑子，因为黑子占优就意味着来访者的自我概念受到威胁，于是来访者的一部分体验成了自己的敌人。治疗师会提醒来访者，与其认为自己是白子，不如认为自己只是棋盘，来访者可以有痛苦的记忆和不好的想法，白子和黑子的战斗也还会继续，但来访者可以让战斗继续，而不必生活在战区中。通过这一比喻，来访者对自我的理解从被各种标签概念化的自我，转换成作为背景的自我。通过这一转换，来访者不再视负性体验为威胁，进而增强了与情境的联结。

6. 澄清价值观

以价值观为行动导向是接纳承诺行动疗法的特色。治疗师会问来访者希望自己的生命彰显了什么，甚至让来访者想象自己的葬礼，询问来访者希望墓碑或悼词上写些什么，以此澄清来访者在若干主要生活领域的价值观。治疗师会强调价值观是一个不断追求的方向，而不是某个具体的可实现的目标，强调价值观的澄清是个人选择而非受限于评估或判断。

7. 行动承诺

最后，来访者要承诺做出与价值观相联结的行动，在这一环节广泛地采用传统行为疗法的各种技术。此阶段会设定短期与长期的具体目标，使来访者一步一步地实践更加灵活的行为模式，在接纳与改变之间实现平衡，进而创造有价值的生活。

 学海漫游·知识拓展

应用隐喻法认知解离的案例

接纳承诺行动疗法的使用者认为生活中阻止人们按价值观行事，并让人们饱受折磨的两个核心心理过程分别是认知融合和经验性回避。认知融合，简单来说就是人们和自己的想法焊接在一起，与想法混合，沉溺于其中，导致行为完全被自己的想法支配，失去了对自我的自主性。接纳承诺行动疗法的使用者的一个重要技术就是解离，完整的专业名词为"认知解离"，即与自己的念头、想法、记忆等保持一段距离，不被它们牵着鼻子走。在运用接纳承诺行动疗法进行心理咨询时，治疗师通常会先用隐喻法让来访者理解接纳承诺行动疗法的模型。

案例背景：高三学生小红由于过去的不良体验，对上学产生了严重的不良身心反应。

案例实践：小红描述自己去学校时会出现腹痛、紧张、头晕的症状，无法进入学习状态。这让小红认为自己肯定跟不上大家的学习进度，高考一定会落榜。这一想法的出现让她更为焦虑。

治疗师："你刚刚谈到你一想到学习就会觉得自己一定学不好，学不好就一定考不好，高考考不好就完了。想到这些你就特别焦虑，是吗？"

小红："是的。我确实学不进去，学不进去就肯定考不好，这是一定的。"

治疗师："我不太关心这个想法是对还是错，我只想知道这个想法现在对你的影响是什么。如果你不介意，那么我想用一个隐喻来解释一下。"

小红："可以。"

咨询师（拿起一个文件夹）："把这个文件夹当成你现在的想法，接下来请紧紧地抓住它。举着这个文件夹遮住自己的脸，尽可能贴近自己的脸，但是不要碰到鼻子，越近越好。"

（小红拿起文件夹贴近自己的鼻子，遮挡了自己的视线，直到看不见治疗师和房间

四周。）

治疗师："现在这种情况下，你还能正常和我交谈吗？能看到这个房间的样子吗？假如我现在在屋子里面跳支舞，你能看到吗？"

小红（微笑）："不能。"

治疗师："当你完全陷入这种痛苦里面的时候，你能看到这个房间的样子吗？"

小红："除了文件夹，我什么也看不到。"

治疗师："所以，当你完全沉浸在这些想法时，你会失去很多，失去了与我、与整个世界的联系。此外，当你一直紧紧抓着这个东西的时候，你就没有办法做生活中本该做的事情。我现在让你去学习、去骑自行车、去和朋友聊天，你能做到吗？"

小红："做不到。"

治疗师："现在，请你慢慢地把这个夹子拿得离自己远一点儿，保持在 10 厘米左右。现在感觉怎样？"

小红："感觉舒服多了，也自由多了。"

治疗师："请把文件夹交给我。"

治疗师（接过文件夹，把文件夹拿到距离小红约 1 米的位置）："现在感觉怎么样？它对你还有什么影响？"

小红："基本没什么影响了，不注意就不会感觉到它的存在。"

治疗师："如果将这个文件夹放到距离你 10 米的地方，你觉得自己还会注意到它吗？"

小红（轻笑）："肯定不会了。"

治疗师："那你觉得该如何处理你和你的想法之间的关系？"

小红："我应该离它远一点儿。"

学海探航

一、交互式测验

请扫码进行答题，并根据得分情况进行查缺补漏。

模块7 测试题 ▶

二、思考题

1. 个人建构理论对你有哪些成长的启示？
2. 如何转悲观为乐观？
3. 自我图式可能对你成长的哪些方面有帮助？

典范风采

用小电表破解充电大难题的大国工匠

目前，我国新能源汽车保有量超过 2 000 万辆，但是很多车主经常受一个问题困扰——充电难。1985 年 10 月出生的国家电网首席专家徐川子，用小电表破解了充电大难题。

徐川子出生于杭州市富阳区场口镇，父亲是一名基层的电力运行值班人员。因为父亲工作的关系，她在满是线路和电气设备的屋子里度过了自己的童年。这个经历影响了徐川子的职业选择。读大学时，她毅然选择了电气工程与自动化专业。大学毕业后，她考入杭州市富阳区供电公司，成为一名装表接电工。在基层，她一待就是 10 年。

2019 年 9 月，徐川子受邀参加第九届联合国全球契约领导人峰会，并荣获"2019 全球契约中国网络联合国可持续发展目标先锋人物"荣誉称号。会上，她分享了一张让联合国全球契约总干事赞叹不已的电子"碳单"。通过电力大数据，游客扫"单"入住后，就能知道自己在住店期间的能耗和排名。能耗少的游客可以赢积分抵房费。一张小小的"碳单"能为浙江 500 多家酒店降低能耗约 10%。

2020 年 2 月，徐川子接到杭州市滨江区山一社区党支部书记来庆峰的求助电话。社区想通过电力大数据了解人员流动情况。她迅速利用智能电表系统，对试点区域内的 160 个小区的用电数据进行云端采集，经过分析 3 轮 150 多万条大数据，成功研发出全国首个"电力大数据＋社区网格化"算法，准确划分居民流动情况，准确率超过 97%。这一成果在疫情防控中发挥了重要作用，并在浙江 11 个地、市推广，为复工复产提供了有力支持。

在平凡的岗位上用心耕耘，徐川子点亮了城市的万家灯火，也照亮了自己的美丽人生。徐川子说，她特别喜欢习近平总书记引用的一句古话——志之所趋，无远弗届，穷山距海，不能限也。这句话的意思是，对想做、爱做的事，要敢试敢为，努力从无到有、从小到大，把理想变成现实。徐川子相信那些在攻坚克难中创造业绩的奋斗岁月，终有一天会成为青春最亮丽的底色。

（资料来源：杭州网，有删改）

 智慧火花：

请结合人格心理学认知流派的观点，谈谈哪些认知因素促使徐川子从一名电表工成长为大国工匠。

博学之路

一、心理书籍推荐

（一）《活出最乐观的自己》

本书是积极心理学之父马丁·塞利格曼的著作，是央视《读书》栏目连续五天力荐的作品，是告别抑郁、从根本上改变悲观人生、提升幸福感的指南。全书分为 3 个部分：第一部分探讨了人们为什么会抑郁；第二部分讲述了乐观的人具有哪些优势；第三部分探讨了人们应如何从悲观思维转变成乐观思维。塞利格曼认为，乐观思维可以帮助人摆脱抑郁、正视挫折、改善健康状况，而通过运用 ABC 模式，你可以习得把悲观思维变成乐观思维的方法，从而成为最乐观的自己。

（作者：马丁·塞利格曼）

（二）《认知破局》

作者基于自己 18 年的从业经验，写成了这本针对广大职场人的破局指南。本书从认知、战略、方法、心性和趋势这 5 个大的层面分别进行阐述，帮助个体提升认知，具备战略思维，学会思维方法，懂得磨砺心性，看懂未来趋势，助力个体找到人生的破局之道。

（作者：张　琦）

二、心理电影推荐

（一）《第二十条》

《第二十条》让观众看到了很多备受关注的社会话题，如校园霸凌、公交车骚扰、名誉侵犯等，以及在相关案件中情与法的困境。影片围绕情与理、道德与法律、公序良俗与国家法治等多个层面逐渐展开，呈现出影片对于法治社会良知的追求。影片选择现实生活和社会变革中的人物、事件，注重展现真实生活的多面性，通过刻画典型环境下的典型人物，反映当今中国百姓面临的生存困境，与此同时，让观众随着影片中道德和法律两难的情境反思和建构自己的观点，折射出大时代背景下的公平正义，弘扬"法不能向不法让步"理念，弘扬正义和见义勇为精神。

（二）《飞驰人生 2》

昔日冠军车手张驰沦为落魄驾校教练，靠着以前的名气勉强度日。不料天上掉馅饼，有人主动提出赞助他组建车队再战最后一届巴音布鲁克拉力赛。张驰召集老朋友孙宇强和记星，与天才车手厉小海和总是考不过科目二的菜鸟驾校学员刘显德组成了一个苦中作乐、鸡飞狗跳的草台班子，克服重重困难，笑料百出地奔赴赛场。张驰在生活的低谷中，虽因遭遇挫折而陷入自我怀疑，但内心深处仍有一股不服输的力量。这种"逆境反弹"的心理现象，正是张驰重回赛场的动力源泉。面对困境，张驰和他的团队始终保持着积极的心态，这种乐观精神不仅帮助他们在赛场上取得胜利，更让他们在生活中找到了真正的快乐。

模块

发现自我，成就人生

——人本主义流派

> 天生我材必有用。
>
> ——李白·《将进酒》

知识脉络

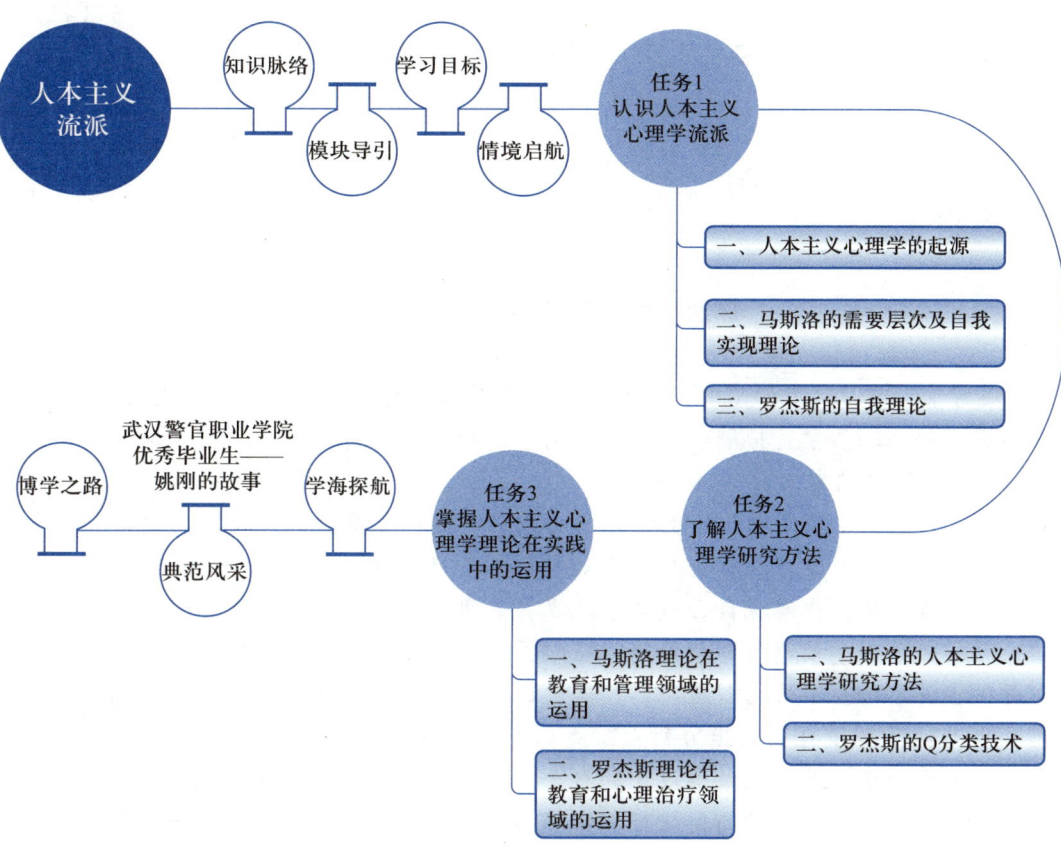

模块导引

　　人是不断地追求需要满足、追求积极关注、追求幸福的生物。你了解人都有哪些需要吗？你是不是经常在心里问自己是否能够得到幸福和满足？你是不是经常感到自己的真实状况与期望的状况有很大的差距？你是否对自己到底是一个什么样的人感到困惑？

　　在本模块中，我们将学习人的需要有哪些，人的自我概念的内涵是什么，人的内在自我协调一致是什么情形，以及如何达到这种协调。我们会明白通过人的自我发现、自我完善和自我实现，以及最大程度地发挥自己的潜能，是可以在某种程度上获得幸福和满足的。

学习目标

》　知识目标：掌握马斯洛需要层次理论的具体内涵；掌握自我实现理论的内涵及特点；掌握罗杰斯理论中自我概念、积极关注、自我实现倾向、机能完善者的内涵及其特征。

》　能力目标：提升用人本主义心理学的理论视角看待自己、看待他人的能力；能够用马斯洛需要层次理论来对人进行解析；能够用无条件积极关注的方式来与人交往，改善自己的人际关系，从而加强团队合作能力。

》　素养目标：培养以人为本、终身学习、终身成长的发展理念与职业素质。

情境启航

探索自我，成就自我

　　受家庭背景和学习环境的限制，高职学生小李对自己的未来没有明确的规划，内心非常迷茫和无助。于是抵触学习、沉迷网络游戏、封闭自己、浑浑噩噩虚度时光成了他学校生活的常态。

　　学校的职业生涯课促使他开始思索自己的未来。他开始有意识地减少网络游戏时间，积极投身课堂学习和社会交往，踊跃参加各种社会实践活动和学校组织的各种比赛。渐渐地，他发现自己对电子技术有着浓厚的兴趣，于是开始自学相关知识，并积极参加学校科技创新社团。在学校组织的创新大赛中，他获得了一等奖，并被推荐参加全国性的创新比赛。这次比赛不仅让小李的努力和才华得到了认可，也让他了解了自己的能力所在，更加有信心去追求和实现自己的梦想。小李在毕业前获得了去某企业做实习生的机会，在实习期间，他充分展现了自己的才华和潜力，得到了企业的高度认可。实习结束后，小李顺利地被这家企业录用为正式员工，由此开始了自己的职业生涯，后来成了一名优秀的电子技术专家和创业者。

　　每个学生都有自我实现的潜能和自己独特的成长轨迹，学习和实践的过程就是探索自我和成就自我的过程。

任务 1　认识人本主义心理学流派

　　人本主义心理学被誉为心理学的"第三势力"，是一种自 20 世纪中叶在美国兴起并至今仍具有强大影响力的心理学流派。它反对心理学的"第一势力"——行为主义的机械环境决定论，以及将人简化为幼稚状态的做法；同时，它也反对心理学的"第二势力"——精神分析流派的生物本能还原论，以及将人视为伤残的观念。人本主义心理学关注人的尊严、价值、创造力和自我实现，认为人的自我实现倾向是本能的一部分，并强调心理学应当研究人的本性、潜能、尊严和价值等健康心理特质。人本主义心理学代表人物包括提出需要层次理论和自我实现理论的马斯洛，以及提出自我论的罗杰斯。

一、人本主义心理学的起源

　　人本主义心理学的兴起有一个较长的酝酿过程，有着广阔的历史背景和深厚的思想基础。人本主义心理学起源于 20 世纪中叶的美国，它是在对当时的主流心理学，如行为主义和精神分析流派的深刻反思与批判中崛起的一种心理学思想。这一流派强调人的主体性、尊严和价值，认为心理学应当以人为中心，关注人的自我实现、潜能发挥及主观经验。人本主义心理学的兴起是一场心理学界的"人本革命"，它呼吁心理学回归对人本身的深切关怀与尊重。

（一）人本主义心理学的哲学渊源

1. 西方人文主义思潮

　　西方人文主义思潮发源于古希腊哲学，兴起于 14 世纪下半叶文艺复兴运动，其主要思想倾向是：把人看作万物的尺度，重视人的价值，维护人的尊严和权利；极力倡导自由、平等、博爱的思想；促进个性解放，使人得到充分的自由发展，实现个人现实生活的幸福。这些主题为人本主义心理学的兴起与发展提供了宝贵的精神资源。

2. 现象学

　　以胡塞尔思想为代表的现象学，把人的心理活动和内部体验作为自然呈现的现象来看待，注重对现象或直接经验的审视和描述而不是因果分析或实证说明，采用内省报告的研究方法，对个体的直接经验进行研究。现象学的核心主题是意向性。意向性既包括人的愿望、需要、价值观、态度及意志，也包括个体为自己的行动负责的过程等等这些独特的主观经验，个体的主观经验同样是人本主义心理学的重点关注对象。

3. 存在主义

　　存在主义是一种将人的存在当作全部哲学基础和出发点的哲学思潮，代表人物有克尔凯郭尔、海德格尔、萨特等。存在主义突出"以人为中心"，强调个人价值和经验的独特性，把人视为一种自由的力量，认为每个人都有独立选择自己人生道路的自由，每个人都必须对自己的选择负责；认为人具有实现自己潜能、不断超越自我的能力；主张研究自由、价值、选择、责任等主题。它为人本主义心理学提供了理论支撑。

（二）人本主义心理学产生的社会背景

人本主义心理学的兴起与 20 世纪中叶美国的社会状况有着密切关系。第二次世界大战后，美国的科学技术和社会经济发展迅速，人们的基本生活需求得到满足，开始追求更高级的需要满足，希望挖掘个人的潜能和实现自我价值。人本主义心理学是美国心理学界对时代精神的积极回应。经济的繁荣、科技的发达并不能解决人的精神生活问题，人们丧失了信仰和生活的意义，精神危机加重，渴求科学的精神指导，因此人本主义心理学应运而生。

（三）人本主义心理学产生的心理学背景

人本主义心理学是在对行为主义流派和精神分析流派批判的基础上产生的。它反对行为主义，认为其没有恰当地研究人类的思维、情感、内心体验等问题，过于关注严格的研究方法，从而忽略了人的实质性的东西。它批评精神分析学家只关心那些有心理障碍的人，而不去研究心理健康的人，反对他们只看到了人性的阴暗面，认为他们过于悲观。

（四）人本主义心理学吸收了中国道家的哲学思想

道家思想的核心内容是"道""有""无""自然"等。道法自然、顺应自然等道家原则被人本主义心理学家应用于他们的理论和实践中。马斯洛多次提到他的自我实现概念来源于道家的"无为"；罗杰斯在心理治疗中提出"助人自助""任其自然"，强调对当事人不干涉，对当事人真诚一致，给予当事人无条件的积极关注，与当事人共情，让来访者自己帮助自己走出困境等，这些与道家思想相吻合。

二、马斯洛的需要层次及自我实现理论

（一）马斯洛简介

马斯洛（1908—1970）是人本主义心理学代表人物，其代表作有《人类动机理论》《动机与人格》《科学心理学》《存在心理学探索》《人性能达到的境界》等。马斯洛的理论主要是围绕需要层次理论和自我实现理论来建构的。

（二）需要层次理论

马斯洛强调人类的所有行为都是由需要引起的，将人类的需要描述为"似本能"。他认为人总是不断被各种需要困扰，是不断需求着的动物，除了少数时间外，很少能达到完全满足的状态。他将人类的需要比作一座包括由低到高 5 个层次的金字塔，这 5 个层次分别为生理需要、安全需要、归属与爱的需要、尊重需要和自我实现需要（图 8-1）。不同需要按照从强到弱、从底层到顶层、逐层递进的顺序排列，只有低级需要得到基本满足之后，高级需要才会产生。当一种需要得到满足后，就不再是行动的积极推动者。这些需要层次相互关联、相互影响，构成人类内心世界的复杂系统。

在需要层次的基础上，他区分了两种需要：一种是基本需要，也叫缺失性需要，为人和动物所共有，基本需要如果得不到基本满足，就会引发机体危机，个体会体验到强烈的匮乏；另一种是心理需

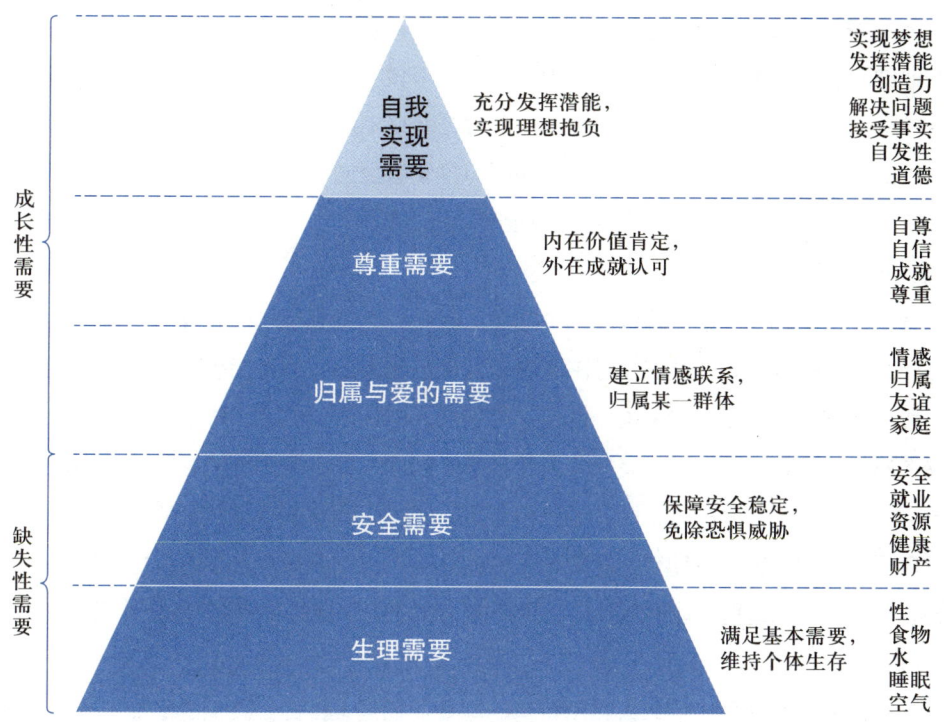

图 8-1　马斯洛需要系统层次图

要，也叫成长性需要，可以产生成长性动机，是一种超越了生存需要之后，产生的发自内心的希望发展和实现自身潜能的需要，它不受本能的支配，为人类所特有，满足了这种需要，人就会产生强烈、深刻的幸福感。

1. 生理需要

生理需要是人对食物、水、空气、性和睡眠等这些与有机体生存、繁衍有关的需要。这些需要是人类个体为了生存而必不可少的，是人的需要中最基本、最强烈、优先于任何其他需要的需要，为人和动物所共有。生理需要得不到满足，个体的生理机能就无法正常运转。例如，一个人长时间没有吃饭，他会为了找到食物而不顾一切，这是因为饥饿感让他对食物产生了强烈的生理需要，他需要用食物来维持生命。又如，炎炎烈日下，一个人因为口渴而迫切地寻找水源，这也是生理需要在驱动他的行为。

2. 安全需要

安全需要是指人对人身安全、健康保障（免遭痛苦、恐吓或疾病）、财产安全保障、社会稳定和安全等的需要，是一种寻求安全感、寻求生活的保护伞的需要。安全需要还表现为偏爱熟悉的、已知的事物，害怕和远离不熟悉的、未知的事物。若安全需要无法得到满足，焦虑和不安就会滋生。例如，在治安不好的地区，人们居家可能会选择安装防盗门窗、购买财产保险，或者会选择居住在安保措施比较好的小区，这是为了满足安全需要。在疫情严重的时候，人们会佩戴口罩、勤洗手、保持社交距离等，这也是安全需要的体现。很多人选择职业时会考虑这个职业是否稳定、各种保障是否健全，因为不稳定的职业会令人感到不安。

3. 归属和爱的需要

归属和爱的需要涵盖了人际关系、社交互动、友谊、爱与归属的需求，是对友情、信任、温暖、爱情的需要。人们渴望在生活圈子里与他人建立亲密的情感联系，渴望被社交群体接纳，否则他们会体验到深深的孤独和被隔绝感。例如，一个刚刚从其他城市转学过来的学生，可能会积极地去跟同学打招呼，参加各种社交活动，加入学校兴趣小组，或者通过网络结识新朋友。这是因为他需要与他人建立联系，满足自己的社交需要。又如，有些吸烟、酗酒、打架甚至加入不良少年帮派的"问题"青少年可能就是因为在家庭、学校里归属和爱的需要没有得到满足。

4. 尊重需要

尊重需要包括自尊和来自他人的尊重两个方面。自尊即感觉到自己是有能力、有价值的，包括对自己有力量、有成就、有信心，以及独立自由的渴望；来自他人的尊重是指需要别人承认自己是有能力和有价值的，包括希望自己有名誉、威望、地位，得到他人的认可和赏识。尊重需要的满足使人产生一种自信、自豪的感觉；尊重需要的满足受挫，人就会产生自卑、弱小及无能的感觉。例如，一个学生在学校里努力学习，争取方方面面的好成绩，也是希望得到教师、同学的尊重。又如，一个职场新人会努力工作，提升自己的各种能力，以期得到同事和上司的认可，进而获得晋升，这是他为了满足尊重需要而付出的努力，这个努力的过程会让他感到自己是有能力和值得尊重的，使其对自己特别满意。

5. 自我实现的需要

自我实现的需要是最高层次的、人类所特有的需要。它是一种促使我们的潜能、天赋和能力得以实现的倾向。这种倾向驱使个体越来越成为独特的那个人，成为他所能够成为的一切。马斯洛认为，一位作曲家必须作曲，一位画家必须绘画，一位诗人必须写诗，一个人能够成为什么，他就必须成为什么，否则他始终都无法安静。可见，自我实现的需要是实现生命价值的需要，其目的是扩展经验、充实生命，而不是补偿不足。

（三）自我实现理论

1. 自我实现

马斯洛毕生致力于自我实现理论的研究，他把自我实现作为自己人格理论的核心，作为人格发展的最高理想和最高目标。马斯洛认为自我实现是人与生俱来的倾向，是人的潜能的充分发挥和实现，是人的生命价值最大限度的实现。能否达到自我实现，有赖于人的各种基本需要的满足。人的需要的多层级性，决定了自我实现是一个连续不断、终身发展的过程。

2. 自我实现者的人格表现

基于对许多健康、成功人士的研究，马斯洛概括出自我实现者的 15 种共同人格表现（表 8-1）。

表 8-1　自我实现者的 15 种共同人格表现

序号	人格表现	描述
1	全面和准确地知觉现实	能够不带任何主观偏见地去按照事物的本来面目来认识和看待现实
2	悦纳自己、他人与周围世界	能够承认和接受凡事都有积极与消极两个方面
3	自然、自发、单纯	坦率、真实地表达自己的思想与感情，行为具有自发性
4	关注问题而不是关注自我	对人生怀有使命感、奉献感，把精力用于解决与众人有关的问题

续表

序号	人格表现	描述
5	超然独处	他们是自我决定、自我负责的自由个体，不依赖他人，不害怕孤独，常常主动追求独处
6	超越环境和文化的束缚	受成长动机驱动，能够摆脱对外界环境和他人的依赖，独立自主地选择并实现自己的目标
7	新鲜的感知和永不衰退的欣赏力	带着好奇、敬畏、喜悦和天真无邪的心理去体验和欣赏一切
8	高峰体验	经常能够产生狂喜、惊奇、敬畏、心醉神迷，以及失去时空感的情绪体验
9	社会兴趣	所有人都有强烈而深刻的认同感、同情心和慈爱心
10	深厚的友情	朋友数量不多，但友情更深切充实
11	民主精神	尊重一切人，平等对待一切人
12	道德感	有明确的道德观念，能够明辨是非，遵循自己认可的内在道德标准行事
13	幽默感	善于观察人世间的荒诞和不协调现象，并能够以一种诙谐、风趣的方式呈现出来
14	创造性	保持以开放、新鲜、纯粹和直率的眼光来看待生活与世界，能够破除陈规，在各个方面显示出创意和独特性
15	不盲从	不墨守成规，不随波逐流，对随意迎合他人的观点和行为十分反感，其思想和行为独立自主，一切都遵循自己内心的价值与规范

自我实现者也并非完人，他们也会厌烦、激动、固执己见，甚至不能摆脱肤浅的虚荣、骄傲，发脾气也并不少见，偶尔会表现出令人吃惊的冷酷，有时也会表现出非自我实现的特征。

3. 高峰体验

马斯洛在研究中发现，自我实现者常常会提到一种特殊的生命体验——高峰体验，那是一种趋于顶峰、超越时空、超越自我的极乐满足与完美的体验，能"感受到一种发自心灵深处的战栗、欣快、满足、超然的情绪体验"。这种体验持续的时间虽然短暂，但深刻无比。处于高峰体验的人，有一种比其他任何时候更加整合的自我感觉，更心平气和，注意力高度集中并极度放松，发挥出潜能，感到无限美好，具有极大的力量、自信和决断力。高峰体验是一种非常神秘的体验，可以出现在人们投入和欣赏大自然时，可以出现在人们专注从事创造性的工作时，还可以出现在人们运动、休闲、娱乐时。只要全身心投入、放松、专注，普通人也可以在日常生活中创造机会去更多地体验，让身心更健康。

4. 自我实现的条件与障碍

马斯洛认为，每个人都有自我实现的潜能，但能充分实现自我、成为自我实现者的非常稀少，所占的比例不到1%。许多人之所以不能成为自我实现者，是因为他们受到各种主客观条件和因素的限制。

从客观条件来看，自我实现是最高层次的需要，一个人要登上这一需要层次的顶峰，需要良好的外部环境和条件来满足其较低层次的需要。例如，需要有良好富足的经济环境、教育环境，以及自由、正义、公平及秩序等先决条件，没有它们，自我实现需要的满足就无从谈起。

从个人主观及内部条件来看，许多人不能够自我实现，在很大程度上是由自身主观的问题与缺陷导致的。例如，自我概念的缩减，即我们可能对自己是谁及自己的潜力看法比较保守，对自己不敢有更高的期望；我们还固执于现有的自我概念，不敢突破，限制了自我的发展；对于成功的恐惧和维持现状的安全需要也是阻碍人自我实现的内部原因。

人格教育和心理治疗的一个基本目标就是让人关注和完善对自己的看法，喜爱自己并悦纳自己，摆脱限制自己发展的各种束缚，不断去实现自己的潜能。

学海漫游·知识拓展

自我实现有阻碍也有惊喜

一、约拿情结

约拿情结是马斯洛提出的一个概念，简单地说，约拿情结就是对成长的恐惧。约拿是《圣经》中一个虔诚的犹太先知，他一直渴望能够得到神的差遣。神终于派他去宣布赦免一座本来要被罪行毁灭的城市——尼尼微城。在难得的机会面前，他陷入了恐惧和自我怀疑中，四处逃避神的旨意，最终在神的召唤下完成了自己的使命。约拿指代那些渴望成长又因某些内在阻碍而害怕成长的人。约拿情结代表的是一种在机遇面前自我逃避、畏缩退后的心理。

微课连线：最佳体验：发现日常生活中的美好

约拿情结在现实生活中会表现为：一个聪明的青年人，他在学校里成绩很好，却在高考前夜突然生病，以至于失去了考试的机会。后来他工作了，能力很强，颇得领导赏识，但是在他马上要得到一次关键升迁机会的时候，他又辞职了……尽管这些事情的发生看似偶然，但深入接触他的内心世界时，我们会发现，他的内心埋藏着自己都没有觉察的对自己、对他人非常复杂的矛盾情感，每次在走向成功的关键时刻，约拿情结都制

约了他，导致他逃避发掘自己的潜力，不敢去做自己本能够做得很好的事。

约拿情结的存在限制了人的自我发展，因此我们要认识、觉察和承认自己的约拿情结，提醒自己在面对责任和压力的时候，要勇于克服恐惧心理，勇敢承担自己的使命，勇敢面对许多无法预料的变化，承担可能失败的风险，付出更多的努力，让自己变得更优秀。

克服约拿情结可以先从自己擅长的小事入手，在自己信任的小范围内大胆展现自己，渐渐地获得对自己的信任感，增强内心的力量，这样有利于在面临成功的机遇时，敢于打破平衡，抓住机会展现自己，获得成功。

二、心流

这是积极心理学家米哈里·契克森米哈赖提出的，指我们在做某些事情时，那种全神贯注、忘我投入、充满能量并且工作完成后获得内心秩序的安宁的，享受此刻而无视其他事物的，非常满足的状态，处于这种状态的人甚至感觉不到时间的存在。心流是一种积极的生命体验。心流体验与高峰体验有关系，高峰体验就是级别很高的心流体验。心流体验可以给我们注入源源不断的精神力量，提升生活质量。一些艺术家、作家、运动员等经常体验到心流，我们普通人在画画、下棋、阅读、演奏乐器、玩自己感兴趣的游戏时，会忘记时间，忘记吃饭，产生高度的兴奋和充实感，这种状况就是处于心流之中。

米哈里·契克森米哈赖总结了心流发生的规律并提出进入心流状态的建议：找一个你基本能控制的事物，但要有一定的挑战性，即所做的事情可能会超出你的能力，但不要超出太多，明确目标，稳定地投入其中，然后排除内外干扰，不断努力，并不断接收正反馈，久而久之，心流就可以出现了。

 课堂活动 8-1

描述与分享心流体验

人本主义心理学认为，自我实现是一个动态发展的过程，高峰体验、心流体验是自我实现的重要途径。请根据自己的实际情况描述心流体验（表8-2）。

表8-2　心流体验描述

时间	场所	内容

三、罗杰斯的自我理论

（一）罗杰斯简介

罗杰斯（1902—1987），美国心理学家，人本主义心理学的代表人物之一，其著作有《当事人中心治疗：实践、运用和理论》《论人的成长》《自由学习》。

罗杰斯的人格理论有两个至关重要的基础：一是现象学视角。现象学认为支配人们的心理活动与行为的是人们对于现实世界的主观感觉而非客观世界。换言之，我们通过对客观世界的主观建构来理解世界。二是"实现倾向"。每个人都有向积极方向发展的趋势，只要是一个生命，不管是一朵花、一株草、一只鸟，还是一个人，都会表现出生长和发展的"实现倾向"，表现出一种求生存、求强大、求茂盛、求完满的趋势。

（二）现象场与自我

1. 现象场

现象学强调个人体验，将一个人的内心世界或体验世界称为现象场，它由个体知觉经验构成。在现象学观点的影响下，罗杰斯将个人体验视为最高权威。每个人都是一个正在体验着的人，每个人都生活在自己建构的主观经验世界里，都以独特的方式感知世界并对感知过、经历过的事物赋予一定的意义，这些感知和意义的整体便构成了个人的现象场。每个现象场都是独一无二的，只有个体自己才最了解自己的内心世界。

2. 自我

（1）自我或自我概念的内涵。个人的现象场中有一部分是关于自我的感知、认识、态度和情感，这些就是个体的自我，也叫自我概念。它是指个体对自己心理现象的全部经验，是个体对自己的认知、理解和评价。它包括个体对自己的身份、特质、能力、价值观和与他人的关系等方面的主观认知及评价。例如，"我很矮""我英语很好""我不太会与人打交道"，等等。这些正面或负面的对自我的主观印象就构成了一个人较为稳定的自我概念。

自我概念对个体的行为、情感和心理健康具有重要影响，是整个人格的核心。人们倾向于做出与自我概念相匹配的行为。例如，认为自己不太会与人打交道的人，就会有意无意地回避各种要与人打交道的社交活动。个体的自我概念不一定反映客观现实。例如，一个人觉得自己很矮，但其实他在人群中属于正常身高。又如，觉得自己事事不如人、非常自卑的个体，其实也有很多优点。当个体的自我概念与自己的经验和感受相一致时，他们会体验到更多的自我接纳和内心和谐。当个体的自我概念与实际经验和感受之间存在明显的冲突时，他们通常只愿意接受那些与自我概念相一致的经验，而忽略那些不一致的经验，忽视不了的则进行防御。自我不一致会导致焦虑和不适。自我概念通常萌芽于个体成长早期，在其与环境互动的过程中不断形成，并在生命的整个历程中不断调整。个体在成长过程中需要得到他人无条件地积极关注和接纳，这样才能发展出积极的自我概念。

（2）现实自我。现实自我也叫真实自我，是指个体当下真实存在的样子，是较符合现实的自我形象。它是个体在成长过程中逐渐形成的自我认知。例如，有的大学生自认为在学习上很努力，是可以取得好成绩的好学生，实际却常常逃课、不看书、不思考、不完成学习任务等，这是对自己的真实状况的忽略。又如，某学生因为学习目标不明确，也没有真正地努力，内心对自己的未来非常担心和焦虑，但是他做出非常有把握的样子，这也是忽略了自己真实的状态和感受，久而久之会造成自我概念的扭曲，不利于适应现实。罗杰斯认为一个成熟健康的人应该对自己有比较准确的认识，他的自我概念与他的真实自我是相符合或者相接近的。

（3）理想自我。理想自我指个体渴望成为的理想形象，是个体认为自己"应当是"或者"必须是"的理想状态。理想自我所具有的特征是个体认为重要的和有价值的东西，可以是生理方面的，也可以是能力、财产或社会地位方面的。理想自我可以成为指引我们发展和完善的动力。但如果理想自我与真实自我存在巨大差距，个体就会体验到内心的冲突和不满，严重的会引发焦虑、抑郁等心理问题。

（三）自我实现倾向与积极关注的需要

1. 自我实现倾向

罗杰斯认为每个人都有朝着健康、积极的方向发展、成长、变化的潜能，即自我实现倾向，这种倾向引导人的所有行为，驱使着个体实现自我、维持自我并提升自我。

个体是根据自己的感受来评价经验的，这一评价过程叫机体评估过程。机体评估过程是自我实现倾向的反馈系统，使个体能调节自己的经验，趋向自我实现。个体如果感觉自己是有价值的，是被认同和

微课连线：
实现趋向：
从一个土豆
的故事谈起

接纳的，他就能够信任自己的感受，并可以根据自己的内在体验做出恰当的行为和选择；如果个体被外在价值条件要求，并且这些价值条件已内化为他的自我概念的一部分，个体就会以牺牲机体评估过程为代价来满足价值条件的要求。价值条件越多，自身真实经验被歪曲的程度就越高，个体也会失去跟自己内在体验的联系，这会导致个体长期压抑自己的真实感受，不敢表现真实的自己，久而久之就会感到迷茫、空虚甚至焦虑、抑郁。例如，小王是一个听从父母一切安排的乖乖女，她从小就对绘画和雕塑等艺术表现出极高的天赋和兴趣，然而在高考填报志愿时，她的父母却希望她能选择更"实用"的专业，如医学或法律，以便将来能有更稳定的职业前景。小王不知道该怎么选择，也不知道自己是否真的喜欢艺术类专业。她开始感到困惑和焦虑。她害怕违背父母的意愿会让他们失望，同时也担心自己如果真的选择了艺术专业，将来会无法谋生。在这种矛盾的心理状态下，小王开始压抑自己的真实感受，选择了父母期望的医学专业。然而，她对这个专业毫无兴趣，每次上课都感到在受煎熬。长期的心情低落和自我压抑，导致她开始出现失眠、食欲不振等抑郁症状。随着时间的推移，她的焦虑和抑郁情绪愈发严重。她开始怀疑自己的价值和能力，越来越封闭自己，觉得自己既无法让父母满意，也无法好好做自己，对自己失望至极。

2. 积极关注的需要

罗杰斯认为所有人都有一种希望获得积极关注的需要，希望别人以积极的态度对待并支持自己，这种需要包含了被关注、爱、尊重、接受、喜欢、支持、赞赏、温暖等，这被称为积极关注，也叫无条件关注。它有助于个体形成积极的自我概念。起初，积极关注来自他人，特别是身边重要的人，如父母、教师与朋友等。随着自我的发展，积极关注的提供者更多从他人转向自己，个体能够接受自己，奖赏自己，自我珍重。

微课连线：
积极关注：
夸夸群的走红
VS 当代人的
生存焦虑

与积极关注相对的是有条件积极关注，也叫价值条件，是指个体只有在自己的行为符合他人标准的条件下才能得到他人的积极关注。价值条件是父母或重要的他人提出的获得积极关注的条件，只有个体按某种方式表现时，才给予其积极关注。价值条件能广泛影响一个人的人格发展，它们会替代、干预机体的评估过程，从而阻止一个人自由发挥自我实现倾向，阻碍其健康成长。当价值条件比机体评价过程对人的行为所起的作用更大时，用他人的标准要求自己就会成为行为习惯，他人就成了自我，真正的自我反而被排斥，个体的人格会受到损害。

（四）机能完善者

机能完善者又叫充分发挥机能的人。这是罗杰斯推崇的理想状态。这种人十分信任自己，按照机体评估过程而非价值条件生活。这种人具有自我实现倾向并能充分发挥自己的潜能，拥有积极且与事实相符的自我概念，是自我一致和协调的。成为机能完善者是人格发展的方向，不是目的地。这种人的养成需要一个无条件积极关注的成长环境，这种成长环境可以在心理治疗、日常的婚姻家庭生活、学校，以及朋友间的相处中实现。一般而言，机能完善者的主要表现如表 8-3 所示。

表 8-3　机能完善者的主要表现

序号	表现	内容
1	对经验的开放性	坦诚地对待自己所有的经历，接受体验到的一切情绪和经验，不歪曲、不掩饰

续表

序号	表现	内容
2	有协调一致的自我	自我概念是与经验协调一致的，真实自我与理想自我也是协调一致的，具有开放和谐的自我，有充足的心理力量去应对外界
3	相信自己的机体评估过程	以自己内在的成长倾向和实际体验作为经验评估的参考，而不以外在的社会价值判断为参照；如果感到一件事应该做，他们就去做，不会因自己有过失败的经历而畏手畏脚，也不会因顾忌别人的想法而放弃
4	无条件地自我关注	永远相信自己、赞赏自己，不愿受他人意愿的支配或束缚，能毫无顾虑地自由选择并为自己的选择负责，富有自由感和力量感
5	有和谐的人际关系	与他人和睦相处，给予他人无条件的积极关注，尊重和接纳他人
6	有高度的创造力	当环境发生改变，遇到新的困难时，他们不墨守成规，非常灵活，适应性良好；喜欢寻求新的体验，敢于不断面对新的挑战
7	有存在主义的生活方式	对生活永远有着新鲜感，永远生活在当下并持续追求成长和最大化发挥个人潜能

 ## 学海漫游·心理机能

人际关系中的倾听技术

作为人际交往中一项重要的技能，倾听不仅仅是听到声音，更重要的是从内心深处去理解和感受对方的话语、情绪和需求。真正的倾听意味着全身心地投入到与对方的交流中，去探寻他们隐藏在言辞背后的真实意图和感受。

倾听是一种尊重和理解他人的行为，要求倾听者用心去聆听他人的心声，包括他人的想法、建议和抱怨；关注对方的语调、语速、肢体语言等非言语信息，这些信息往往能传达出更多的情感和意图。

倾听是一门艺术。我们需要保持开放的心态，不带有偏见或成见，保持专注，不受外界干扰，尽可能将注意力集中在对方身上，克服自我中心和自以为是的心态，尊重对方并避免打断对方的话，以开放的心态去接纳和理解对方的观点，避免过早地做出判断或提出反驳。

有效的倾听还包括适当的反馈和回应。我们可以通过点头、微笑或简短的话语来表达对对方的关注和理解，可以通过提问确保自己正确理解对方的意思，同时也能鼓励对方继续表达。适时的反馈不仅有助于我们正确理解对方的意图，还能让对方知道我们在认真倾听，并且理解了他的意图，这可以鼓励对方继续分享他的想法和感受。

倾听在人际关系中具有重要意义。通过倾听，我们可以更好地理解对方的观点和需求，可以提高沟通效率，解决矛盾和问题，从而建立信任，促进合作，并增强人际关系的亲密度，实现共同的目标。

倾听是一项需要不断练习和提高的技能，我们应该在日常生活和工作中注重培养和提高倾听能力。

任务 2　了解人本主义心理学研究方法

人本主义心理学主张用人文社会的方法来研究人的心理现象，重视质性研究，强调对人的主观体验和内部过程进行研究，主张心理学研究必须考虑人的特殊性，要对那些体现人类真正本性的特殊领域进行研究，包括人类的经验、价值、意义、生活目标、自我实现等。

一、马斯洛的人本主义心理学研究方法

马斯洛在批判精神分析和行为主义的基础上提出了自己的研究方法。他反对在心理学的研究中把人当作动物和机器，反对盲目照搬自然科学研究方法的机械主义心理学研究方法，倡导以问题为中心而不是以方法为中心；倡导以"整体动力论"消除还原主义的弊端，使心理学成为"价值科学"，倡导对健康人格的研究。

（一）以问题为中心的研究方法

方法中心论是指一味强调科学研究中的设备、仪器和技术的主要地位的理论，这常常会导致一些尽管方法上健全但缺乏价值的研究。方法中心论往往循规蹈矩，扼杀新意，限制了科学研究的范围。

马斯洛对心理学研究的方法中心论进行了批判。他认为，方法中心论无视自然规律与人的心理规律的差别，盲目将自然科学的研究方法移植到心理学研究领域；同时，方法中心论颠倒了方法与目的的关系，方法只是达到目的的手段，解决问题才是科学研究的真正目的，方法必须适合问题，为解决问题服务。方法在道德上是中性的，他主张心理学研究应当以问题为中心，而非以方法为中心。马斯洛之所以会有如此洞见，是因为他意识到心理学的研究对象同时具有自然科学与人文科学研究对象的特点，换言之，心理学的研究对象同时具有物性与人性。物性遵守一种确定性和因果决定论，人性却涉及精神性与自由意志。就心理学研究对象的复杂性而言，仅使用自然科学或人文科学中的任何一种研究方法都只能是"盲人摸象"，并不足以构建完整的心理学研究体系。因此，心理学研究不可拘泥于具体的研究方法，而应当以问题为导向，选择适用于研究对象的研究方法来探讨相关问题。

（二）整体分析

马斯洛认为，在心理学研究中，当涉及人格、伦理价值观念和高级心理过程时，整体分析要比因素分析更有效。整体分析把人的综合特征看成一个复杂的结构整体，研究目的在于理解整体各个部分间的关系，以及各部分与整体的关系。

马斯洛强调人是一个有组织的整体，受到动机推动的是一个完整的人，而不是身体的某一部分。如果一个人饿了，那么是指他的整个人饿了，而不是他的肚子饿了。因为这时候他身体的许多方面都会有所变化。如果想要进一步了解一个独立的个人，就必须把他作为一个单元、一个个体和一个整体来研究，而不是孤立地简化分析。

由于有这样的方法做指导，马斯洛非常关注对个案进行研究，其研究方法包括访谈法、问卷调查法、历史传记研究法、人格测评法等。他认为通过个案研究得到的结论非常重要，可以概括出一般的规律。

二、罗杰斯的 Q 分类技术

（一）Q 分类技术介绍

1. Q 分类技术的来历

Q 分类技术（或称 Q 分类法、Q 技术）让被试按照正态分布的要求，对不同陈述语句条目进行分类，然后对分类结果进行统计分析，是一种对主观意识或观点进行测量和分类的方法。该方法于 1936 年由史蒂文森提出，常用于人格特征的评估、精神分析和心理学研究。罗杰斯人格理论中的自我概念是从临床实践中发展起来的，他又试图将其操作化，使自我这类主观描述变成可以测量的定量评估。他利用史蒂文森创立的 Q 分类技术，对来访者的自我概念进行了测量。因此 Q 分类技术是一种了解来访者的自我概念的自我评定测验。通过 Q 分类技术还可以测量来访者的理想自我，进而了解来访者真实自我和理想自我之间的差距。

2. Q 分类技术是一种评价心理治疗或心理咨询疗效的工具

Q 分类技术假设来访者能准确描述自己的真实自我和理想自我，并且两者在治疗前后会呈现出差别，这就需要运用 Q 分类技术来进行辨识，以检验在治疗开始阶段、治疗期间、治疗结束时的真实自我与理想自我之间的关系，这种检验通常采用相关系数来实现。这样，治疗师和来访者就可以清楚地看到来访者自我概念和理想自我概念的轮廓，为治疗提供依据。一般情况下，来访者在干预开始时，真实自我和理想自我之间差距很大，有时会呈负相关；随着干预的深入，真实自我和理想自我之间的差距会逐步缩小，两者的相关度渐渐增加。图 8-2 清晰呈现出一个 40 岁女性来访者在接受心理治疗前、中、后真实自我与理想自我相关系数变化的情况。

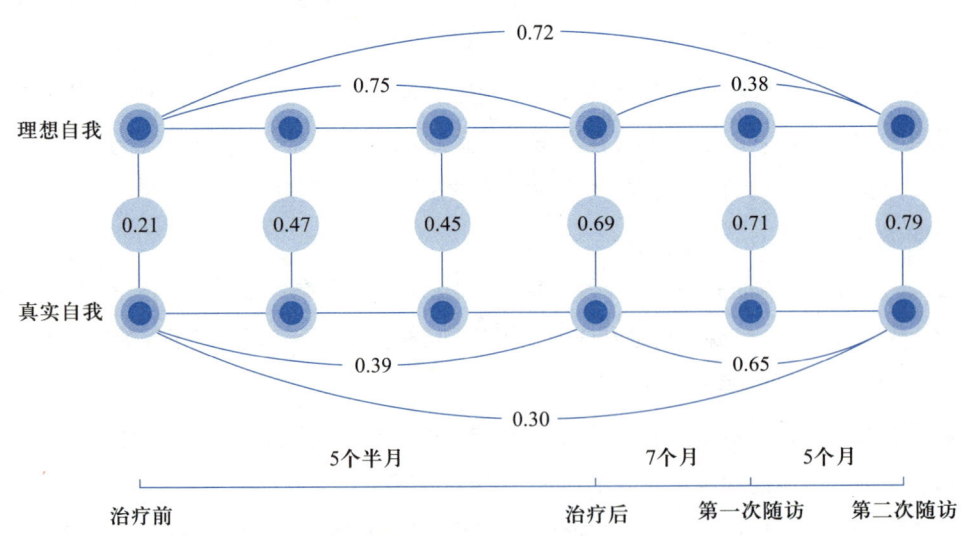

图 8-2　一位 40 岁女性来访者真实自我与理想自我的变化

（二）Q 分类技术测量实施步骤

Q 分类技术是一种通过分类卡片或陈述语句来评估个体态度、自我概念或项目评估的方法，其测量实施主要步骤如下。

第一步，给来访者 100 张卡片。这些卡片上写有许多表达个体自我概念的词或句子，如"我依赖别人""我是精明的人""我鄙视自己""我对自己抱有很高的期望""我常常感到焦虑""我是一个健谈者"，等等。要求来访者选出那些最能描述自己风格的卡片。这样就产生了真实自我的分类。通常情况下，让来访者根据自己的情况，从最适合的特质到最不适合的特质，将卡片分成几堆，每堆卡片从描述最像自己的这一端依次排列到描述最不像自己的另一端，排列在中间的那一堆卡片是中性的，即来访者不能确定那些描述是否像自己。测验前，规定好卡片的数目，使卡片分配成正态状（两端最少，中间最多）。例如，100 张卡片从左至右可分成 9 堆，每堆的卡片数依次为 5、8、12、16、18、16、12、8、5。不难想象，这样卡片的排列就形成了正态分布：两端的卡片数目最少，中间的卡片数目最多，处在两个极端的卡片就代表那些最符合和最不符合的特征（图 8-3）。

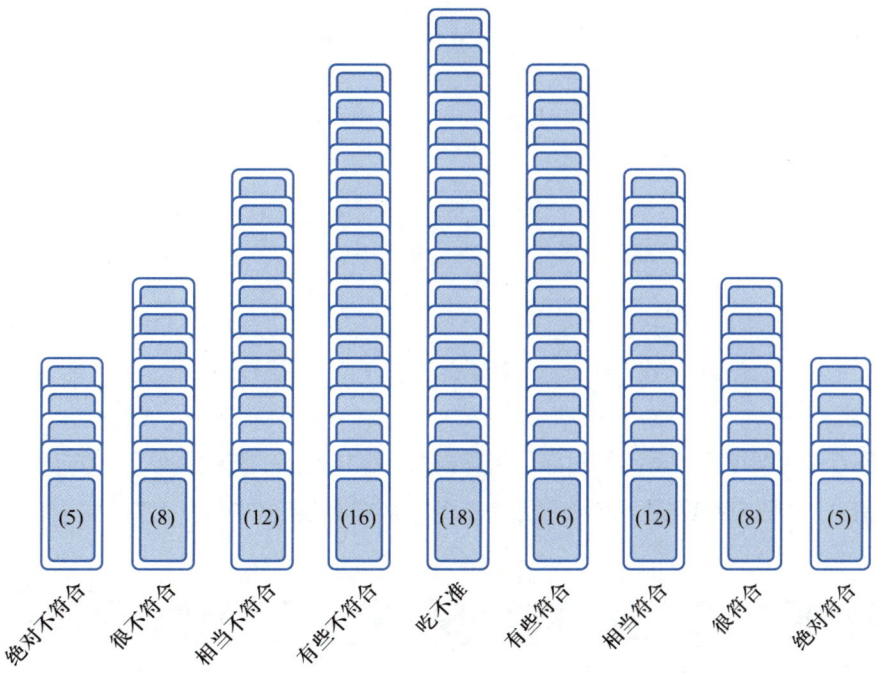

图 8-3　Q 分类技术测量的实施

例如，假设第一张卡片上写着"我是一个健谈者"。如果这个陈述非常符合你的情况，就把这张卡片放在从左往右的第 9 类或者第 8 类。如果这张卡片有点儿符合，就将其放在从左往右的第 6 类。如果你认为自己是一个非常沉默的人，就把这张卡片放在从左往右的第 1 类或第 2 类。每类中的卡片数量是有限制的，因此参加测试的人必须选择那些最有代表性的卡片。用这种方法可得到被试自我概念的轮廓。

第二步，要求来访者借助卡片描述自己希望成为的人，并按自己最希望成为的那种人对卡片重新分类，借此探知来访者的理想自我。例如，如果"我是一个健谈者"和实际情况不完全符合，但是你希望变得健谈一点儿，那么在评价理想自我的时候，就可以把这张卡片放在更接近端点的分类中。

第三步，在完成对现实自我和理想自我的分类描述之后，就可以比较它们之间的差距。根据卡片在每类中的位置，给它们赋予 1~9 之间的值，就可以计算真实自我和理想自我之间的相关系数。统计方法包括因子分析、相关性分析和方差分析等。

 **课堂活动 8-2**

探寻自我概念，加深自我认识

请在表 8-4 中尽可能多地写出对自己的陈述并与小组同学分享。

表 8-4　自我陈述及相应事例

自我陈述	相应事例
我是一个不招人喜欢的人	周末我邀请舍友一起去看电影被拒绝

请在表 8-5 中尽可能多地写出你对自己希望成为什么样的人的陈述及原因，并在小组中分享与讨论，注意看看自己的现实自我与理想自我是否有差距，探讨接近自己的理想状态需要采取的措施和对策。

表 8-5　希望成为什么样的人及原因

个人陈述	原因
我希望自己是一个招人喜欢的人	被人喜欢让我感觉到安全

学海漫游·生活视野

善用共情让人际关系更融洽

共情，也称为同理心或情感共鸣，是指个体能够深入理解和体验他人的情感、需求与处境并能准确表达出来。罗杰斯对此概念非常重视并进行了深入的阐释。生活中，我们常常因为对他人的感受和需求缺乏关注和理解，导致人际关系紧张甚至破裂。善用共情能够使我们更加深入地了解他人的想法和需求，减少人际冲突，提升彼此的亲密感和信任度，使关系更加和谐融洽。

我们要培养自己的共情能力，可以从以下几点入手。

（1）观察。仔细观察他人的表情、动作和声音等非言语信息，得到他人情感和需求的详细信息，这是共情的基础。

（2）倾听。认真倾听他人的话语和情绪表达，不打断，不评价，只是专注地听。

（3）表达。在理解他人的基础上，用温暖和尊重的语言表达自己的感受和看法，让对方感受到我们的理解和支持。

（4）行动。将共情转化为实际行动，主动关心他人的需求和感受，为对方提供力所能及的帮助和支持。

（5）避免过度投入，维护自身情绪边界。共情的目的是理解、支持和关心他人，但并不意味着要完全融入对方的情绪中。

（6）保持开放和包容。在人际关系中，我们还需要注意个人偏见、情绪状态及文化背景等因素都可能影响我们对他人情感和需求的感知与理解，我们需要时刻保持开放和包容的心态。

任务 3 掌握人本主义心理学理论在实践中的运用

掌握人本主义心理学理论并在实践中运用，关键在于把握这一理论的核心价值观——尊重个体的独特性，重视主观体验，以及促进自我实现和成长。该理论在管理、教育和心理治疗领域已有了重要应用。在管理领域，人本主义管理提倡满足员工的各种需要，尊重员工的个性和创造性，通过提供有意义的工作环境来激发员工的潜能。在教育领域，以学生为中心、强调学生的自主学习、关注学生的情感和动机、建立师生平等关系、对学生实施个性化教学等教育思想和实践，引发了广泛而深入的教育改革。在心理治疗领域，强调治疗师需要通过同理心和非指导性的方法，帮助个体探索自我，促进心理健康和个人成长。

一、马斯洛理论在教育和管理领域的运用

（一）马斯洛理论在教育领域的运用

1. 关于教育目的

马斯洛认为教育的目的就是促使人自我实现，促使完满人性的形成，促使人的潜能得到最高程度的

发挥。要达到教育目的，必须激发学生的学习动机，满足学生较高层次的成长性需要，以及自我实现的需要；同时尊重学生的个性差异，并根据他们各自的特点和需要实施个性化的教育，帮助个体得到全面而充分的发展。

2. 关于教育环境

教育者要营造一个有秩序的、规范的、安全的教育教学的环境，让学生感到安心，从而使其更好地投入到学习中。在教育实践中，可以通过制定严格的校园安全制度、加强校园巡逻和安保措施等方式来营造安全的教育环境。这是保证学生进行有效学习的前提条件。

3. 关于师生关系

马斯洛反对以教师为主导、以学生为辅助的教育观，这种教育观把教师看成一个知识丰富的权威，把学生看成一个被动追求知识的人，课堂教育主要按照教师的思路开展教学，忽视学生的主体地位。马斯洛认为师生关系是一种愉快合作、平等交往的关系，而不是一种竞争关系；教师要改变传统的教育模式，创设一种没有猜疑、防御、敌意和担心的课堂氛围，以学生为中心，相信学生是能够自我选择、自我成长和自我实现的，帮助学生去发现自己的禀赋与才能，促进学生成长和成熟，达到自我实现的目的（图 8-4）。

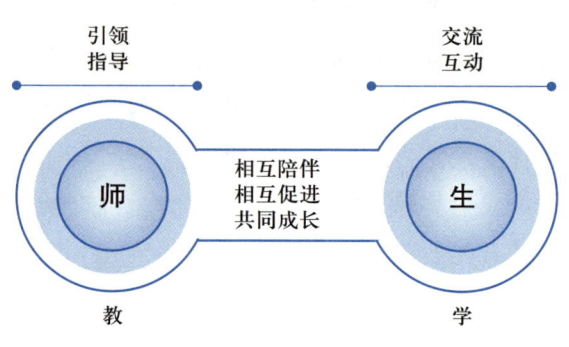

图 8-4 师生关系图

（二）马斯洛理论在管理领域的运用

马斯洛的需要层次理论不仅是行为科学的一个理论基石，也是西方管理科学和管理心理学的一个重要理论支柱。在管理中运用马斯洛需要层次理论，要考虑员工多方面的需要，不仅要满足员工的低层次需要，更要努力激发和满足员工的高层次需要（表 8-6），这有利于企业和员工长久地保持活力。

表 8-6 运用马斯洛需要层次理论管理员工

需要名称	内容
满足员工的基本的生理需要和安全需要	提供薪水、医疗保健、住宅、职业保障、福利待遇、医疗保险、失业保险、退休福利、意外伤害保障措施
满足员工归属和爱的需要	开展有组织的团建和集体聚会，促进同事间社交互动，积极树立团队精神，增加团队的合作和凝聚力
满足和增强员工与团队的自尊心	安排具有挑战性的工作，通过考评、表彰、选拔、晋升，让员工参与决策的制定等；定期给予积极的反馈和好评，提升员工的自尊心；将责任分配到每位员工，并为他们提供发展、培训机会，增强员工被重视、有价值的感受
满足员工自我实现的需要	提供有助于发挥个人潜能的环境，为员工创造实现自我的条件，鼓励员工发挥创造力，给员工安排充满挑战性的工作，帮助员工消除可能阻碍进步的任何障碍

学海漫游·知识拓展

会心团体

会心团体，译自英文词组 Encounter Group，意思为"人的相遇，心的交会"。会心团体在 20 世纪 60 年代得到轰轰烈烈的大面积推广与罗杰斯的推动密不可分。罗杰斯认为团体活动能让临床和咨询这类心理服务方式为社会公众所知，从而更加有效率。

会心团体的原则是从"以个人为中心"发展而来的"以团体为中心"，提倡"非指导"的理念，即要相信团体，相信团体可以找到自己的方向。罗杰斯反对指导，反对权威，反对领导者用某种手段去操控团体。

参加会心团体的人普遍没有明显的心理问题，他们的目标是寻求更多、更深的自我理解，希望自身的关系能产生有意义的改变。会心团体允许并帮助个体更多地探索和面对自己，让他们认识和感受到与他人的紧密联系。

会心团体倡导营造一种真诚的、表里如一的人际关系，只要有一个安全的环境氛围，团体就能够发挥自身成长的潜力，团体成员在这个关系中愿意无保留地揭示自己最深刻的情感，表现真实的自我，从而得到成长。团体在发展中会使每个成员体会到其他人对自己的关心和尊重，从而增加成员对自己的关心和尊重，加强责任感，改变自己不适应的行为；成员在团体互动中也有机会了解别人对自己的看法，自己对别人的影响，这种人际互动可以帮助成员提升建立满意的人际关系的技巧。会心团体活动示例如图 8-5 所示。

图 8-5　会心团体活动示例

二、罗杰斯理论在教育和心理治疗领域的运用

（一）罗杰斯理论在教育领域的运用

罗杰斯的教育思想和教育实践是其"以人为中心"的人本主义心理学思想在教育领域中的直接应

用，他"以学生为中心"的非指导性教育思想影响了一代又一代教育者。

1. 培养全人的教育目的观

罗杰斯指出，传统教育是一种知、情严重分离的教育，而情感和认知是人类精神世界中不可分割、彼此融合的部分。因此，教育的目的不仅是教学生知识或谋生的技能，还是针对学生的情意需求，使其在认知、情感、意志等方面均衡发展。教育要帮助学生发展积极的自我意识，促进个人潜力的充分发挥，培养学生成为适应时代变化和知道如何学习、有健全人格而又充分发挥创造力的功能完善者。全面发展的人犹如健康成长的树，树干粗壮，枝叶繁茂，能够全面发展（图 8-6）。

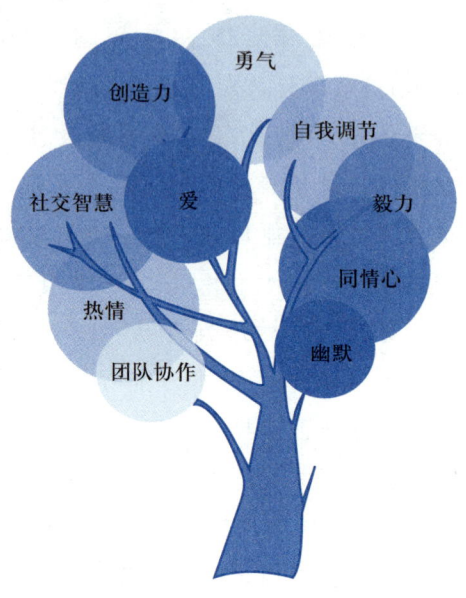

图 8-6　成长树图

2. 以学生为中心的教学观

罗杰斯的"以学生为中心"的教学观把学生看作"人"，尊重学生的需要和个人经验，给予学生足够的信任，促进他们发展自己的潜能，最终达到自我实现的目标。教师和学校应创造一切机会和条件，促进学生的学习与变化。以学生为中心的教学基本模式包括教学过程无固定结构、教学无固定内容、教师不做任何指导。这种教学模式又称为非指导性教学。

（二）罗杰斯理论在心理治疗领域的运用

1. 来访者中心疗法简介

来访者中心疗法又叫当事人中心疗法，强调来访者在咨询过程中的地位，要求相信和尊重来访者的人格力量。来访者中心疗法的基本假设是：来访者是治疗自己最好的专家，他们有能力找到解决自己的问题的办法。治疗师的任务是促使来访者对自己的思想和情感有进一步的了解，对来访者进行引导而不是指示或者灌输。治疗师的任务不是改变来访者，而是努力启发来访者的自我指导能力。决定治疗成败的主要因素并不是治疗师的专业知识和使用的技术，而是治疗师本身及其对待来访者的态度。促进来访者改变的先决条件是咨询过程中的人际关系和心理氛围。

2. 来访者中心疗法的治疗目标

来访者中心疗法的治疗目标是帮助来访者实现独立与整合，减少人格的内部冲突，发展积极的生活方式，变成一个功能完善的人。治疗重点应放在来访者这个人身上，而不是放在来访者呈现出来的各种问题上。

3. 来访者中心疗法常用的治疗技术

（1）治疗师真诚一致。真诚导致信任，信任导致改变。治疗师不是扮演治疗者的角色，而是表现出真实的自己。治疗师与来访者的互动是真诚、真实的，不带优越感和权威性，没有戴虚伪的面具，不刻意取悦对方，不掩饰和回避自己的短处和失误。

（2）无条件地积极关注。治疗师对来访者保持同理心，不做任何判断和评价，无条件地尊重、认可和接纳来访者。人具有自我实现的潜能，只需要创造一个温暖、尊重、认可、没有威胁、无条件积极关注的支持环境，来访者在其中就可以安全地探索自己，接受自己的全部并自由地表达和做出更积极的选择。

（3）设身处地地理解（共情）。共情不仅是一种技术，还是一种态度。共情的精华在于进入对方的主观世界，用他们的视角来看待世界，用心感受而不作评价。治疗师站在来访者的角度去体验他的思想、情感和行为，准确感受和理解来访者的内心世界，并将这种理解传达给来访者。这样的共情性理解能够极有力地帮助来访者厘清他的思想、感受并澄清自己。

 课堂活动 8-3

共情对话练习

共情是治疗师必备的技能。在日常人际交往中，共情也有非常重要的作用，有共情特质和能力的人往往有更满意的人际关系。请做 10 分钟的共情对话练习，在表 8-7 中填写活动感受并与小组同学分享与讨论。

表 8-7　共情对话练习感受表

活动感受	共情好的地方	共情不足的地方

学海探航

一、交互式测验

请扫码进行答题，并根据得分情况进行查缺补漏。

模块 8　测试题　▶

二、思考题

1. 请结合你的实际情况，谈谈马斯洛提出的关于自我实现的内部阻碍因素在自己身上的体现。

2. 请结合罗杰斯的自我理论分析你的自我概念。

3. 请简述你对罗杰斯的"功能完善者"的理解。

 典范风采

武汉警官职业学院优秀毕业生——姚刚的故事

姚刚就读于武汉警官职业学院，2013 年 11 月考入湖北省沙洋监狱管理局汉津监狱，是一名普通民警。他在 2017 年 11 月 26 日中央电视台《挑战不可能》节目"辨影识人"绝技挑战中一战成名。挑战节目现场要从 30 名装束一致、体型相似且经过专业步态训练的模特中识别出选定目标，难度可想而知。然而短短 3 分多钟，挑战者姚刚便准确找出了目标对象。

谈到"辨影识人"的挑战成功时，姚刚说自己并不是有超能力，而是在工作中通过悉心摸索和认真总结得出了技巧。初入汉津监狱民警队伍时，姚刚能吃苦、肯钻研，业余时间都花在观察、记忆训练上，在师傅的悉心教导和自己的潜心琢磨下，他的业务能力提升很快。辨识不仅仅靠记忆，还需要从细微观察开始。他在工作场所深入细致地观察和了解服刑人员，连上街购物都在观察路上的行人。2016 年他便在湖北省首届监狱警察"三辨一识"（即通过辨别身影、声音、字迹，科学认识服刑人员）技能大赛中脱颖而出，荣获"最强大脑"称号。姚刚不仅业务技能突出，在工作中也任劳任怨，成绩突出，曾被授予湖北省"五一劳动奖章"。2017 年 11 月，汉津监狱成立了姚刚"三辨一识"工作室，旨在通过姚刚对监狱民警的培训与指导，增强民警科学识人的能力，提升管理教育服刑人员的科学水平，弘扬监狱民警忠于职守、履职尽责、开拓创新的敬业精神。

智慧火花：

高职毕业生姚刚作为一名普通的监狱人民警察，凭着勤奋钻研、敬业专注的精神，在平凡的工作岗位上刻苦努力，不断提升自己的各种技能，获得了各种荣誉，逐渐成长为监狱人民警察"工匠精神"的代表。请结合自我实现理论谈谈姚刚的事迹对你的启发。

 博学之路

一、心理书籍推荐

（一）《动机与人格》

动机理论是马斯洛学说的精髓，本书是马斯洛学说和学术地位的奠基作，书中全面讨论了人本主义心理学和伦理学的研究目标与研究方法，系统阐述了马斯洛关于人性、人的需要、人格发展的动力和规律、社会改革和促进健康人格发展的方法与途径的观点及理论。总的来说，《动机与人格》是一本充满

智慧和洞见的心理学经典之作，它引导我们深入思考人性的本质、动机的来源及自我实现的意义。无论是对心理学感兴趣的读者，还是希望了解自己、实现自我潜能的个体，都能从这本书中获得深刻的启示和宝贵的指导。

（作者：马斯洛　译者：许金声等）

（二）《论人的成长》

在《论人的成长》中，罗杰斯以他深厚的心理学功底和丰富的人生经验，向读者展示了一个通达人性的老者的视角。他强调人的自我调整和恢复心理健康的能力，提出了以当事人为中心的心理治疗方法，并首创了非指导性治疗，这些理论在心理学界产生深远的影响。罗杰斯在书中指出，每个人的内心都蕴含着认识自我、发展自我和改变自我的丰富资源与巨大潜力，只要营造出支持性的心理氛围，就可以充分调动这些资源。这样不仅能够帮助治疗心理疾病，还能助力人的全面成长。

（作者：罗杰斯　译者：石孟磊等）

（三）《人格研究》

本书构建了一个主要围绕专题研究展开的能够充分呈现人格心理学学科研究成就的知识体系。这个体系的基本构架由人格特质、人格动力、人格发展及人格与社会文化几部分组成，呈现出一种既探索人性研究的科学问题，又回应中国社会巨变中的现实问题的人格与社会研究新面貌。书中不仅关注个人发展，还深入思考重大的社会问题，如社会公平、世界和平等，彰显了心理学家的科学自觉和人文关怀。

（作者：郭永玉）

二、心理电影推荐

（一）《哪吒之魔童降世》

影片改编自中国神话故事，讲述了哪吒逆天改命的故事。哪吒作为魔丸转世，天生带有"妖怪"的标签，遭受村民的偏见与排斥。然而，哪吒并没有因此放弃自我，而是通过不断地探索与反抗，逐渐认识到自己的真正价值。这种对自我认知的觉醒，正是人本主义强调的个体对自身存在和价值的深刻理解。哪吒在成长过程中不断挑战命运，最终在天雷降临时挺身而出，保护陈塘关和无辜的百姓。他的勇敢与担当背后是对自我实现的执着追求，也是人本主义每个人都有追求自我实现、发挥自身潜能的权利和能力这一理念的生动写照。

（二）《地球上的星星》

影片讲述了一个8岁男孩与他就读的寄宿学校美术教师之间的故事。8岁的伊夏在父母、师长、同学、邻居的眼里是个不折不扣的笨蛋和问题儿童，伊夏也逐渐走向自闭。此时，一位名叫尼克的美术教师走进了他的生活。尼克主张让学生们保留自己的个性和思想，自由地发展。在尼克的引领下，伊夏展现出了惊人的绘画天赋和创造力。每个孩子都是有自己的天赋和优点的独一无二的个体，教师、家长应当提供无条件的关爱，激发他们无限的潜能。

模块

优化人格，心怡身康
——健康人格

> 知者不惑，仁者不忧，勇者不惧。
>
> ——孔子·《论语·子罕》

知识脉络

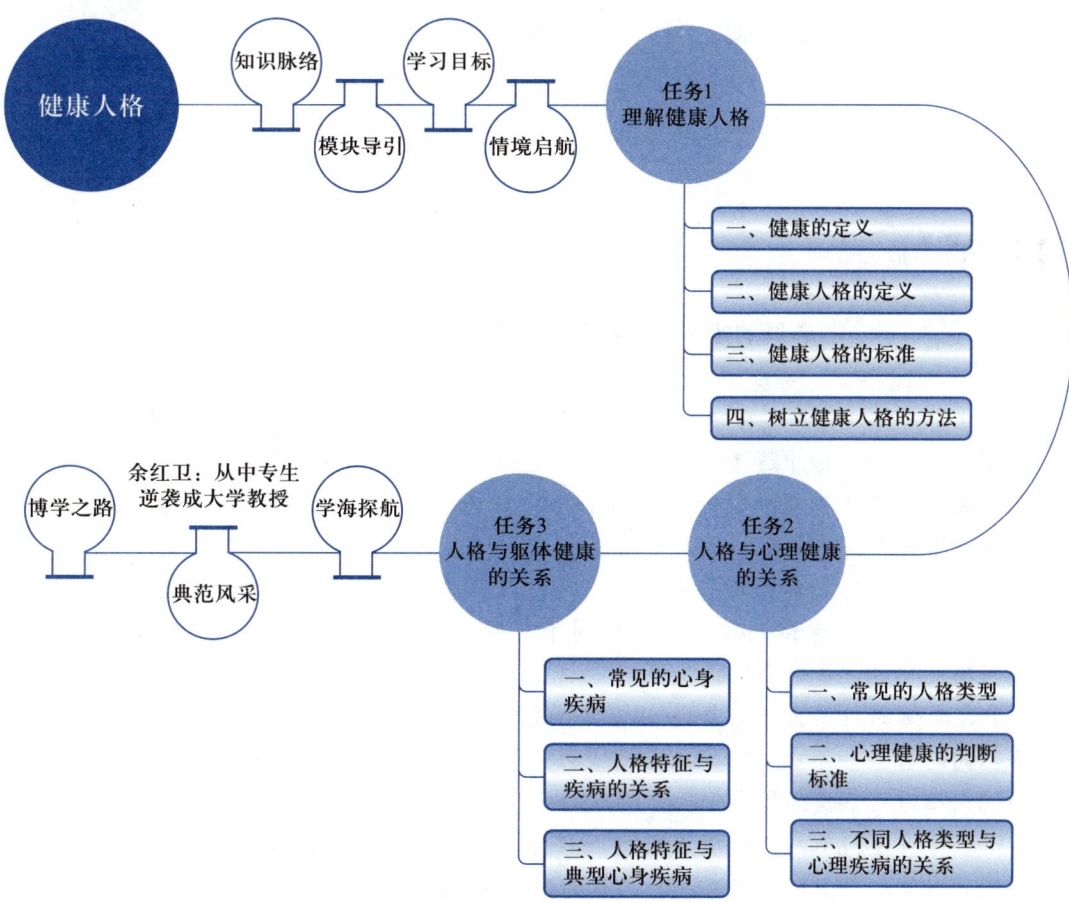

模块导引

在这个纷繁复杂的世界中，每个人都是独一无二的星辰，闪烁着各自的光芒。有的人如同宁静的湖水，波澜不惊；有的人则像狂野的风暴，充满力量。你是否曾在夜深人静时凝望星空，思考这些璀璨的星辰背后隐藏着怎样的奥秘？健康人格正是我们身上散发出的独特光彩，它不仅仅是一个概念，更像是一首诗，一首让我们在生活的舞台上优雅起舞的诗，同时，它也是那让人在风雨中依然能保持微笑的力量，是让人在挑战面前依然能坚定前行的勇气。

在本模块中，我们将一起揭开健康人格的神秘面纱，探索它的内涵特点，了解它的标准水平，学习在生活中树立和培养健康人格的方法，并深入探讨人格与心理健康、身体健康之间的微妙联系，在生活实际中发展健康人格。

学习目标

>> 知识目标：掌握健康人格的含义及特点；理解人格与心理疾病、人格与躯体疾病的关系。

>> 能力目标：在了解健康人格的标准的基础上，能够应用树立健康人格的方法来提升人格健康水平。

>> 素养目标：培育乐观、积极、向上的健康人格品质；形成良好的社会适应性、正确的自我意识、和谐的人际关系及良好的情绪控制素养。

情境启航

心灵的蜕变：在挑战中寻找平衡

阳光透过图书馆的窗户，洒在了埋头苦读的学子身上。张强坐在窗边，偶尔抬头望向窗外的球场，眼中透着对即将到来的篮球赛的期待。他知道，无论是球场上的竞技还是学业上的挑战，他都能以平和的心态去面对，因为他早已学会如何在压力与放松之间找到平衡。

在图书馆的另一边，李婷的眉头紧锁，笔尖在草稿纸上快速移动，却掩盖不住她内心的焦虑。期末考试的临近让她感到了前所未有的压力，每当夜深人静，焦虑便如同夜色一般，蔓延至她的心里。

赵勇坐在李婷的对面，他的目光在书页和笔记本之间来回。面对压力，他选择了一条不同的路——寻求帮助。在治疗师的引导下，他学会了倾听内心的声音，学会了如何在压力之下找到自我。

在校园的另一边，王莉正沉浸在她的画作中，画笔在画布上点染，她的脸上洋溢着满足的微笑。每当压力袭来，她总能在画布上找到心灵的慰藉。

随着期末考试的结束，校园里的气氛明显轻松了很多。在一个温暖的午后，四位同学在校园的草坪上相遇，他们分享着各自的故事和心得。张强谈到了运动带来的压力释放，李婷分享了她如何逐渐学会与焦虑共存，赵勇讲述了他寻求帮助的经历，王莉则用她的画作展示了心灵的色彩。

夕阳西下，他们的身影在余晖中拉长。他们知道，无论未来的道路如何曲折，他们都将勇敢面对内心的波澜，在压力中寻找到心灵的平衡。他们的心灵，如同这校园的四季，经历了风雨，也迎来了彩虹。

四位学子的故事描绘了他们面对挑战时的心理风景。他们的故事告诉我们，面对生活的挑战，每个人都有不同的应对方式。无论是通过运动释放压力，还是在艺术中寻找慰藉，抑或是勇敢地寻求帮助，都是成长不可或缺的一部分。

任务 1　理解健康人格

人生充满了各种各样的考验，如何保持乐观、积极、健康的人格？每个人都面临着不同的挑战。这里，我们将带着大家了解健康的定义、健康人格的定义与标准、树立健康人格的方法，希望能帮助各位同学树立健康的人格，从而更好地完善自己，适应社会。

一、健康的定义

传统的健康观认为"无病即健康"，而世界卫生组织（World Health Organization，WHO）1948年在其宪章中对健康的定义是："健康是整个身体、精神和社会生活的完好状态，而不仅仅是没有疾病或不虚弱。"健康应包括躯体健康、心理健康、社会适应良好、道德健康4个方面。

具体来说，躯体健康是指主要的脏器无疾病，身体形态发育良好，体形均匀，各系统具有良好的生理功能，有较强的身体活动能力和劳动能力。心理健康是指处事乐观，态度积极，应变能力强，能够较好地适应环境变化，严于律己，宽以待人等。社会适应良好是指个体能够有效地适应并积极改造现实环境，有积极的处事态度，与社会广泛接触，对社会现状有较清晰和正确的认识，心理行为顺应社会进步的趋势。道德健康是指个体在思想上和行为上具有高尚的道德修养，并能够遵循社会公认的规范和准则来约束自己的言行。

总的来说，健康是一个综合性的概念，一个人只有在躯体健康、心理健康、社会适应良好和道德健康4个方面都健全，才是完全健康的人。

学海漫游·知识技能

SF-36 健康量表简介

SF-36 是由波士顿健康研究所研制的简明健康测量量表，1991 年浙江大学医学院社会医学教研室翻译了中文版的 SF-36。

SF-36 健康量表与其他生命质量测评量表相比，短小，灵活，易管理，信度与效度令人满意，敏感性较高。SF-36 量表评价健康相关生命质量的 8 个方面，分属于生理健康和心理健康两个大类。另外，SF-36 量表还包括另一项指标，即健康变化（HT），用于评价过去一年内的健康改变。

具体如下：

生理功能（Physical Functioning，PF）：测量健康状况是否妨碍了正常的生理活动。

生理职能（Role-Physical，RP）：测量由于生理健康问题所造成的职能限制。

躯体疼痛（Bodily Pain，BP）：测量疼痛程度及疼痛对日常活动的影响。

总体健康（General Health，GH）：测量个体对自身健康状况及其发展趋势的评价。

活力（Vitality，VT）：测量个体对自身精力和疲劳程度的主观感受。

社会功能（Social Functioning，SF）：测量生理和心理问题对社会活动的数量与质量所造成的影响，用于评价健康对社会活动的效应。

情感职能（Role-Emotional，RE）：测量由于情感问题所造成的职能限制。

精神健康（Mental Health，MH）：测量四类精神健康项目，包括激励、压抑、行为或情感失控、心理主观感受。

健康变化（Reported Health Transition，HT）：用于评价过去一年内健康状况的总体变化情况。

二、健康人格的定义

微课连线：
健康人格的
含义

健康人格是一种正常发挥的心理机能特性，是指一个人在思想、情感和行为方面表现出来的一种稳定、成熟、积极的心理特征。健康人格是各种良好人格特征在个体身上的集中体现。心理学领域对人格的探索，早期侧重于解析"人性的疾病"，即探讨心理疾病的本质与成因，随着学科的发展与进步，当前的研究重心已显著转向"人性的健康"，即心理健康领域。这一转变的目的在于释放人类的内在潜能，通过科学方法支持个体实现自我能力的完善，从而达成更为全面、和谐的心理状态。

对健康人格的理解受到人性观、价值取向及方法论等多方面的影响，这些因素共同塑造了研究者对于健康人格概念的多元化解读。不同心理学家基于各自的学术背景、理论框架和实践经验，提出各具特色的健康人格的定义，各有侧重。

奥尔波特认为具有健康人格的人应该是成熟的人。成熟的人应具有如下 7 个特征：①专注于某些活动，在这些活动中是一个真正的参与者；②对父母、朋友等具有显示爱的能力；③有安全感；④能够客观地看待世界；⑤能够胜任自己承担的工作；⑥客观地认识自己；⑦有坚定的价值观和道德感。

罗杰斯认为具有健康人格的人是充分起作用的人。充分起作用的人有 5 个具体的特征：①在情感和态度上是无拘无束的、开放性的，没有任何东西需要防备；②对新的经验有很强的适应性，能够自由地分享这些经验；③信任自己的感觉；④有自由感；⑤具有极强的创造力。

弗洛姆认为具有健康人格的人是创造性的人。除了生理需要，每个人都有各种各样的心理需要，这正是人与动物的重要区别。具有健康人格的人以创造性的、生产性的方式来满足自己的心理需要。

弗兰克认为具有健康人格的人是超越自我的人。具体表现为：①在选择自己的行动方向上是自由的；②自己负责处理自己的生活；③不受自己之外的力量的支配；④缔造适合自己的有意义的生活；⑤有意识地控制自己的生活；⑥能够表现出创造的、体验的态度；⑦超越了对自我的关心。

中国的健康人格研究和实践发端于 20 世纪 80 年代。例如，许金声认为健康人格应具备道德力量、智慧力量和意志力量 3 个要素；曲炜提出健康人格应具有建立生理、心理、社会、道德、审美宏观人格五要素。健康人格的研究需要结合中国文化和民族的特征，推动健康人格理论与实践的发展。

 学海漫游·生活视野

"仇恨袋" 的故事

有一个威风凛凛的大力士名叫海格力斯，他从来都是所向披靡、无人能敌的，因此，他踌躇满志、春风得意。他唯一的遗憾就是找不到对手。有一天，他行走在一条狭窄的山路上时脚下突然一个趔趄，险些被绊倒。他低头一瞧，原来绊倒他的是一只袋囊。他猛踢一脚，那只袋囊非但纹丝不动，反而气鼓鼓地膨胀起来。海格力斯恼怒了，挥起拳头朝它狠狠地一击，但它依然纹丝不动，且再次胀大了。海格力斯暴跳如雷，拾取一根木棒朝它砸个不停，袋囊越胀越大，最后将整个山道都堵得严严实实。海格力斯气急败坏却无可奈何，累得躺在地上气喘吁吁。不一会儿，一位智者走来，见此情景困惑不解。海格力斯懊丧地说："这个东西真可恶，存心跟我过不去，把我的路都给堵死了。"智者淡淡一笑，平静地说："朋友，它叫'仇恨袋'。当初，如果你不理会它，或者干脆绕开它，它就不会跟你过不去，也不至于把你的路堵死了。"

人生在世，人际间的摩擦、误解乃至纠葛、恩怨总是在所难免，如果心中装着"仇恨袋"，那么生活便会如负重登山，举步维艰，最后只会堵死自己的路。

三、健康人格的标准

健康的人格不仅能够帮助个体更好地适应社会环境，还能够促进个体的心理健康和幸福感的提升。健康的人格如同一座坚实的桥梁，连接着个体内在世界与外在环境的和谐共生。它使个体在面对生活中的挑战与压力时，能够采取积极有效的应对策略，减少负面情绪（如焦虑、抑郁）的滋生，增强心理韧性，使个体能够在逆境中迅速恢复并持续成长。那么，健康人格的标准究竟是什么呢？

（1）积极的情感表达和情绪调节能力。一个具备健康人格的人应该能够积极面对生活中的挑战和困难，能够理性地处理情绪，不会因为一时的冲动而做出错误的决定。他们能够保持内心的平静，不会轻易受外界影响，能够保持积极的心态面对生活中的各种变化。

（2）自我认知和自我管理能力。一个具备健康人格的人能够清晰地认识自己，了解自己的优点和缺点，能够正确地评价自己的行为和表现。他们能够有效地管理自己的情绪和行为，不会因自己的情绪而伤害他人，也不会因自己的行为而后悔不已。他们能够自觉地约束自己，不会过度放纵，也不会过于苛刻。

（3）积极的人际关系和社会适应能力。一个具备健康人格的人能够建立良好的人际关系，能够与他人和睦相处，不会因自己的性格而与他人发生冲突。他们能够适应不同的社会环境，不会因环境的变化而感到不安，能够适应并融入新的环境。

（4）对自己和他人的尊重和关爱。一个具备健康人格的人能够尊重他人的权利和利益，不会为了自己的利益而伤害他人，能够理解和包容他人的不同，不会因他人的不同而产生偏见和歧视。同时，他们能够关爱他人，愿意帮助他人，不会为了自己的利益而忽视他人的需要。

四、树立健康人格的方法

微课连线：
树立健康人
格的方法

树立健康人格是一个需要长期持续的过程，需要个体在自我认知、目标设定、压力管理等方面不断努力和实践。个体可以逐步建立和维护一个积极的、健康的人格，从而更好地适应社会环境，实现个人成长和发展。

树立健康人格，首先需要形成正确的自我认知。认识自我最简单、可行的方法就是写日记。只需要每天抽出一点儿时间，在日记本或电子设备上记录下当天发生的事件，说说你的真实感受或想法，以及对事件的反思即可。还可以阶段性地写下对未来的期望和规划，明确自己的喜好和追求。在对生活事件进行分析和思考的过程中，我们能更清晰地认识自己的情感波动和行为模式，进而提升自我意识，为构建健康人格奠定坚实的基础。

树立健康人格，需要对目标有所规划。正确认识自我是逐渐内化的心理过程，与此同时，我们可以借助"SMART 目标法"来科学规划生活实际的方向和道路，提升目标的可执行性和成功率。利用好 5 个核心原则制定出既清晰又具有可操作性的目标。①目标必须具体（Specific，S），明确知道自己想要达成的结果。②目标应当是可测量的（Measurable，M），设定可以量化的指标，以便跟踪进度和评估成果。③目标还需是可实现的（Achievable，A），目标设定要在能力范围内，但也要具有一定的挑战性。④目标需要具有相关性（Relevant，R），它应与你的整体生活或职业规划相联系，让努力不白费。⑤时限性（Time-bound，T）是 SMART 目标的必要组成部分，为每个目标设定明确的截止日期，能够使你保持紧迫感并有效管理时间。

树立健康人格，学会压力管理是必不可少的一环。在现代社会的快节奏与高压力环境下，每个人都会面临来自工作、学习、家庭及人际关系等多方面的压力。有效的压力管理有助于保持良好的身心健康，而最直接有效的压力管理方法就是进行定期身体锻炼。如何发展一种锻炼习惯呢？首先，要选择喜欢的运动，如跑步、游泳、瑜伽或健身；其次，明确合适的锻炼时间和锻炼地点，设定一个合理的锻炼计划，包括频率、时长和强度等具体内容，根据情况逐渐增加锻炼的难度和复杂性；最后，可以记录锻炼的进展，以调整计划和增强信心。定期的身体锻炼不仅有助于减轻压力，还能改善身体健康和提高情绪。

树立健康人格的方法有很多，我们可以在自我认知、目标设定、压力管理等多个方面不断努力与提升，在复杂多变的社会环境中保持内心的稳定与强大，实现个人价值与幸福的双重追求。

课堂活动 9-1

健康人格探索

通过 SMART 目标的制定，你可以识别和发展健康人格特质。具体操作步骤与活动内容如表 9-1 所示。

表 9-1　健康人格探索

操作步骤	活动内容
S（Specific）具体	互动练习和讨论，以识别个人优点和需要改进的人格特质，并制定一份发展计划
M（Measurable）可测量	完成一份个人人格发展计划，包括至少 3 项改进目标和对应的行动步骤。每周需记录实施行动步骤的进展和任何观察到的改变
A（Achievable）可实现	确保有足够的指导和资源来支持个人发展，设定合理的目标和实现这些目标的策略
R（Relevant）相关性	发展健康的人格特质对未来的职业生涯和人际关系具有长远的积极影响
T（Time-bound）时限性	活动需在学期内完成，具体分为 3 个阶段：自我评估阶段、计划制订阶段、执行与反馈阶段

任务 2　人格与心理健康的关系

为什么有些学生遇到事情能够保持心态平和，而有些学生经历事件后出现了心理问题？他们的个性有什么不同吗？本任务将介绍常见的人格类型、心理健康的判断标准，以及不同人格类型与心理疾病的关系。

一、常见的人格类型

人格类型的研究很多，不同的人格理论对人格的分类也不同。例如，MBTI 将人格分为 16 种类型，每种类型由 4 个维度（内向 – 外向、实感 – 直觉、思考 – 情感、判断 – 知觉）的组合决定；而大五人格理论则认为人格可以从 5 个基本维度来描述，即开放性、尽责性、外倾型、宜人性和神经质，这些维度可以用于解释个体差异，帮助理解人的行为和性格特征。人格类型的研究方法涵盖了从古典的人格分类到现代的心理测量工具，每种方法都有其独特的价值和适用范围。下面介绍一些常见的人格类型。

（一）按内外向型划分的人格类型

内向型人格：兴趣和注意力指向自身及其主观世界，内心活动丰富，敏感，细心，喜欢独处，不善交往，含蓄，安静，与人保持一定的距离，幻想较多而缺乏行动，常深思熟虑，耐受性强，较少冒失行动，稳重而少冲动性。例如，张蕾是一名内向的高职生，她喜欢在课余时间独自画画和编程。她不太参与集体活动，但对参加编程俱乐部的小规模讨论会情有独钟。她在班级项目中以深思熟虑和稳重的态度赢得了同学们的尊重。

外向型人格：兴趣和注意指向外部环境，喜交往，也善交往，热情，活跃，进取，敢说敢做。例如，李明是一名典型的外向者，他热爱与人交流，总是积极组织和参与各种社交活动。在课堂上，他经常举手发言，乐于分享自己的观点。他的热情和活力感染着周围的人，使他成为同学中十分受欢迎的人。

（二）按情绪稳定性划分的人格类型

情绪稳定性是人格特征中的一个重要内容，情绪可从稳定和不稳定两个方面表现出来。

情绪不稳定型人格：多愁善感，易激动，心情易波动，情绪反应强烈，难以控制，内心体验深刻，焦虑水平较高，容易悲观，保守，人际关系较差，工作效率低，感受到较多的挫折，适应性差。

情绪稳定型人格：镇静，容易控制，焦虑水平低，随和，开朗，乐观，对挫折耐受性强，适应性好。

（三）按场独立型和场依存型划分的人格类型

场独立型人格：具有明显的从复杂整体中区别部分的能力特征，较少受周围背景的干扰，具有较强的理性思维，独立，主动，进取，成熟。

场依存型人格：易受周围背景的干扰，依赖性强，被动，压抑，不够成熟，易受环境左右。

（四）按内外控特征划分的人格类型

内控型人格：认为自己有能力控制生活中的事件，积极主动，乐观，进取，努力，发奋。

外控型人格：认为生活中的事件全部由外部因素，如命运、运气和机会决定，自己无法控制，较消极、悲观，焦虑水平高。

（五）按应对方式划分的人格类型

应对方式指个体习惯化的解决问题的方式，如遭受挫折打击时，是借酒浇愁，还是寻求支持、坚持努力。

积极应付型人格：将困境看成是挑战，接受挑战，想方设法采取措施克服它，如寻求信息、寻找支持、改变或采取新方法、转移目标。

消极应付型人格：采取回避、退缩、逆反、幻想、压抑、吸烟酗酒等无效措施。

二、心理健康的判断标准

心理健康通常是指个体在心理和行为上表现出的适应能力，包括认知、情感及社交能力等方面的良好状态。心理健康是多维度的概念，它不仅关系到个体的幸福感和生活质量，还影响到社会的和谐与发展。心理健康是一种具有动态性特征的概念，它是一种不断完善的状态，而不是指十全十美的绝对状态。要对一个人的心理健康状况做出确切的判断，不是一件容易的事情。目前所使用的各种判断标准都只是一种相对的标准，而非绝对的标准。

（一）统计计量标准

统计计量标准是利用统计学的方法，找出正常行为的数值分布。根据正态分布理论，人的心理特征一旦偏离人群的平均水平，即被认为是不正常。按照这一标准给心理健康下定义，可使健康状态客观、具体、可量化，便于比较和分类，易于操作，可反映心理健康标准的相对性。许多心理健康量表的设计与解释都是从正态分布假设出发的。正态分布图如图 9-1 所示。

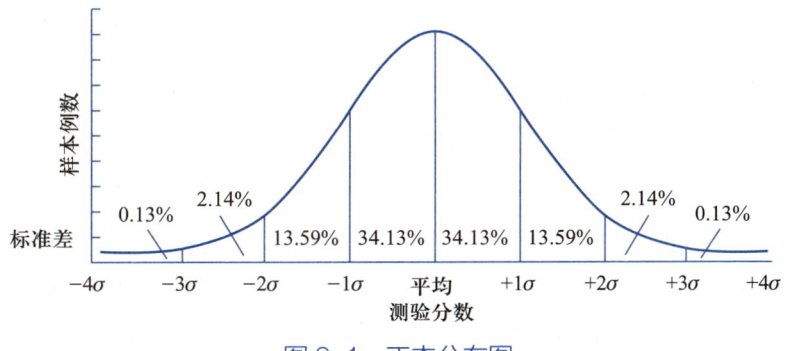

图 9-1 正态分布图

（二）临床病理标准

临床病理标准是在长期临床实践的基础上，对各种心理障碍的典型症状做出归纳和概括后，用来作为参考依据的一种判断标准。例如，多动症的典型症状是注意力集中水平下降，一般很难超过 10 分钟，过分好动，自制力极差，情绪不稳定，易激怒。按照这一标准来判断，如果哪个学生上课纪律十分涣散，总是说话和做小动作，不能集中注意力听讲，对教师的要求虽然表示听从，但是用不了一会儿就忘了，课下经常招惹同学、嬉闹打斗，有时候为一点儿小事就大发脾气，对教师留的作业经常因没听到而遗漏，虽经教师再三提醒仍然不能控制，无论做什么事情都没有耐心，那么可以据此初步判断这个学生是一个多动症患者。

（三）社会适应标准

社会适应标准倾向于从社会层面来确定标准，认为是否与社会协调是判断心理健康的重要指标。社会规范标准、生活适应标准等都属于社会性标准。社会规范标准以行为是否符合社会规范作为衡量标准，行为符合公认的社会规范为健康、正常，反社会规范视为异常；生活适应标准以生活适应状况为指标，善于适应生活者为正常，生活适应困难者为异常。例如，一个具有良好适应能力的人在实际的人际交往中能主动与他人进行交往，并能遵循基本的礼仪规范，如见面打招呼、分手说再见等，与周围的人保持一种正常的关系。假如某人与人见面从不打招呼，基本的礼仪礼貌一概不会，而且根本不愿意与人接近，总是希望一个人独处，就有点儿不正常了，这很可能是一种交往障碍的表现。

（四）个性发展标准

个性发展标准是从对个性发展的理想要求出发提出的判断标准，也是与学校的教育目标非常接近的一种判断标准。由于不同学者对个性发展的理解不同，期望也不同，所以提出来的标准也不尽相同。例如，美国心理学家马斯洛认为，正常心理应有 10 项标准：①有足够的安全感；②充分了解自己并对自己的能力做适当的评估；③生活的目标能切合实际；④与现实环境保持接触；⑤保持人格的完整与和谐；⑥具有从经验中学习的能力；⑦能保持良好的人际关系；⑧能适当地发泄与控制情绪；⑨能有限度地发挥个性；⑩在不违背社会规范的情况下，能恰当地满足个人的基本需要。

学海漫游·榜样故事

寒门学子用读书改变命运

周信静因家庭贫困，初中毕业后就去打工，一年后他意识到读书的重要性，上了一所职校。他花了整整 11 年的时间，从中职起步，读到大专、本科、硕士，最后成为麻省理工学院博士，创造了"堪称魔幻的逆袭人生"。

据温州市龙湾区职业技术学校介绍，周信静是该校 2012 届计算机职专班毕业生。在学校就读的三年，他经历了从懵懵迷茫到幡然醒悟的巨大人生转折，逐渐摸索出适合自身的学习方法并付诸行动。中职毕业后，他考上了一所大专院校。大学毕业时，他通过专升本考试顺利进入杭州电子科技大学学习，之后凭借自己的努力成功考入浙江大学就读研究生。

研究生期间，周信静以第一作者身份在数据库顶级会议 VLDB2020 会议上发表 DPTree 的文章。2020 年底，他成功申请到麻省理工学院的计算机博士（CS PhD），成了数据库领域图灵奖获得者迈克尔·斯通布雷克（Michael Stonebraker）的学生。

周信静在杭州电子科技大学学习时的一名室友曾撰文称，周信静出生于浙江一个贫困的小岛。早年他对读书没任何兴趣，因而进了职高，但他后来奋起读书，立足杭州，放眼世界，他的奋斗历程毫无疑问是极其励志的。更难能可贵的是，除了具备出色的技术水平与学术研究水平，周信静还是一位非常温柔、善良、诚恳、坚毅、果敢的青年。尽管生活在很长的一段时间内并未温柔地对待他，但他仍然对生活充满着热爱。抬头仰望星空，低头脚踏实地，这是对他的最好写照。

周信静的读书过程堪称励志典范，他的故事不仅展现了其坚韧不拔的求学精神和对知识的渴望，还是一个关于心理韧性和自我超越的生动案例。他的成功逆袭不仅在于学术上的成就，还在于他面对挑战时所展现出的积极心态和良好的品质。他的经历告诉我们，无论起点如何，抱着积极的心态不懈地努力，每个人都能够实现自我成长和心理的健康发展。

三、不同人格类型与心理疾病的关系

心理疾病是指个体在认知、情感和行为等方面出现异常或障碍，影响其正常生活和社会适应的一种疾病状态。心理疾病是一类影响个体心理功能和日常生活的疾病，它们可以由多种因素引起，包括遗传、环境、心理和生理因素。常见的心理疾病有抑郁症、焦虑症、强迫症和双向情感障碍等。心理疾病包括以下几个方面。

（1）认知异常：包括注意力、记忆、思维、判断等方面的障碍。例如，抑郁症患者可能出现消极的自我评价和对未来的悲观预期。

（2）情感异常：包括情绪波动剧烈、情绪反应不适当、情感淡漠等。例如，焦虑症患者可能出现过度的担忧和恐惧。

（3）行为异常：包括社交障碍、自伤行为、自杀倾向等。例如，强迫症患者可能出现反复的强迫行为。

治疗心理疾病通常需要综合考虑个体的具体情况，采用药物治疗、心理治疗、社会支持等多种手段进行综合干预。

现代医学心理学对个性心理特征与疾病的关系有较深入的研究，一般认为神经症、心身疾病、心理社会适应不良所致综合征、人格障碍等心理疾病，均与个性心理特征有关。不同性格气质类型者易患的疾病有所不同，存在一定的疾病倾向性。

（一）人格对心理疾病的影响

人格特质对心理疾病的发生和发展起着重要的作用。不同的人格特质可能会使个体不同程度地受到心理疾病的影响。例如，内向、自卑的人在面对压力时更容易出现焦虑和抑郁等心理问题；而外向、冲动的人可能更容易做出酗酒等不良行为并导致心理疾病。此外，完美主义者更容易出现强迫症状，情绪不稳定的人更容易患上躁狂抑郁症，等等。

（二）心理疾病对人格的影响

心理疾病也会对个体的人格产生深远的影响。心理疾病的症状和治疗过程可能会改变一个人的思考方式和情绪特点，从而导致人格的改变。例如，长期受到抑郁症折磨的人可能会变得消极、悲观，情绪波动较大；而患有强迫症的人可能会变得过分追求完美，具有强迫的倾向。这些心理疾病对人格的影响不仅仅体现在思维方式上，还可能反映在行为上，如社交回避、冲动行为等。

（三）人格与心理疾病的相互作用

人格和心理疾病之间并不是单向的影响关系，而是相互作用的关系。人格特质对心理疾病的发生起到一定的预示作用，而心理疾病的存在又会强化个体的人格特质。例如，一个内向、自卑的人更容易因社交焦虑而出现抑郁症状，而抑郁症状又会进一步加剧个体的内向和自卑特质。这种相互作用往往会形成恶性循环，导致心理疾病的持续发展。我们要正确地认识和对待人格与心理疾病的关联。首先，要正确认识个体的人格特质，避免对局部特征过分解读。其次，要关注心理疾病的发生原因，提前预防和干预。最后，对于已经患有心理疾病的个体，要积极寻求专业的心理辅导和治疗，帮助其恢复和重建健康的人格。

综上所述，人格与心理疾病之间存在着密切的关联，它们既可以相互影响，也可能是因果关系。在日常生活中，我们要重视个体的人格特质，关注心理健康，及时发现和干预心理疾病，以达到身心健康的目标。

 课堂活动 9-2

健康人格接力赛

通过团队合作与人格特质展示的形式，让学生了解健康人格，增强健康人格在学生心中的印象。本活动需要提前准备好特质标签（如勇气、同情、创造力等）和计时器等道具。活动流程和活动内容如表9-2所示。

表9-2   健康人格接力赛

活动流程	活动内容
分组	快速将学生分成若干小组，每组5~6人
特质抽取	每组抽取一个标签，代表该组在活动中要展示的人格特质
团队任务	每组设计一个简短的表演或陈述，展示大家对所抽特质的理解
接力展示	各组轮流展示，每个成员都要参与，展示团队的合作和所选特质
快速反馈	每组展示后，其他组给予简短的正面反馈
教师点评	教师总结活动，强调团队合作和健康人格特质的重要性

任务 3   人格与躯体健康的关系

人格除了会影响心理健康，还对躯体健康有明显的影响，本任务将介绍常见的心身疾病、人格特征与疾病的关系，进而介绍人格特征与典型心身疾病。

一、常见的心身疾病

心身疾病是指心理和社会因素在疾病的发生和发展中起主导作用的躯体疾病，即一些躯体疾病的产生有可能与不良情绪密切相关。美国心理生理障碍学会制定的心身疾病分类中共囊括了十二大系统的疾病，如表9-3所示。

表9-3   常见心身疾病分类

序号	器官系统	心身疾病
1	皮肤系统	神经性皮炎、瘙痒症、斑秃、银屑病、慢性荨麻疹、慢性湿疹等
2	骨骼肌肉系统	类风湿性关节炎、腰背疼、肌肉疼痛、痉挛性斜颈、书写痉挛
3	呼吸系统	支气管哮喘、过度换气综合征、神经性咳嗽
4	心血管系统	冠状动脉硬化性心脏病、阵发性心动过速、心律不齐、原发性高血压或低血压、偏头痛、雷诺病
5	消化系统	胃溃疡、十二指肠溃疡、神经性呕吐、神经性厌食、溃疡性结肠炎、幽门痉挛、过敏性结肠炎
6	泌尿生殖系统	月经紊乱、经前期紧张症、功能性子宫出血、性功能障碍、原发性痛经、功能性不孕症
7	内分泌系统	甲状腺功能亢进症、糖尿病、低血糖、阿狄森病
8	神经系统	痉挛性疾病、紧张性头痛、睡眠障碍、自主神经功能失调症

续表

序号	器官系统	心身疾病
9	耳鼻喉科	梅尼埃综合征、喉部异物感
10	眼科	原发性青光眼、眼睑痉挛、弱视等
11	口腔科	特发性舌痛症、口腔溃疡、咀嚼肌痉挛等
12	其他	癌症、肥胖症等

以上各类疾病，均可在心理应激后起病，在情绪影响下恶化。

 学海漫游·知识拓展

猴子得了胃溃疡

这个实验是1958年由心理学家布雷迪第一次设计并完成的。实验中，他把两只猴子分别捆在两把并排的椅子上，每20秒椅子会自动放电一次。但是，其中一只猴子可以压一个压杆来避免电击。如果它能在快要放电的时候准确地压下压杆，那么两只猴子就可以同时避免挨电。如果按错了，两只猴子就要一起挨电。这就好比是"一根绳上的两只猴子"。关键是其中的一只猴子要承担按压压杆的责任，另外一只猴子只能被动等待。

几天后，一只猴子得了胃溃疡，另一只猴子安然无恙。你觉得是哪只猴子病了呢？是负责按压压杆的猴子，还是被动等待、默默承受的猴子呢？答案是负责按压压杆的猴子病了。

你可能会有疑问：两只猴子挨电的电量和频率是一样的，为什么一只生病，另一只没事呢？其实挨电只是一种刺激，但是负责按压压杆的那只猴子太紧张了，它一直处于高度紧张的心理状态。因此它病了，得了胃溃疡。而另一只猴子因为挨不挨电不是它能决定的，就老老实实待着，所以它没病。

这个实验揭示了心理与疾病的关系：首先，压力导致的胃溃疡是真病。看来心病确实可以引起真病。其次，没得病的猴子虽然也挨电，但是它不用高度紧张，也不用体验成功和失败带来的强烈心理的落差，所以它就不会得胃溃疡。

剧烈的心理变化是这个实验中让猴子得病不可缺少的环节。对于猴子来说，挨电就是一种刺激，我们称之为应激。仅有应激，不会得病，对应激产生了剧烈的心理变化之后才引起了身体上的病。这就是心身疾病，也就是心理剧烈变化带来的躯体疾病。

二、人格特征与疾病的关系

人格特征与疾病的关系一直是心理学和医学研究的重要领域之一。人格特征是一个人独特的个性和特征，包括思维、情感、行为和态度等。疾病是指在人体内产生变化，发生异常的某种生理或心理状况。人格特征和心身疾病是相互影响的。

首先，人格特征与疾病之间存在一定的关系。人的人格特征是个人基于遗传、环境、文化等诸多因素形成的一种内在特征。人格特征与心身疾病之间可以存在正向或负向的关系。举例来说，有些人天生喜欢细节，追求完美，但过度追求完美容易导致焦虑症状，对健康不利；而有些人天生乐观、胆大，但同时可能对自己的健康状况缺乏关注和警惕，容易出现健康问题。因此，我们在平时的生活中要多关注人的不同特征对于身体健康的影响，寻找身体和心理之间的平衡点。

其次，疾病也会对人的人格特征产生影响。这也是人格和疾病之间相互影响的重要方面。例如，有些患有癌症的人通常表现出回避社交、自我否定等特征；有些脑部疾病患者则可能变得情绪波动大、情感不稳定，甚至出现个性改变等情况。这些疾病都能够影响一个人的人格特征，使得人格特征发生变化，从而影响其日常生活和健康状况。

同时，我们也应该注意到，诊断和治疗过程本身也会对一些疾病患者的人格特征产生影响。这是因为疾病的诊断和治疗往往涉及严格的规律和程序，同时也需要患者本身积极地参与诊疗过程，并保持良好的心理状态和身体健康。

总体来说，人格和疾病之间的关系复杂且相互影响。在日常生活中，我们只有牢记"预防为先"，保持良好的心理状态和身体健康，才能有效地防范疾病的发生。对于已经出现的疾病，应该积极地接受诊疗，同时也要充分认识到诊疗过程对人格特征的影响，时刻保持心理健康，保持良好的生活习惯，从而更好地应对疾病。

三、人格特征与典型心身疾病

（一）人格特征与心血管等系统疾病

美国心脏病专家弗里德曼和罗森曼等人在进行冠心病的心理和生理研究中发现，冠心病与社会－心理因素密切相关。他们将人的性格分为 4 种：A 型（竞争型性格）、B 型（平和型性格）、C 型（克制型性格）、D 型（忧伤型性格）。

上述性格分类被广泛用于心理学和其他健康科学领域，以帮助研究者了解个体如何应对压力及其对健康的潜在影响。

1. A 型（竞争型性格）——易患冠心病

在观察研究了大量这类患者之后，弗里德曼在 1987 年用 4 个单词来概括其特性：易恼火、易激动、易发怒和易急躁。具有这种性格的人有雄心，有进取心，时间观念特别强，整天闲不住，但易急躁，对人不信任，人际关系不融洽。弗里德曼和罗森曼等人经过长达 20 年的观察研究，发现 A 型性格的人患冠心病的概率是 B 型性格的人的 1.7~4.5 倍。后来，许多医学研究统计表明，85% 的心血管疾病与 A 型性格有关。

2. B 型（平和型性格）——大都会长寿

医学和心理学界总结出了典型 B 型性格的特征：容易相处，不易激动，社交适应性较好，遇事想得开，不耿耿于怀。近年来，国内研究部门对上海长寿老人（大于或等于 90 岁）做了一系列性格调查，发现长寿老人中 B 型性格的人占 83%，A 型性格的人占 14%，而 C 型、D 型性格的人则与长寿无缘。

3. C 型（克制型性格）——患癌症的风险性高

C 型性格的人忍气吞声、逆来顺受，往往过度克制自己，压抑自己的悲伤、愤怒、苦闷等情绪。在生活中，这类人往往属于"大好人""与世无争"的人。这种人在遇到挫折时，其实内心并不是无怒无恨，只不过被强行压制了。

C 型性格的人的抑郁心理打乱了体内环境平衡，干扰了免疫监控系统的功能，使之不能及时清除异常突变细胞，而这类细胞是极易引发癌症的。因此，医学专家以英文 Cancer（癌）的第一个字母 C 为这种性格命名。C 型性格的人患癌症的风险性比一般人高 3 倍。

4. D 型（忧伤型性格）——最易患心脏病

D 型性格的人往往沉默寡言，待人冷淡；缺乏自信心，有不安全感；性格孤僻，爱独处，不合群；情感消极，忧伤，容易烦躁不安。

1998 年，比利时心理学家德诺列特首先报道了 D 型性格的人的特征，并发现具有 D 型性格的人易患心脏病和肿瘤。德诺列特在一项心脏病康复计划中，对 319 例患者进行了 5 年的随访研究发现，具有 D 型性格的人反复发生心绞痛或心肌梗死的概率为 52%，而同年龄组非 D 型性格的人的发生率仅12%，因此确定 D 型性格是使心脏病反复发作的一个危险因素。2005 年，荷兰的研究人员对刚接受过心脏支架手术的近 900 名患者进行追踪调查发现，D 型性格的患者在接受手术后的 6~9 个月内，心脏病再次发作或因心脏病发作而死亡的人数，是其他性格类型患者的 4 倍。

◆ 学海漫游 · 心理技能

A 型性格[①]的人通常表现为高竞争性、急躁、时间紧迫感强等特点，这些特征在一定程度上影响着工作效率、人际关系及身心健康。想了解自己是否属于 A 型性格吗？扫描右侧二维码进入测验吧！

A 型性格
类型测验

（二）人格特征与呼吸系统疾病

哮喘病是一种常见病，它表现为反复发作、经久不愈，是一种慢性病。在很早之前就有人认为哮喘病是心身疾病，主要原因在于哮喘病患者的人格特征中表现出较高的依赖性、敏感性、过于被动及神经质。哮喘病患者容易因敏感而偏激，易受暗示，外界刺激容易诱发较强烈的内心情绪，从而引发支气管哮喘等各种症状。还有研究发现，支气管哮喘患者中抑郁情绪的得分也比较高。

（三）人格特征与消化系统疾病

一般来说，溃疡是一种生理疾病，但是经过许多原因分析及检测后发现，消化性溃疡的产生不仅仅来自生理的病变，还与患者的人格特征有关系。研究发现，消化性溃疡的发生往往伴随着个体对应激事件的过度反应。例如，在无任何预兆的情况下发生了让自己恐惧的事情，这种恐惧若长期存在，就会导致焦虑、压抑、无法放松，容易使个体的中枢神经功能紊乱，从而引发消化性溃疡。这种长期的焦虑、压抑、无法放松，容易导致个体不善交往、被动、缺乏竞争意识。

（四）人格特征与其他常见心身疾病

按照心身疾病的观点来看，糖尿病也属于一种慢性病。慢性病一般不会在短期内消失，而是会延续下去。慢性病的发生会给患者带来巨大的心理压力。有研究发现，焦虑等人格特征对糖尿病患者具有预测作用。据调查，糖尿病患者常常表现出消极的、被动的、不成熟的特点，不具有积极的应对糖尿病的策略，他们不是采取一些养生学的方法去治疗疾病以减少痛苦，而是消极地忍受，因而更加增强了无能

---

① A 型性格类型测验的相关内容由弗里德曼和罗森曼于二十世纪五十年代提出。

感。对糖尿病患者的调查显示，人格中的情绪性、精神质与糖尿病患者的病情显著相关。

虽然人格特征与心身疾病有一定相关性，但是对心身疾病的生理机制的研究发现，人格只是致病因素之一，还有许多其他的机制对心身疾病的发生产生作用，因此我们需要重视人格因素对心身疾病的重要影响，但是切忌将其普遍化。

◤ 课堂活动 9-3

自我成长树

你将参与一场名为"自我成长树"的活动，这是一次深入探索自我、明确成长方向并学习如何培养健康人格的旅程。具体步骤如下。

第一步：融入团队

（1）分组时刻：你将被随机或按特定方式分配到一个小组中，每组有4~5位新伙伴。

（2）初次见面：在小组内，你将有机会进行自我介绍，与小组成员增进了解，为接下来的合作打下基础。

第二步：绘制你的成长树

（1）领取材料：你将得到一张白纸和彩笔，这是属于你的创作工具。

（2）创意无限：你将与小组成员一起共同绘制一棵成长树。树干代表现在的你，而树枝则象征着你想要成长的方向。无论是技能提升、性格塑造还是人际关系改善，都将成为你树枝上的亮点。

第三步：设定个人目标

（1）目标小纸条：你将获得一些便签纸，用来写下至少3个个人成长目标。记住，这些目标要具体、可衡量且可实现。

（2）贴上梦想：将你的目标贴在成长树的树枝上，让它们成为你成长路上的明灯。

第四步：小组讨论与支持

（1）轮流分享：在小组内，轮流分享自己的成长目标，并解释选择这些目标的原因。

（2）相互扶持：你将与小组成员一起讨论如何相互支持，共同实现目标。无论是提供建议、分享资源还是制订行动计划，你们都将携手前行。

第五步：集体分享与启发

（1）代表发言：你将有机会作为小组代表上台，简短介绍你们组的成长树和主要目标。

（2）倾听与提问：在其他小组分享时，你将认真倾听并给予掌声鼓励。同时，你也可以提出自己的问题或分享相关经验，与大家共同进步。

第六步：教师总结与鼓励

（1）成长的意义：教师将总结活动的亮点，并强调个人成长的重要性和意义。

（2）健康人格的探索：你将听到关于健康人格的概念和特征的解释，这将激励你持续培养自己的健康人格。

（3）后续行动指南：教师将提出后续行动计划，如定期回顾成长目标、参与相关活动等。同时，你也会得到教师的鼓励与感谢。

 学海探航

一、交互式测验

请扫码进行答题，并根据得分情况进行查缺补漏。

模块 9　测试题 ▶

二、思考题

1. 怎样理解人格与健康的关系？
2. 学习人格与疾病之间的关系后，你有什么直观感受？
3. 对于树立健康的人格，你有哪些好的方法？

 典范风采

余红卫：从中专生逆袭成大学教授

余红卫是河南农业大学外国语学院的教授，而她刚当教师时，只有一张中专毕业证。从中专生到硕士研究生，从乡村教师到大学教授，余红卫用一步步的奋斗告诉大家：人生没有白走的路，每一步都算数。

1985 年，余红卫以全乡第一的成绩考入了河南省驻马店师范学校。3 年中专学习毕业后，她回到家乡确山县赵湾村教英语。在乡村中学教英语时，她感到自己知识欠缺，为了提升个人能力，她和学校其他教师一起在繁忙的工作之余准备自学考试，她于 1993 年获得河南大学汉语言文学本科学历。

从河南大学毕业后，余红卫回到乡镇中学继续教英语。工作之余，余红卫从未停止求学。1995 年，她又参加了成人高考，被河南教育学院英语教育专业录取。在这期间，她还考取了剑桥商务英语二级证书。

1997 年毕业后，余红卫来到河南确山县第一高级中学继续教英语。2003 年，余红卫考取广西师范大学硕士研究生。研究生学习期间，她发表论文 2 篇，参与译著 1 部，还获得了省级奖学金。

2006 年硕士研究生毕业后，余红卫来到河南农业大学外国语学院任教。2013 年，余红卫晋升为副教授。

工作、家庭、学习三头要顾，余红卫的求学之路并不平坦。2001 年，31 岁的她迎来了可爱的儿子，此时，她还在准备考研。

"只有当孩子入睡后，我才能腾出时间去看书，而且当时高中的教学任务也特别繁重。"

让余红卫印象最深刻的是有一年的除夕，外面鞭炮齐鸣，而她还守在老式录音机旁，一遍一遍练习着英语听力。她说，自己的努力源自对教师这个职业和对学生的热爱。

"自己的专业知识、专业基本功还是要过硬，才能更好地把自己的教学任务完成。我特别喜欢跟学生在一块儿相处，他们特别真诚。"

学校里的学生们觉得余老师的人生经历特别励志，纷纷和她交流。一个考研受挫的学生给她留言说，自己坚定了信念，不怕困难，以后要更加努力地学习。

余红卫说，生活中吃苦耐劳、努力打拼的人很多，比自己优秀的人也很多。她想告诉同学们，奋斗本身就是一种幸福。

"自己走过这样的路，也希望我的学生能够坚持不懈地追求自己的梦想。一路走来，我收获特别大，过程虽然辛苦，但是我觉得人生正是有了这么多厚重的记忆，才显得特别丰富多彩。"

（资料来源：光明网，有删改）

💧 智慧火花：

从中专生逆袭成大学教授，余红卫遇到过很多挫折，但是她坚定自己的信念，不畏困苦和艰难，认为过程虽苦，但奋斗也是一种收获。请结合健康人格的标准，说一说余红卫具备哪些健康人格的品质。

博学之路

一、心理学书籍推荐

（一）《中国人的心理与行为：本土化研究》

心理学的本土化研究是中国心理学界共同关注的问题。随着西方心理学的引进和西方文化的冲击，中国本土心理学应该如何发展？本书探讨了中国人的社会取向、家族主义、孝道、对现代化的反应、个人传统性与现代性等多个方面，如"我们为什么要建立中国人的本土心理学""中国人的社会取向：社会互动的观点""中国人的家族主义：概念分析与实证衡鉴""孝道的社会态度与行为：理论与测量""中国人对现代化的反应：心理学的观点"等，系统地分析了中国人的心理与行为。

（作者：杨国枢）

（二）《成为更好的自己》

为什么说"性格决定命运""江山易改，本性难移"？人为什么会焦虑、抑郁，甚至出现人格分裂？怎样看待人性善恶的问题？好人也会做坏事吗？为什么面对同样的人生磨难，有人自强不息，有人一蹶不振？为什么成人的问题会在童年找到根源？我们关注的诸多人生问题，都与人格心理学的知识息息相关。如果说心理学能够揭秘人生，那么破译工具一定是"人格心理学"。北京师范大学心理学部教授、博士生导师许燕老师结合30余年的教学和研究经验，撰写了《成为更好的自己》一书，带你了解浩瀚而神秘的系统——人格。

（作者：许　燕）

（三）《中国儿童、青少年健全人格发展评定与培养研究》

本书综合采用量表法、访谈法、实验法、观察法等研究方法，全面、系统、深入地探索了儿童、青少年人格发展指标体系（结构），促进了人格研究的理论创新；制定了基于全国样本的标准化系列人格评定工具，建立常模；探讨了我国儿童、青少年人格跨阶段的发展特点；探究了家庭、教育机构（幼儿园或学校）、同伴群体等环境因素，气质、神经机制等对人格发展的影响；设计了幼儿健全人格发展的实验游戏库、小学生健全人格发展的互动体验式活动库、初中生健全人格发展的团体体验式活动库；进行了教育现场实验，探索了我国儿童、青少年人格培养模式。

（作者：杨丽珠）

二、心理电影推荐

（一）《暴疯语》

影片聚焦现代都市的压力病、情绪病，关注人们的精神健康。影片中，刘青云饰演的角色患有精神分裂症，其他演员如方中信、薛凯琪、鲍起静和叶璇分别展现了不同角色的情绪状态，每个人都有着各自的心理挣扎。影片深入探讨了情绪管理、成长过程和自我认知，强调健康人格的构建需要理解和调节自己的情绪，勇敢面对成长中的挑战。电影中的演员们在现实生活中也曾经历过心理问题，这使得影片具有更大的现实意义。

（二）《黑天鹅》

影片中的妮娜被选为舞剧的主角，面对巨大的压力和期望，她开始探索自己的内心深处，解放天性，释放出自己"黑天鹅"的人格。影片不仅展示了一个艺术家在追求完美的过程中所经历的心理挣扎，也反映了健康人格的力量——自我认知与自我超越的能力。妮娜的故事启示我们，认识并接纳自己的多面性，勇敢面对内心的恐惧和欲望，是构建健康人格、实现个人成长的重要一步。

心理名词术语解释

模块	名词	名词解释
模块 1 走近人格心理学	人格心理学	研究人格的心理学分支学科之一。人格心理学家会探讨人格的构成、动力及其运作、起因、发展和后果，从而对现实生活中的个体做出整体性解释，为异常行为及其改变提供解释和治疗基础
	人格	个体在先天生物遗传素质的基础上，通过与后天社会环境的相互作用而形成的相对稳定的和独特的心理行为模式
	临床研究	以独特个体为研究对象，收集、记录个案材料，撰写个案报告，以便对个体人格进行全面准确的定性描述，进而进行系统而深入的考察的方法
	相关研究	运用测量与统计的方法，在相同条件下考察一组被试的两个或多个变量之间的定量关系，由此来确定这些被试之间在某种人格特征上的差异及人格特征之间、人格特征与其他因素之间的相关情况
	实验研究	在专门控制的条件下，系统地操纵某种变量，以此来研究这种变量的变化是否对其他变量产生影响的一种方法
模块 2 经典精神分析流派	无意识	精神分析学认为存在于个体心灵深处的无意识部分，包含着被压抑的冲突、欲望和情感
	精神分析	弗洛伊德创立的一种心理理论和治疗方法，注重无意识的探索和影响
	自由联想法	治疗技术之一，要求患者在不经过过度思考的情况下自由表达内心的想法和感受
	前意识	意识和无意识之间的过渡区域，对人的心理活动起着重要的调节和控制作用
	本我	个体心智结构之一，代表着原始的动物本能的冲动和欲望，是无意识的、即时满足的部分
	自我	弗洛伊德认为的个体心智结构之一，负责协调内在驱力和外在现实之间的冲突
	超我	个体心智结构之一，代表着内化的道德标准和社会规范，对自我施加道德约束
	防御机制	个体为了应对焦虑和冲突而采取的心理防御策略，如压抑、投射和转移等

续表

模块	名词	名词解释
模块 3 新精神分析流派	意识	意识是人格结构的顶层，是人的心灵中唯一能够被个体直接感知的部分，如知觉、记忆、思维和情绪等，随着生命的诞生而出现。它的主要作用是促进个性化过程，使个人能够适应其周围环境
	集体潜意识	集体潜意识是人格或心灵结构底层的无意识部分，是先天遗传的，它由本能和原型组成，二者相互依存
	自我同一性	一个复杂的内部状态，包括人关于自己的个体性、唯一性、完整性及从过去到未来的连续性感觉，往往出现在青年成长的后期，是个体在面临人生重要选择时的一种无声的标准
	语词联想技术	分析心理学领域中的一项重要方法，要求被试在听到或看到某个刺激词后，尽可能快地说出或写出由此刺激词联想到的第一个词或词组，通过记录被试的反应时间、反应内容及伴随的非言语线索（如面部表情）等，来分析被试的无意识内容
	阿德勒疗法	一种以个体为中心的心理治疗方法，强调个人的自我决定和内在潜力的发展，旨在帮助来访者更好地了解他们是如何看待自己、他人和生活的，从而了解自己的优势和资源，避免因产生非建设性的感知与行为而导致症状行为的发展与持续
模块 4 生物学流派	行为遗传学	主要探讨天性（遗传）与教养（环境）之争的问题，探讨人的个性特征主要是受遗传影响还是受环境影响，或者是受它们的共同影响
	同卵双生子	由单个受精卵分裂形成的两个具有相同遗传信息的个体，因此在基因上是一致的
	神经质	艾森克人格理论中的基本人格维度之一，主要衡量情绪反应的程度，以及对外界刺激的情绪反应
	精神质	代表倔强固执、粗暴强横和铁石心肠的人格特征
	多巴胺	大脑释放的一种神经化学物质，会促使人们去寻找外部的奖励、刺激
	乙酰胆碱	维持神经功能传递作用的神经递质，对人体的思维、记忆、语言和运动都有重要的控制作用
	5-羟色胺	重要的神经递质之一，在抑制行为冲动的过程中发挥关键作用
模块 5 特质流派	特质	某种特殊方式的行为倾向，表现在一系列情境中的个人行为上
	首要特质	表现了一个人生活中无时不在的倾向，个体的每个行为事实上都可追溯到其影响
	中心特质	反映了行为上广泛的一致性，但受到部分情境限制
	次要特质	表现为不明显的最少普遍性和一致性的倾向
	机能自主性	个体行为的动机和目标随时间推移而独立于原始动机或目的的特性
	因素分析法	一种统计技术，用于研究变量之间的内在关系，旨在识别观测变量背后的潜在结构或潜在因素。这种方法通过减少数据的维度来揭示变量之间的潜在联系，帮助研究者理解复杂数据集中的基本结构

续表

模块	名词	名词解释
模块 6 行为主义流派	行为	指有机体的活动，人类行为是指人的所说所做、所思所想
	行为主义流派	美国现代心理学的主要流派之一，也是对西方心理学影响最大的流派之一，其创始人是美国的心理学家华生。行为主义心理学主张以客观的方法研究人类的行为，从而预测和控制有机体的行为
	经典条件反射	一个原来并不能引起有机体某种反应的中性刺激物，由于它总是伴随某个能引起该反应的刺激物出现，如此多次重复之后，这个中性刺激物也能引起该反应的过程。巴甫洛夫称这种反射为条件反射或条件作用。后人称之为经典性条件反射或经典性条件作用
	操作条件反射	斯金纳新行为主义学习理论的核心概念，指有机体的行为被行为的后果影响的过程
	观察学习	又称无尝试学习或替代性学习，是指通过对学习对象的行为、动作及它们所引起的结果的观察来获取信息，而后经过学习主体的大脑进行加工、辨析、内化，将习得的行为在自己的动作、行为、观念中反映出来的一种学习方法
模块 7 认知流派	图式	能帮助人们知觉、组织、获得和利用信息的认知结构
	原型	某类事物在个体心目中的典型形象
	自我图式	人们对自己及自身特质、经历和价值观的认知框架。它能帮助个体理解其在社会生活中的角色，以及如何看待自己与他人的关系
	个人建构理论	个体通过主动构建个人化的认知建构系统，来理解、预测和应对周围世界，不同建构塑造出各异的行为与经验解读方式
	绝对化要求	通常与"必须""应该"这类字眼连在一起，是指人们以自己的意愿为出发点，对某一事物怀有认为其必定会发生或不会发生的信念
模块 8 人本主义流派	自我	一个具有组织性、一致性和整体性的知觉模式，代表对自我感知的一种组织化和一致性的模式
	自我实现倾向	每个人都有朝着健康、积极的方向发展、成长、变化的潜能，这种倾向引导人的所有行为，驱使着个体实现自我、维持自我并提升自我
	机体评估过程	个体根据自己的感受来评价每个经验，这个评价过程叫机体评估过程。机体评估过程是自我实现倾向的反馈系统，使个体能调节自己的经验，朝向自我实现
	积极关注	也叫无条件关注，是指希望他人以积极的态度对待并支持自己，这种需要包含了被关注、爱、尊重、接受、喜欢、支持、赞赏、温暖等
	价值条件	也叫有条件积极关注，是指个体只有在自己的行为符合他人标准的条件下才能得到他人的积极关注

续表

模块	名词	名词解释
模块 9 健康人格	健康人格	各种良好人格特征在个体身上的集中体现
	心理疾病	个体在认知、情感和行为等方面出现异常或障碍，影响其正常生活和社会适应的一种疾病状态
	个性心理特征	人的多种心理特点的一种独特的结合，是个体经常、稳定地表现出来的心理特点，主要包括能力、气质、性格。个性心理特征比较集中地反映了人的心理面貌的独特性、个别性
	心身疾病	心理和社会因素在疾病的发生和发展中起主导作用的躯体疾病，即一些躯体疾病的产生有可能与不良情绪密切相关

说明：本附录所列的心理名词术语系"人格心理学"范畴内常见且关键的专业表述，对于构建人格心理学知识体系具有不可或缺的作用。为了便于读者快速定位和精准查阅，特在正文对应模块中做了底色标注。

［1］许燕.人格心理学［M］.2 版.北京：北京师范大学出版社，2020.

［2］徐学俊.人格心理学——理论·方法·案例［M］.2 版.武汉：华中科技大学出版社，2015.

［3］昝飞.行为矫正技术［M］.3 版.北京：中国轻工业出版社，2023.

［4］张厚粲.行为主义心理学［M］.杭州：浙江教育出版社，2003.

［5］徐勇.认知行为治疗 18 讲［M］.北京：北京联合出版有限公司，2022.

［6］许燕.人格心理学导论［M］.2 版.北京：中国人民大学出版社，2023.

［7］郑雪.人格心理学［M］.3 版.广州：暨南大学出版社，2022.

［8］BURGER J M.人格心理学［M］.陈会昌，译.8 版.北京：中国轻工业出版社，2014.

［9］范德.人格心理学：人与人有何不同［M］.许燕，邹丹，译.北京：世界图书出版公司，2017.

［10］华生.行为主义［M］.潘威，郭本禹，译.北京：商务印书馆，2019.

［11］COOPER J O，HERON T E，HEWARD W L.应用行为分析［M］.2 版.美国展望教育中心，译.武汉：武汉大学出版社，2012.

［12］王燕.人格构建规律视野下高职院校心理学教育建设研究［J］.山西青年，2024（14）：121-123.

［13］景永昇，陈雪莲，刁春婷.基于 OBE 理念的"一体两翼"混合教学模式研究——以"人格心理学"课程为例［J］.甘肃教育研究，2024（2）：124-127.

［14］刘倩萌.人格构建规律视域下心理学教育方向的发展研究［J］.大学，2024（20）：3-6.

郑重声明

高等教育出版社依法对本书享有专有出版权。任何未经许可的复制、销售行为均违反《中华人民共和国著作权法》，其行为人将承担相应的民事责任和行政责任；构成犯罪的，将被依法追究刑事责任。为了维护市场秩序，保护读者的合法权益，避免读者误用盗版书造成不良后果，我社将配合行政执法部门和司法机关对违法犯罪的单位和个人进行严厉打击。社会各界人士如发现上述侵权行为，希望及时举报，我社将奖励举报有功人员。

反盗版举报电话　（010）58581999　58582371
反盗版举报邮箱　dd@hep.com.cn
通信地址　北京市西城区德外大街4号
　　　　　高等教育出版社知识产权与法律事务部
邮政编码　100120

读者意见反馈

为收集对教材的意见建议，进一步完善教材编写并做好服务工作，读者可将对本教材的意见建议通过如下渠道反馈至我社。

咨询电话　400-810-0598
反馈邮箱　gjdzfwb@pub.hep.cn
通信地址　北京市朝阳区惠新东街4号富盛大厦1座
　　　　　高等教育出版社总编辑办公室
邮政编码　100029

防伪查询说明

用户购书后刮开封底防伪涂层，使用手机微信等软件扫描二维码，会跳转至防伪查询网页，获得所购图书详细信息。

防伪客服电话　（010）58582300

资源服务提示

授课教师如需获取本书配套教学资源，请登录"高等教育出版社产品信息检索系统"（https://xuanshu.hep.com.cn/），搜索本书并下载资源。首次使用本系统的用户，请先注册并进行教师资格认证。